Les Aborigènes de l'Inde

Gérard Busquet
Christian Delacampagne

Les Aborigènes de l'Inde

Arthaud

ISBN 2-7003-0349-0. Printed in France.

Pour Cariss et pour Émilia.

Avant-propos

Bien qu'elles soient mal connues en France, sauf de quelques rares chercheurs, les civilisations « tribales » de l'Inde ont fait l'objet d'une abondante littérature ethnographique en langue anglaise. Mais, d'accès difficile, cette littérature est, en outre, souvent ancienne et parfois discutable : le lecteur qui désirera s'y reporter devra donc le faire avec une certaine prudence.

Quant à nous, notre propos a été, dès le départ, différent. Nous avons centré notre enquête sur la situation actuelle des *adivasi* dans le monde indien, sur le choc des cultures, sur les changements rapides en cours de réalisation au sein de cette société qui, durant des siècles, avait semblé ne pas bouger.

A ce choix s'en est ajouté un autre lorsque est venue l'heure de rédiger : celui de ne pas nous absenter du travail que nous poursuivions. Autrement dit, ce livre s'est également voulu récit. Mais tout récit requiert un sujet : c'est pourquoi nous avons tenu à conserver la fiction d'un « je » qui, s'il ne nous représente adéquatement ni l'un ni l'autre, vaut cependant pour chacun de nous. Cette même fiction avait d'ailleurs servi de support à notre enquête sur le Ladakh, écrite voilà quatre ans.

Au lecteur de juger si, des hauts plateaux himalayens aux jungles de l'Orissa et du Madhya Pradesh, notre recherche a réellement changé de centre. Pour nous, il nous paraît qu'un même fil conducteur n'a cessé de nous guider : le désir d'explorer, à travers le sous-continent, ce qu'il faut bien appeler « les marges » de l'hindouisme.

Les Aborigènes de l'Inde

Monde immense, d'une richesse infinie, et peuplé d'hommes inoubliables auxquels nous voudrions, parce qu'ils nous ont beaucoup appris, dédier ce livre que nous avons écrit pour les faire mieux connaître.

G. B., C. D.
Janvier 1980

I. Çiva chez les hommes des forêts

Poli par des années d'usage, le pot d'étain circule de main en main. Chacun à son tour, les hommes y boivent, laissant couler l'eau dans leur bouche sans que celle-ci touche le métal. Les turbans blancs mouchetés de points noirs se renversent en arrière, les visages bruns, creusés de rides, se relèvent un instant vers le ciel, yeux à demi fermés, jusqu'à ce que le petit pot ait fini de circuler : chacun a bu avec parcimonie, non pas que l'eau soit rare, mais parce que les jarres remplies par les femmes à la lointaine rivière, le matin, doivent durer jusqu'au soir. La soif est apaisée et la pause est finie. Bientôt, les danses vont reprendre.

Mais si violente est la chaleur, et la poussière qui flotte dans l'air a si vite fait de pénétrer dans les gosiers, de s'y incruster, de les dessécher, que j'aurais bien aimé, moi aussi, boire un peu... Hélas, seuls les prêtres assis au centre de la place, seuls ces *bhopa* qui entourent les musiciens et qui sont, à leur tour, encerclés par les danseurs, ont eu le droit de se désaltérer. Perdu parmi une houle de *sari* roses et mauves comme un nageur porté par des vagues amicales, flottant parmi la masse des spectateurs qui s'entassent sur les côtés de la place, je n'ai donc plus qu'à faire comme eux : prendre mon mal en patience. Oublier ma soif. Après tout, le spectacle ne dure pas, m'a-t-on dit, plus de six ou sept heures !

D'ailleurs, salués par un frémissement d'impatience et de curiosité, les danseurs viennent d'entrer en scène. « En scène », si l'on peut dire, puisqu'il s'agit en fait de la place du village, et que les « coulisses » sont installées dans une petite ruelle adjacente, où les danseurs changent de costume entre deux épisodes. Surgissant de cette ruelle et de son ombre délicieuse vers le soleil aveuglant de midi, ils sautent en gambadant sur le cercle de terre qui nous sépare des hommes assis et des musiciens debout. Un brouhaha général les accueille. Du public montent des rires, des cris joyeux, des interpellations. Contrastant avec la tranquillité un peu apathique qui régnait jusqu'ici, un mouvement de joie semble parcourir la foule. D'instinct, j'ai compris qu'il se passait quelque chose. Comment, d'ailleurs, ne pas identifier le nouvel arrivant ? Il n'est pas un enfant qui n'ait reconnu Krishna, le bon Krishna en personne, le dieu dont l'amour sauve celui qui l'aime. Et pour qu'aucun doute ne subsiste, Krishna joue de la flûte — comme sur les milliers d'images pieuses qui parsèment, dans toute l'Inde, les pare-brise des autobus et les échoppes des boutiquiers —, tandis que le suivent en dansant ses compagnes traditionnelles, les trois *gopi*. Trois ravissantes jeunes femmes dont le rôle est, ici, tenu par de solides gaillards grimés et travestis pour la plus grande hilarité des spectateurs !

Redoublant de fureur pour se faire, eux aussi, remarquer, les musiciens frappent de plus belle leurs instruments. Deux grosses caisses et deux gongs d'un modèle assez fruste — on dirait plutôt deux poêles tenues par le manche et vigoureusement martelées à l'aide d'un bâton en bois — composent tout l'orchestre : mais ce petit ensemble de percussions est animé d'une telle fougue qu'il doit se faire entendre jusqu'au bout du village. Rythmes obsédants d'une structure assez simple, qui varient peu mais finissent par engourdir les auditeurs, par les plonger dans une espèce d'état second, voire, chez les *bhopa* qui ont pratiquement les oreilles collées aux instruments, dans une véritable transe. Une musique qui, en ce moment, me fait bien moins penser à l'Inde qu'à la lointaine Afrique...

Faisant toujours semblant de jouer de sa flûte, Krishna se met alors à évoluer autour du cercle, dans le sens inverse des aiguilles d'une montre — comme le feront, d'ailleurs, tous les autres danseurs (1). Quant aux *gopi* – ces bergères qui, dans la légende traditionnelle illustrée par d'innombrables miniatures, personnifient l'âme humaine assoiffée d'amour divin –, elles se lancent à sa poursuite, l'interpellent, le tirent par le bras, bref font tout ce qu'elles peuvent pour attirer son attention. Mais Krishna les voit-il ? On pourrait en douter car le dieu – et cela, du moins, n'est guère conforme à l'iconographie classique – porte d'énormes lunettes noires, d'un modèle « à la mode », achetées probablement au bazar d'Udaïpur ! Il est vrai que leur couleur, prolongeant le maquillage bleu sombre dont est recouverte une partie de son visage, s'accorde, en revanche, avec la tradition qui représente souvent Krishna comme le « dieu bleu » ou le « dieu noir » par excellence... Mais M. Agrawal, le sympathique anthropologue indien qui m'a accompagné ici et qui suit, d'année en année, l'évolution de ce spectacle, semble dérouté par cette fantaisiste innovation :

– *Urban impact!* me souffle-t-il d'un air quelque peu désapprobateur.

Ce n'est plus, d'ailleurs, une constatation bien neuve : chacun sait qu'aux abords des grandes villes les traditions se perdent. Ou plus exactement qu'elles se mélangent, faisant largement place à des apports typiquement citadins. Or nous ne sommes pas très loin, en effet, d'Udaïpur, « capitale » du Mewar – au sud du Rajasthan –, peuplée de quelque deux cent mille habitants. En fait Bhavana – le petit village où nous assistons, aujourd'hui, 16 août, à l'une des premières représentations saisonnières du Gaurî, la grande fête bhil de la mousson – n'est situé qu'à sept kilomètres au nord de la ville. Aux abords d'une des plus importantes route du Rajasthan, celle qui mène d'Udaïpur au sanctuaire vishnouite de Nathdwara, à Jaïpur et, au-delà, à Delhi, cette cité irréelle située à plus de sept cents kilomètres au nord, dans un autre monde...

Il n'y a donc rien d'étonnant si, le long de cette route bruissante de voyageurs et de camions, même les rites les plus vénérables subissent quelque transformation. Après tout, je ne suis pas venu jusqu'ici pour jouer au conservateur des traditions en péril : de ce côté-là, il y a assez à faire chez moi. De surcroît, il est dans la nature du Gaurî d'évoluer, puisqu'il s'agit aussi d'une grande fête populaire. Et que le peuple bhil, loin d'être coupé du monde, vit depuis des siècles en contact pacifique mais constant avec les castes hindoues qui composent la population environnante – comme le prouve bien, d'ailleurs, le Gaurî lui-même, puisque cette grande fête bhil est donnée en l'honneur de divinités hindoues.

(Deux mots d'explication : les Bhil constituent ce qu'on appelle en Inde un groupe d'*adivasi* – autrement dit d'aborigènes –, descendants des plus anciens habitants de la région, probablement plus anciens que les envahisseurs indo-aryens. Des groupes de cette sorte, il y en a, sur toute l'étendue du sous-continent indien, plus de quatre cents. Leur statut est en général très bas puisque, même s'ils ont embrassé l'hindouisme, comme c'est le cas des Bhil du Mewar, ils ne sont toujours pas considérés comme hindous « à part entière ». Dans la plupart des cas, ils sont assimilés aux intouchables. Bien entendu, de très grandes différences séparent ces groupes : certains Gond jouissent d'un prestige relatif, tandis que les adivasi les plus primitifs sont unanimement méprisés. Quant aux Bhil, ils ne sont pas parmi les plus mal considérés, mais leur pauvreté est spectaculaire. La raison en est simple : leurs voisins hindous les ayant refoulés, depuis des siècles, vers les régions les plus escarpées et les terres les moins riches, les Bhil, dont les techniques d'agriculture sont restées très primitives, produisent à peine de quoi subvenir à leurs besoins. La récolte de maïs qui constitue, ici, leur principale ressource, est tout entière soumise au bon vouloir de la mousson : que les pluies soient trop faibles, ou trop fortes, et le spectre de la famine réapparaît à l'horizon.)

On a compris, dès lors, l'importance du Gaurî. Ce festival, qu'on appelle en anglais un *dance-drama* puisqu'il s'agit en fait d'une série d'épisodes dramatiques parlés, chantés, joués et dansés, bref d'une sorte d'opéra populaire, n'a lieu qu'une fois par an : précisément au moment de la mousson. Entre l'époque où les paysans ont planté le maïs et celle où ils le récolteront, les hommes n'ont plus grand-chose à faire aux champs ; les villages Bhil du district d'Udaïpur, particulièrement au nord et à l'est de cette ville, célèbrent alors, en l'honneur des deux grandes divinités hindoues qu'ils ont adoptées il y a des siècles, Çiva et Pârvatî, ce festival dont le nom rappelle celui de Gaurî – la Belle – que le peuple donne à Pârvatî. La signification générale en est claire : il s'agit d'une cérémonie propitiatoire, destinée à apaiser les dieux, à s'assurer leur collaboration, à obtenir de bonnes pluies, à garantir la prospérité du groupe et – ce qui va ensemble – à resserrer les liens entre les différents villages de la région. Harmonie naturelle et harmonie sociale, ici comme dans bien des endroits, sont garantes l'une de l'autre.

Le Gaurî est donc, d'une certaine manière, le temps le plus fort de l'année religieuse pour les Bhil du Rajasthan. C'est aussi une grande fête villageoise et champêtre – comme on dut en connaître dans l'Europe médiévale –, une fête à laquelle participent, au moins comme spectateurs, mêmes les non-Bhil qui vivent dans les villages de la région. Et il commence, traditionnellement, le troisième jour du mois hindou de Bhadrapad.

On sait qu'en dehors du calendrier occidental, d'importation récente, plusieurs calendriers religieux ont cours à travers l'Inde. Dans le Nord, où nous nous trouvons, le plus usité est le calendrier Vikram, fondé sur un compromis subtil entre le calcul lunaire et le calcul solaire. La saison des pluies (Varsha) y est divisée en deux mois, Çravan et Bhadrapad, lesquels sont à leur tour divisés en deux moitiés : une moitié sombre (Krishna) quand la lune décroît, suivie d'une moitié claire (Sukla), quand elle se remet à croître (alors que dans le Sud les mois commencent par la moitié claire...). Çravan, mois particulièrement sacré, se terminait en 1979 le 8 août par une fête ravissante, *Rakshabandha,* au cours de laquelle les sœurs doivent rendre visite à leurs frères et leur attacher au poignet, en signe de tendresse, un petit bracelet de fantaisie aux couleurs éclatantes. Bhadrapad commençait donc le 9 et le Gaurî, d'après ce que

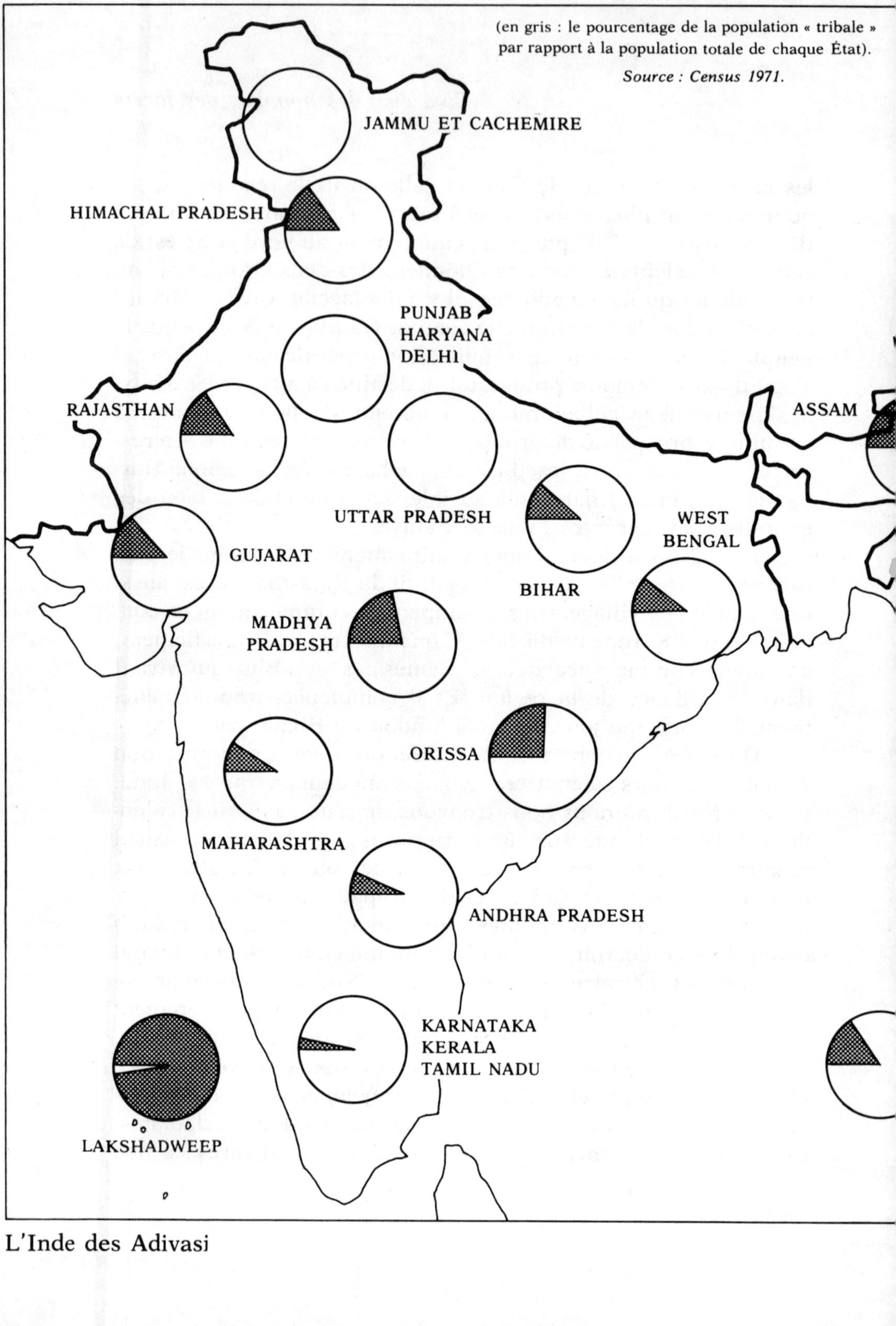

L'Inde des Adivasi

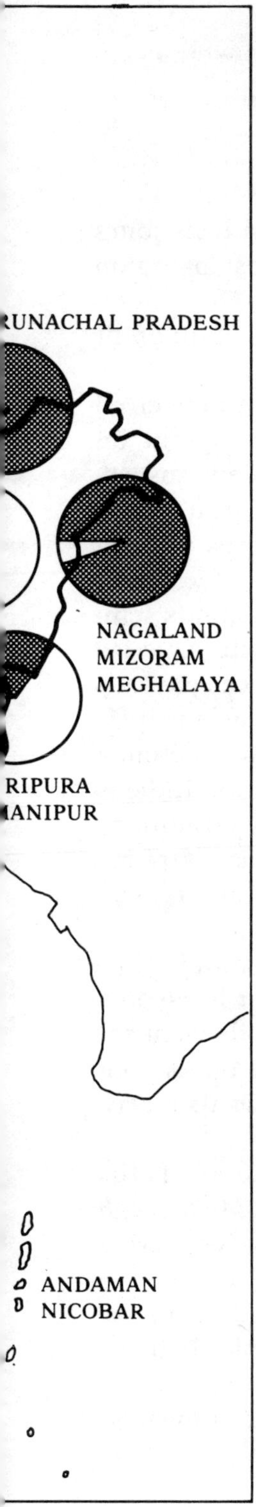

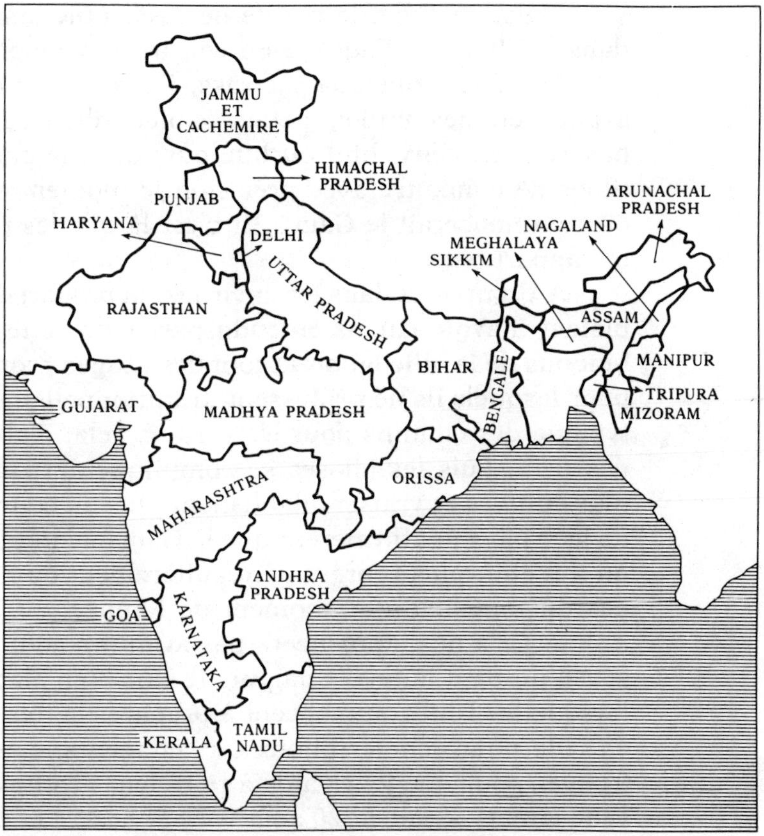

L'Inde, carte administrative

m'avaient enseigné les livres, devait débuter environ trois jours après, autrement dit vers le 12, quelque part dans la région d'Udaïpur.

Mais, en Inde, la réalité ne ressemble jamais à ce qu'on lit dans les livres... Faut-il ajouter : heureusement ?

Prévoyant quelque surprise, j'avais donc préféré arriver en avance et, dès juillet, j'étais à pied d'œuvre, interrogeant au hasard tous ceux, bhil ou hindous, qui me paraissaient susceptibles de connaître avec précision le moment et l'endroit exacts où commencerait le Gaurî. Et c'est là que les premières difficultés apparurent...

A Udaïpur et dans les environs, la plupart des habitants semblaient n'avoir jamais entendu parler de cette festivité. Que les hindous de la ville ignorent tout des usages propres à ces paysans pour lesquels ils ne professent, traditionnellement, que le mépris typique des citadins pour les ruraux, cela, d'abord, ne m'étonna pas trop. Puis les choses se compliquèrent : même les Indiens plus cultivés et vraisemblablement plus au courant des traditions de leur pays m'affirmèrent que le Gaurî ne méritait pas d'être vu, qu'il n'était plus représenté régulièrement ou même qu'il n'avait pas du tout lieu à ce moment de l'année.

– Cela ne commencera pas avant fin août, m'assura le caissier d'un petit hôtel d'Udaïpur. Je suis bien placé pour le savoir : lorsque les Bhil commencent à préparer la fête et qu'ils viennent en ville pour acheter bijoux ou vêtements, c'est moi qu'ils vont trouver pour que je les aide à faire leurs comptes... Or ils n'arrivent jamais avant le 20 août !

La question paraissait réglée. Pour plus de sûreté, j'allai quand même en parler à un membre de la famille du *Maharanah* qui régnait autrefois sur ce pays, et continue d'y posséder terres et palais en abondance.

– Hélas, me dit celui-ci, vous êtes venu beaucoup trop tôt. Je connais bien les Bhil, et je puis vous garantir que le Gaurî ne commencera pas avant octobre...

Cette fois, je demeurai franchement perplexe. Comment se

fait-il, me dis-je soudain, que je n'aie pas encore songé à interroger l'un des responsables de l'office du tourisme ? Là plus qu'ailleurs, on doit être au courant.

Mais la réponse tomba comme un couperet :

– *I'm sorry, Sir.* Vous vous trompez complètement de saison. C'est en février-mars que le Gaurî a lieu.

Interloqué, j'essayai timidement de citer mes références.

– Prétendez-vous connaître mon pays mieux que moi ? se rebella mon interlocuteur, avec une pointe de fierté outragée dans la voix.

Je n'osai insister... Après tout, les livres pouvaient fort bien s'être trompés. J'en vins même à douter de l'existence du Gaurî. Et j'aurais peut-être renoncé si les ethnologues indiens qui travaillaient à l'Institut de Recherche tribale d'Udaïpur ne m'avaient assuré que le festival aurait bien lieu à la date « officielle », autrement dit à partir du 12 août. Mais il fallait encore compter avec la bureaucratie : le 12, l'institut délégua officiellement un « informateur » – un jeune Bhil au regard perçant qui collaborait régulièrement avec les ethnologues – vers les villages qui s'étendent de part et d'autre de la route de Nathdwara. Notre homme ne rentra que le 13 dans la soirée, et c'est seulement le 14 que nous apprîmes que le Gaurî serait joué, le surlendemain, dans un village de la région d'Udaïpur.

Encore n'ai-je eu la certitude absolue qu'il y a quelques instants, lorsque nous sommes entrés dans Bhavana, et que des bandes d'enfants hurlant de joie se sont soudain détachés d'une grande roue improvisée, dressée non loin de la place du village, pour venir à notre rencontre. Notre arrivée n'était nullement prévue, mais elle était facilement acceptable, du fait qu'il s'agissait précisément d'un jour de fête. Nous nous sommes approchés, sans nous presser, de la grande place où des centaines de villageois des environs viennent de s'asseoir, et qu'on ne voit pas de la route. Nous avons essayé de cacher nos appareils photographiques le plus discrètement possible, et nous nous sommes, nous aussi, accroupis dans la foule. Mais il n'y a rien eu à faire :

pendant quelques instants, c'est nous qui avons été au centre de l'intérêt général, nous et non les *bhopa* qui plantaient en chantant un trident au milieu de la place pour annoncer solennellement le début des festivités.

Heureusement, la curiosité est un sentiment qui change vite d'objet. Soit parce que M. Agrawal a su prononcer les paroles qui expliquaient de façon satisfaisante les raisons de notre présence, soit parce que nous ne sommes pas, tout simplement, très intéressants, les gens ont cessé de nous regarder. Les *bhopa* se sont assis autour de leur trident, et les premiers danseurs, en sautant dans le cercle qui nous sépare des *bhopa*, ont à nouveau monopolisé l'attention générale.

Il est près de midi. A Bhavana, le Gaurî vient de commencer.

Le première scène est une sorte d'ouverture. Des villageois vêtus, comme tous les jours, de leur *dhoti* – longue pièce d'étoffe nouée entre les jambes, portée par la plupart des paysans indiens – et d'une chemise flottant sur leur corps maigre, mais coiffés d'un turban particulièrement élégant, en général de couleur blanche, et affublés d'une quantité impressionnante de bijoux – boucles d'oreilles en or, bracelets d'argent aux pieds, colliers de pacotille, et même quelques rubans attachés au poignet – dansent pour eux-mêmes, l'un derrière l'autre, en tournant autour du cercle (toujours en sens *inverse* des aiguilles d'une montre). Pendant ce temps, les *bhopa* chantent les *mantra* consacrés, dans une langue archaïque où se mêlent le bhili et le méwari. De leur côté, les quatre musiciens pratiquent quelques exercices d'échauffement sur leurs instruments : percussions primitives, monotones mais assourdissantes, dont on ne sait tout d'abord si elles sont destinées à chasser les mauvais esprits ou à réveiller le public qu'une longue attente, qui a dû commencer aux premières heures du jour, a peut-être fatigué...

Les *bhopa*, eux, sont accroupis dans une pose familière aux Indiens, les genoux serrés l'un contre l'autre, et leurs longs bras aux veines saillantes allongés devant eux, les coudes posés sur les genoux. Leur costume – chemise et dhoti blancs, turban blanc moucheté de noir – ne diffère pas de celui des autres Bhil ; ce qui les distingue, c'est la pièce d'étoffe triangulaire, rouge ou bleue, qu'ils portent nouée autour de la taille et, surtout, le fait qu'ils tiennent à la main une brassée de plumes de paon, emblème de leur pouvoir surnaturel. Dans la religion traditionnelle bhil, qui est aujourd'hui plus ou moins incorporée à l'hindouisme officiel de la « tribu », le *bhopa* représente en effet une espèce de sorcier ou, plus exactement, de *shaman* – pour reprendre un terme qui, s'il s'applique originellement aux populations d'Asie centrale, recouvre des réalités très semblables dans d'autres ethnies, comme par exemple chez les adivasi de l'Inde ou les Indiens d'Amazonie...

Car le *bhopa*, comme le *shaman*, est une sorte d'homme-médecine qui, par la transe, devine la cause des maladies et prescrit le traitement qui permettra de les guérir ; doué de pouvoirs surnaturels, innés et bénéfiques, il est aussi l'homme auquel on s'adresse lorsqu'il s'agit de dépister un « mauvais » sorcier – ou, plus exactement, une sorcière, une jeteuse de sorts qui risquerait d'envoûter les habitants du village ou d'attirer sur eux la maladie et la mort. Enfin il est le prêtre, l'intercesseur officiel entre les hommes et le sacré, le seul personnage du groupe à connaître les noms de plus de quatre-vingts divinités, l'officiant auquel on a nécessairement recours pour toutes les cérémonies religieuses, de la naissance jusqu'à la mort, qu'elles soient spécifiquement hindoues ou bien d'une origine plus « païenne » et lointaine (2)...

Ici, à Bhavana, les *bhopa* qui président au Gaurî sont au moins cinq. Tout comme les musiciens, ils se sont installés autour du trident qui désigne le centre magique du village et de la cérémonie, peut-être même le centre du monde autour duquel évoluent les danseurs, à la façon dont le soleil tourne autour de la terre. A côté d'eux, d'autres hommes ont pris place, qui leur servent d'assistants. Aucun d'eux ne dansera. A certains moments déterminés, ils chanteront, dialoguant avec les danseurs tout comme, dans notre opéra, le chœur et les protagonistes chantent des couplets alternés. Et surtout, à la fin du Gaurî, peu à peu transportés par les rythmes monotones du tambour et soulevés par la tension croissante du drame, les *bhopa* entreront en transe pour transmettre aux hommes les paroles des dieux : mais nous n'en sommes pas encore là. Pour le moment, ils observent d'un œil morne les danseurs qui se retirent après la fin de l'ouverture, et l'arrivée, au bout de quelques minutes, d'un nouveau groupe d'acteurs – costumés, cette fois-ci – qui entreprennent de jouer le premier épisode dramatique : *Kalukir* ou l'histoire du pêcheur.

Curieusement, ce tableau est construit autour d'un thème fort peu mystique : un pauvre pêcheur bhil en train de prendre des poissons dans un lac est arrêté par une sorte de garde-champêtre qui l'interpelle et finalement le roue de coups parce qu'il est interdit de pêcher à cet endroit... Histoire banale, assurément, pour les Bhil eux-mêmes, surtout pour ceux d'entre eux qui se livrent à cette activité dans les grands lacs – le Jaï Samand, le Raj Samand – situés dans la région d'Udaïpur. L'existence de ces pêcheurs a toujours été misérable et se trouvait de surcroît menacée, jusqu'à une époque récente, par d'innombrables règlements bureaucratiques, inconnus d'eux et appliqués avec rudesse par des fonctionnaires peu suspects de sympathie envers l'adivasi, quel qu'il soit. Pourtant, je n'ai guère eu le temps de réfléchir, à tout cela, tant le « tableau » déborde d'une fantaisie exubérante : le garde-champêtre, en particulier, est vêtu d'une sorte d'uniforme qui rappelle les « chemises noires » de Mussolini, il porte un casque blanc et, sur le visage, une sorte de maquillage livide... Mais le plus étonnant est sans doute la conclusion « religieuse » de l'épisode : Raï – autrement dit la déesse Pârvatî elle-même, qui vient de faire son apparition dans le cercle – sauve le pêcheur des mains du garde, lequel s'en va, bredouille, en donnant rageusement des coups de baguette dans l'air !

La foule rit et, sans doute, rend grâce à Pârvatî. Ou peut-être devrais-je dire *aux* Pârvatî ? Le rôle de Raï est tenu, en effet, par deux acteurs, simultanément. Deux hommes travestis en femmes, bien sûr, puisque aucune femme n'est assez pure pour être admise à jouer dans le Gaurî. Deux travestis, par conséquent, qui constituent exactement le double l'un de l'autre, portant les mêmes vêtements et jusqu'aux mêmes bijoux... Le fait est assez étonnant, surtout si l'on considère que ce rôle est le seul à être dédoublé, et que les acteurs qui le tiennent – du moins ici – semblent ne pas se soucier tellement l'un de l'autre : chacun d'eux évolue de son côté en ignorant son partenaire. Cela dit, il s'agit évidemment du rôle le plus important du Gaurî, avec celui de Burya – nom local de Çiva, l'époux de Pârvatî.

On comprend donc le soin qui a dû être porté à la préparation de son double costume. Il s'agit d'un vêtement bhil typique, mais nettement plus luxueux que l'ordinaire des villageoises : Raï porte un chemisier court, un pantalon bouffant resserré aux chevilles et, sur la tête, un long voile qui redescend jusqu'à la ceinture, tous trois de couleur pourpre et bordés de violet foncé ; mais c'est surtout l'abondance des bracelets d'argent qui s'empilent les uns au-dessus des autres le long de ses avant-bras et le poids apparent de l'énorme chaîne d'argent qui pend sur sa poitrine qui retiennent l'attention. Enfin, une autre pièce d'étoffe cache le bas de son visage. Mais, comme il ne peut s'agir, ici, d'une influence musulmane, peut-être ne faut-il voir dans ce détail qu'un équivalent du geste classique par lequel toutes les femmes du sous-continent se cachent la bouche – siège de la parole et donc de l'âme – en présence d'étrangers ou par crainte des mauvais esprits, ce qui revient souvent au même...

Quoi qu'il en soit, « les » Raï demeureront pratiquement sur la scène – si l'on peut dire – jusqu'à la fin du Gaurî. L'épisode du pêcheur est achevé, les danseurs sont partis se changer dans la ruelle qui leur sert de coulisses, mais les Raï, elles, sont restées en compagnie des musiciens et des *bhopa* qui ont profité de la pause pour se rafraîchir. C'est alors que commence l'épisode baptisé *Kanh Gujri*, signalé par l'irruption remarquée de Krishna et de ses trois *gopi*. Outre les lunettes noires qui viennent d'arracher un murmure d'étonnement à M. Agrawal, Krishna porte également un dhoti blanc, une étonnante chemise à carreaux noirs et blancs, des pompons multicolores pendant au bout de ficelles attachées à ses bras, un petit turban aux couleurs fantaisistes et, *last but not least*, une sorte de grand voile rouge en gaze transparente qui, noué autour de son cou à la manière d'une grande serviette de table, se retrouve de nouveau noué à sa taille, dans le dos. L'ensemble, assez surprenant, ne suffit pas néanmoins pour retenir l'attention du public, et en particulier des jeunes, littéralement subjugués par le jeu extravagant des trois travestis qui l'entourent. Ceux-ci, en effet, exploitent à fond l'ambiguïté que leur confère leur costume : tandis que les acteurs qui assument le rôle de Raï se meuvent avec la noble sérénité qui convient à une déesse – l'une des plus grandes déesses du panthéon hindou, et celle-là même qu'on honore aujourd'hui –, les *gopi*, en revanche, simulent de façon parfaitement claire le comportement de ces homosexuels travestis qui ne sont pas si rares dans la société indienne, où certains d'entre eux – qui doivent être, théoriquement, des eunuques – constituent même une caste à part, avec ses droits et ses devoirs spécifiques : les *hijra* (3).

Œillades provocatrices, déhanchements lascifs, gestes aguichants : les trois *gopi*, vêtues chacune d'un sari de couleur vive, respectivement jaune, vert et rose, n'épargnent donc rien, ni à Krishna, ni au public – qui rit abondamment –, ni à moi puisque je porte un appareil photographique, et qu'elles tiennent absolument à être immortalisées dans une pause équivoque... De bonne grâce, je m'exécute, sachant bien qu'à vouloir discuter je n'obtiendrai pas raison, et que le Gaurî ne continuera pas tant que je n'aurai pas fait les photos exigées !

Que pense Krishna de tout cela ? Je n'ai pas le temps de le lui demander. J'ignore, d'ailleurs, ce que Krishna, incarnation de Vishnou, peut faire dans ce festival tenu en l'honneur de Pârvatî, épouse de Çiva. S'agit-il d'un épisode introduit récemment, d'un hommage implicite rendu au dieu que l'on adore, tout près d'ici, dans le célèbre sanctuaire de Nathdwara, ou bien d'une preuve supplémentaire de la grande tolérance dont les hindous de diverses tendances font preuve les uns vis-à-vis des autres, de leur goût marqué pour toute espèce de syncrétisme ? Le public, quant à lui, ne voit nulle singularité dans ce mélange d'éléments çivaites et vishnouites. Un jour, peut-être apprendrai-je, moi aussi, à ne plus m'étonner de rien : ce jour-là, j'aurai compris...

En attendant, les *gopi* ont mis un terme à leurs ébats. Quant à Krishna, il s'est retiré en jouant, sur sa flûte, l'un de ces airs cosmiques qui ont dû présider à la création du monde et réveillent encore, au cœur de chaque dévot, la soif inaltérable de la présence divine. Quelques minutes d'entracte, avant que l'épisode suivant ne commence. Je me tourne vers M. Agrawal comme, au concert, je consulterais mon programme.

— Et maintenant... ?

— Maintenant, voici *Ambâ Mâtâ,* la Grand Mère, autrement dit Pârvatî. Faites attention, ajoute M. Agrawal : il s'agit là d'une scène longue et complexe...

Ambâ Mâtâ est, en effet, un autre nom de Pârvatî, c'est-à-dire de Raï. Et ce sont bien les Raï qui entrent les premières dans le cercle, mais les voici pour la première fois, suivies par leur noble époux : Burya, que l'on appelle aussi Civa, Shankar ou Mahadev — le grand dieu.

J'ai déjà décrit l'aspect des Raï, mais celui de Burya les surpasse : il s'agit là, sans nul doute, du personnage le plus impressionnant, le plus « primitif » — au sens exotique du terme — de tout le festival. Mais, cette fois, ce n'est pas le costume — dhoti, chemise blanche serrée à la taille par une grosse ceinture de cuir à laquelle sont attachées des clochettes en laiton, bracelets d'argent aux pieds et aux mains — qui mérite description ; c'est le masque. Burya est en effet l'unique acteur du drame à porter un masque, il le porte d'un bout à l'autre de cette scène — qui est la seule à laquelle il participe — et ce masque est lui-même un objet des plus sacrés, véritable demeure du dieu que les *bhopa* conservent chez eux, d'un an sur l'autre, en l'entourant d'une extrême dévotion. De forme ovale comme le visage lui-même, de couleur orange rehaussée par de nombreux traits rouges qui miment un maquillage, il est percé de deux trous au niveau des yeux et entouré, sur tout son pourtour, de longs poils. Ceux-ci, ainsi que la longue moustache qui tombe des deux côtés de la bouche peinte, rappellent l'abondant système pileux qui est, dans l'iconographie classique, accordé à Çiva.

A cette apparition, les enfants ont, soudain, cessé de rire. Un vent de solennité a glissé sur la foule, jusqu'ici plutôt gaie et distraite. Même le roulement des tambours semble plus sombre que tout à l'heure... Il est vrai que l'acteur qui joue Burya – rôle sacré entre tous – n'est plus tout à fait, dans le moment même où il joue, un simple acteur : il est Burya lui-même, que les *bhopa* ont réussi à faire descendre sur terre. Il est le dieu de la fécondité dont le village attend paix et richesse. Et même s'il ne dit rien, se contentant d'agiter frénétiquement les petites clochettes attachées à sa ceinture et à ses pieds d'une façon qui rappelle les évolutions cosmiques du *Çiva Nataraja* – le roi de la danse – si souvent représenté dans la sculpture gupta, il n'en est que plus craint : par la danse de Çiva le monde peut être détruit comme il peut être régénéré. Dans ce ballet étrange et fascinant, c'est le sort même de l'univers qui se joue.

C'est alors que surviennent, comme pour détendre l'atmosphère, deux nouveaux personnages qui s'apparentent plutôt au registre comique. Il s'agit de deux « diables » : les *Bhinyaval*. Deux mauvais esprits, si l'on veut, mais qui font rire plus qu'ils ne font peur, sans doute parce que le public sait d'avance qu'ils vont être battus. Comme le gendarme est battu par Guignol – si je puis me permettre cette irrévérencieuse comparaison... Leur accoutrement traduit, lui aussi, des influences mélangées : les bracelets, les colliers et les clochettes attachées aux chevilles sont des bijoux anciens, mais la coiffure – une sorte de bonnet surmonté de deux antennes qui font penser à quelque immense insecte –, les lunettes noires, le morceau d'étoffe enroulé autour du torse tout en laissant les épaules découvertes, le pantalon, enfin – un étonnant pantalon bouffant de couleur vert clair, au lieu du dhoti traditionnel – expriment sans doute, eux aussi, ce que M. Agrawal appellerait l' « impact urbain »...

Au demeurant, les Bhinyaval semblent là pour l'amusement du public : fendant l'air de leur sabre à la manière de Matamore dans notre comédie classique, ils font tout ce qu'ils peuvent pour effrayer les Raï, mais celles-ci les vainquent aisément, et les Bhinyaval n'ont plus qu'à s'éclipser d'un air piteux. Burya reprend alors sa danse solennelle et cosmique, et le Bien semble avoir, pour une fois, efficacement terrassé le Mal.

Pourtant, cette lutte millénaire n'est pas finie : les Bhinyaval n'ont fait que se retirer sur le pourtour du cercle, ils ne s'avouent nullement vaincus. Alors, en prévision de la prochaine « manche », deux nouveaux personnages viennent s'adjoindre aux forces du Bien, deux personnages dont l'arrivée est annoncée, à la sortie de la ruelle-coulisses, par un grand remue-ménage. Tout à coup les enfants, dont les mouvements indiquent sans risque d'erreur la direction dans laquelle l'intérêt doit se tourner, se sont portés en masse vers le groupe qui débouche de cette ruelle : un homme, qui tient sur sa tête une corbeille dans laquelle est assise une petite fille toute noire, et un autre acteur, déguisé en lion, qui exécute à ses côtés des bonds de fauve déchaîné... Presque immédiatement, quelques femmes les entourent, tendant leurs mains, dans un geste de supplication, vers l'étrange petite fille noire aux yeux exorbités, tout blancs, qui semble elle-même hallucinée par le spectacle qu'elle offre.

— *Kalî-Mâtâ*... me souffle M. Agrawal, lui-même impressionné.

Aucun doute possible, en effet, sur le nom de la déesse qui plane au-dessus de la foule : il s'agit bien de *Kalî la Grande Mère*. Kalî, déesse aux significations complexes et probablement fort anciennes, est d'ailleurs l'un des personnages les plus populaires et les plus aisément reconnaissables du panthéon hindou, puisque ses représentations sont invariablement de couleur noire. Déesse terrifiante, elle se voit souvent attribuer par l'iconographie classique de multiples bras brandissant des armes redoutables, une langue rouge et des crocs inquiétants qui lui sortent de la bouche, voire des guirlandes de crânes autour du cou...

Heureusement, l'enfant qui est ici chargée de ce terrible rôle porte seulement un manteau vert et un grand sabre, mais sa fonction n'en est pas moins d'écraser les démons. Et c'est pour mieux accomplir cet office qu'elle est secondée par un lion.

De même, une autre déesse redoutable, Durgâ – l'Inaccessible –, est fréquemment accompagnée d'un tigre ; mais malgré ces différences dans le symbolisme, Durgâ et Kalî, qui ne sont que deux aspects de Pârvatî – appelée encore Raï ou Gaurî ! – personnifient toutes deux ce que les hindous nomment la *çakti*, autrement dit l'*énergie* de Çiva envisagée comme processus indépendant... Complexités de la cosmogonie ! Encore une fois, les Bhil, eux, ne font point trop de difficultés théologiques : dans ce monde sacré qui est le leur, il n'y a rien d'étonnant à ce que le divin se manifeste tantôt sous la forme d'un élégant travesti – Raï – et tantôt sous celle d'une petite fille toute noire, muette de saisissement dans son grand panier.

Quant au rôle du lion, il est tenu par un véritable acrobate. Vêtu d'une chemise moderne peinte dans le style « batik », avec de curieuses impressions colorées en forme de taches qui rappellent davantage le léopard que le lion, et d'un petit short qui lui permet de bondir à l'aise, il se démène sauvagement, c'est le cas de le dire, d'un bout à l'autre de l'aire de danse. Les Bhinyaval qui viennent, eux aussi, d'entrer dans le cercle n'en mènent pas large, et l'on comprend pourquoi. D'autant que le lion et Burya ont apparemment passé un accord, puisqu'ils s'arrangent maintenant pour prendre les Bhinyaval à revers. Ceux-ci sont plusieurs fois envoyés au tapis, mais avec la stupidité propre aux mauvais esprits ils reviennent obstinément à la charge. L'épisode traîne donc quelque peu en longueur, les musiciens eux-mêmes ne montrant pas la moindre trace de fatigue bien qu'il y ait déjà trois heures qu'ils frappent sans relâche sur leurs instruments !

Au-dessus de nous, le soleil tourne dans le ciel. L'ombre projetée par les petites maisons qui entourent la place – des cases aux murs de terre battue et une ou deux bâtisses en dur, dont les murs blancs et les fenêtres bleues ont été délavés par d'innombrables moussons – commence à envahir progressivement le sol. Sous les pieds des danseurs, la poussière s'élève, desséchante. Sur un côté, la place n'est pas fermée : à cet endroit se dresse un énorme banyan, cet arbre sacré entouré d'une plate-forme en ciment sur laquelle les hommes, dans les villages indiens, s'accroupissent pour discuter. Aujourd'hui aussi, ce lieu clément est occupé, pour l'essentiel, par la partie masculine du public ; les femmes, elles, sont assises sur les trois autres côtés, formant un étonnant ensemble de sari roses ponctué, de temps à autre, par une tache jaune ou verte, sur lequel jouent les reflets du soleil. Certaines d'entre elles portent, sur leurs genoux, de tout petits bébés qui pleurent : celui-là de faim, celui-ci de fatigue, tel autre parce que les mouches s'abattent par nuées sur la petite blessure, déjà infectée sans doute, qu'il porte à la tempe gauche...

Un peu en retrait, à l'ombre d'un auvent qui abrite, le reste du temps, de modestes échoppes, trois hommes, qui doivent être frères et boutiquiers, sont accroupis dans la même position. Ils fument une cigarette qu'ils se passent, posément et respectueusement, de main en main, selon le rite ancestral : chacun tire une bouffée à travers ses doigts refermés, sans toucher la cigarette. L'aîné, dont les cheveux blancs n'ont même plus d'âge, porte des lunettes à grosse monture d'écaille qui lui cachent les yeux ; mais son regard, comme celui des deux autres, ne semble pas dirigé sur le spectacle tout proche. On dirait que ces hommes regardent vers l'infini, dans la pose douloureuse de celui qui attend en sachant très bien qu'il n'y a rien à attendre. Pour eux, le temps n'est rien : seule compte l'éternité, et même l'éternité ne suffira sans doute pas à éteindre leur patience...

Soudain, des femmes poussent un grand cri. Près de la maison aux volets bleus, elles se sont levées avec un geste de peur, refluant vers le cercle ; immédiatement, tout le monde regarde dans leur direction. Que se passe-t-il ? Un serpent ? Non, les femmes poussent des cris rieurs, et les enfants accourent vers elles. L'un d'eux, sans doute plus dégourdi, revient bientôt vers nous et nous lance l'animal qui a causé tout cet effroi : ce n'est qu'un petit caméléon, lui-même tout bouleversé par ce qui lui arrive. Les hommes rient bruyamment, sachant que le caméléon ne mord pas, mais les femmes préfèrent se tenir à l'écart ; aussitôt, la bestiole profite de l'espace libre pour courir se réfugier à l'ombre d'un mur en ruines.

La danse, pendant ce temps, ne s'est même pas interrompue. Seul, un *bhopa* s'est levé au milieu du groupe central. De ses deux bras tendus, il agite frénétiquement les plumes de paon

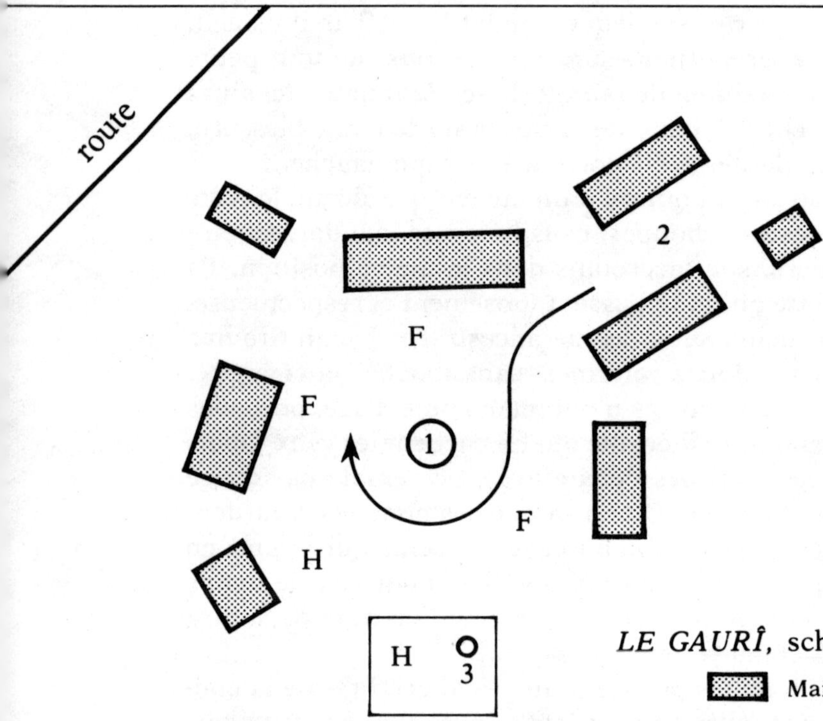

LE GAURÎ, schéma d'ensemble

Maisons

1 Groupe des *bhopa* et des musiciens
2 Ruelle où se préparent les danseurs
3 *Banyan* entouré d'une plate-forme en pierre
H Groupe des hommes
F Groupe des femmes

sur lesquelles se resserrent ses doigts noueux : peu à peu pénétré par le rythme monotone et obsédant des percussions, il entre progressivement en transe. A vrai dire, les autres ne lui accordent même pas un regard. En ce moment, les *pujari* — jeunes assistants des *bhopa* — sont trop occupés à promener dans la foule de petits plateaux de fonte sur lesquels se consument quelques charbons ardents : hommes et femmes, confondus dans un même acte de foi, se bousculent pour avoir le droit de passer leurs mains au-dessus de ce feu sacré, symbole de la lumière, principe fondamental de l'univers que les brahmanes, depuis les origines de la religion védique, ont la charge d'entretenir. Je pense à cette *puja* du crépuscule où, au même moment, dans chaque sanctuaire de l'Inde, un prêtre tenant une lampe à huile à bout de bras fait lentement tourner la flamme devant la statue de la divinité. Ici, en plein jour, sur cette place de village livrée au bruit et à la foule, l'esprit du rite est le même ; chez ces gens superficiellement convertis à l'hindouisme, la dévotion envers le feu n'est pas moins forte. Comme quoi il est bien vrai qu'à un certain niveau toutes les religions se rejoignent...

Pendant que je me fais ces réflexions bien occidentales, la danse a brusquement pris fin. Provisoirement vaincus, les *Bhinyaval* disparaissent en coulisse, suivis de Burya, dont la performance est finie. Les autres personnages et quelques villageois qui, sans avoir de costume ni de rôle particuliers, participent néanmoins de tout leur cœur aux danses, demeurent au bord du cercle. En fait, l'épisode suivant commence presque immédiatement avec l'arrivée d'un couple de danseurs, homme et femme, vêtus comme des paysans endimanchés. Une fois de plus, je me tourne vers M. Agrawal.

— *Shankriya*, m'annonce celui-ci.

Et, devant mon regard interrogateur, il commente, dans son style laconique :

— *A joke item.*

Il s'agit en effet d'un épisode purement comique, destiné à détendre l'atmosphère religieuse dans laquelle avait baigné la fin du tableau précédent. L'homme et la femme représentent donc deux paysans bhil qui partent en promenade, et auxquels il arrive toutes sortes d'aventures désopilantes – tout au moins pour le public. J'avoue que, pour ma part, j'ai quelque mal à suivre ces péripéties très rapides et qui paraissent d'ailleurs en grande partie improvisées. Sans doute les comédiens – ils sont maintenant une quinzaine à danser et à jouer tous ensemble, dans le plus sympathique désordre – brodent-ils abondamment sur un canevas relativement simple, tout comme le faisaient les personnages de la commedia dell'arte ou les acteurs qui jouaient les farces de Molière... Toujours est-il que le public s'amuse énormément à voir nos deux paysans poursuivis, rossés, puis à leur tour poursuivant et rossant d'autres comparses.

Le nœud de l'intrigue semble être en effet la rencontre des paysans avec un groupe de bandits. Et parmi ceux-ci, un personnage tout à fait étonnant vient de faire son apparition, auquel mes voisins donnent le nom de *Chor* (voleur), mais que son accoutrement distingue sans ambiguïté de ses collègues. Ce voleur, en effet, a le visage barbouillé de suie, des feuillages enroulés autour de la tête et un poignard à la main. Il est accompagné, ce qui n'est pas non plus banal, de son fils, lequel a également un poignard à la main et le visage barbouillé de noir. Ce dernier détail, ajouté aux feuillages qui traduisent l'origine forestière du voleur, me fait irrésistiblement penser au personnage de l' « homme sauvage » si populaire dans le folklore d'Europe occidentale, et qu'on retrouve, entre autres, dans les cérémonies du carnaval occitan et même dans les mascarades basques. Singulière coïncidence, en vérité, dont les ethnographes du siècle dernier n'auraient sûrement pas manqué de tirer des conséquences aussi ingénieuses que fragiles. Non, je ne crois pas qu'il y ait eu influence directe, encore que bien des traits du folklore européen viennent sans doute de l'Orient, par un chemin ou par un autre. Je préfère me borner à rêver, une fois de plus, sur l'unité de l'esprit humain qui, à des milliers de kilomètres de distance, invente des mythes, des rites et des objets étrangement analogues, reliés entre eux par d'invisibles correspondances que seul le songe, sans doute, permet d'apercevoir...

Mais l' « homme sauvage » — donnons-lui donc provisoirement ce surnom — ne reste pas inactif. Il s'attaque, lui aussi, aux paisibles villageois en promenade, et le fils n'a pas l'air moins agressif que le père. Ce que voyant, un vieux danseur, au visage tout ridé sous son énorme turban jaune, décide de donner une bonne leçon aux bandits forestiers : s'emparant d'un bâton, il les poursuit tout autour du cercle, jusqu'à ce que l' « homme sauvage », m'ayant vu dans la foule, se précipite vers moi. Tout essoufflé, le vieux arrive sur ses talons mais, empêtré dans son dhoti, il n'arrive pas à prendre l'avantage par rapport au jeune bandit qui effectue des bonds incessants. Finalement, c'est le bandit qui donne un grand coup au vieux, lequel s'écroule à mes pieds en me suppliant à cor et à cri de faire quelque chose pour le sauver. Me voici à mon tour acteur dans le Gaurî mais heureusement, par cette mystérieuse rencontre des esprits dont je parlais à l'instant, mon rôle m'apparaît tout de suite dans une lumineuse clarté : c'est de l'argent que veut le bandit... Je donne donc quelques roupies au vieux, qui les repasse immédiatement à l' « homme sauvage », lequel, sans doute, lui en reversera la moitié dans les coulisses — et l'incident est clos... Bien sûr, l'épisode a été improvisé, mais avec un si parfait naturel qu'on pourrait croire qu'il est joué chaque année : une preuve, entre autres, du fait que nous avons affaire, ici, à d'excellents acteurs, passés maîtres dans l'art de feindre avec la plus extrême candeur... Ce que me confirme, à son tour, M. Agrawal, qui m'avoue, en confidence, n'avoir jamais vu une si bonne représentation. Je feins de prendre le compliment pour une allusion à ma récente participation et souris d'un air modeste.

Quant à l' « homme sauvage », il s'est, lui aussi, provisoirement retiré. Un nouvel entracte permet aux *bhopa* de se rafraîchir, tout au moins à ceux qui n'ont pas encore été gagnés par la transe. Mais la pause n'est pas longue, car tous attendent avec impatience les épisodes suivants, qui, joués sans interruption, vont constituer le « finale » de Gaurî. *Banjâra :* tel est le nom de cette dernière scène ainsi que du personnage qui en forme le héros, lequel vient justement de faire une entrée spectaculaire dans le cercle des danseurs. Je confesse, à nouveau, ma surprise : le Banjâra porte, sans nul doute, le plus pittoresque costume qu'il m'ait été donné de voir jusqu'ici. Il faut dire que les Banjâra constituent, comme les Bhil, une « tribu » d'adivasi, répandue dans le nord et le centre de l'Inde mais qui, par sa fonction sociale, jouit d'une richesse probablement très supérieure à celle des autres « tribus » (4). Ou, plus exactement, jouissait : les Banjâra étaient en effet des nomades spécialisés dans le transport des marchandises, qu'ils empilaient sur leurs lourds chariots traînés par des bœufs — activité dont ils tiraient de substantiels revenus jusqu'à ce que le développement des trains et des transports routiers ne finît par les condamner à la ruine. Mais le Banjâra qui joue dans le Gaurî est sans doute le témoin d'une époque reculée, et son costume somptueux témoigne assez de son aisance, tout comme, d'ailleurs, le fait qu'il se permette d'être polygame et de voyager en compagnie de ses deux femmes...

Le Banjâra est donc vêtu d'une grande veste orange, dont les longs pans tombent jusqu'aux genoux, et qui n'est pas d'un modèle courant en Inde. Il porte aussi un pantalon vert, bouffant et serré aux chevilles, ainsi qu'un énorme turban orange attaché à sa tête par une bande de soie mauve. Enfin, il tient à la main une longue lance ornée de rubans. Quant à ses deux femmes, elles exhibent deux superbes saris de couleur pourpre. L'ensemble des trois personnages forme une tache de couleur éblouissante dans ce spectacle où pourtant la couleur ne manque pas. En les voyant, je comprends mieux la réputation de pittoresque qui, autrefois, s'attachait aux Banjâra. Mais leur côté « tzigane » — puisqu'on les a souvent comparés à des gitans qui auraient réussi — ne devait pas leur attirer que des sympathies. Nomades, ils s'exposaient à la réprobation des sédentaires. Commerçants voyageurs, ils étaient la proie d'interminables tracasseries de la part des administrations locales.

C'est là, du reste, le sujet de l'épisode. En effet, un autre personnage vient de faire son apparition, dont le déguisement rappelle le garde champêtre de la première scène : il s'agit d'un « officier des douanes », de l'époque britannique évidemment. Coiffé d'un casque blanc, il est vêtu, cette fois, d'un uniforme kaki, son visage est outrageusement blanc à force d'avoir été maquillé et, pour qu'il ne reste aucun doute dans l'esprit du spectateur quant à sa nationalité, il porte un parapluie !

Commence alors une nouvelle série de péripéties comiques partiellement improvisées. Le Banjâra, qui vient de partir en voyage d'affaires avec ses deux épouses, se voit soudain arrêté par l'officier des douanes. Celui-ci lui réclame la taxe d'octroi (que l'on doit encore payer en Inde, à l'entrée de toutes les villes), mais le Banjâra refuse. Alors l'officier lui dit :

— Laissez-moi danser avec vos femmes, et je vous laisserai passer...

Le Banjâra est obligé de s'exécuter, et ses deux femmes sont entraînées dans une danse assez folle par l'énergique *customs officer*, pour la plus grande joie du public... Il faut dire que tous les acteurs, ici, sont excellents. Le Banjâra, en particulier, domine la distribution : grand, portant beau, chantant à pleine voix, il a véritablement fière allure dans son costume orange, et l'officier des douanes se démène lui aussi comme un diable.

Ensuite, les voleurs font leur réapparition dans le cercle. Manifestement, ils en ont à l'argent du Banjâra. Celui-ci se défend énergiquement, mais il est sans cesse pris à partie par un curieux personnage couvert d'un manteau bariolé, dont le visage est divisé en deux moitiés maquillées l'une en clair, l'autre en sombre, et barré par une superbe moustache à la rajpoute, dont les deux extrémités remontent fièrement jusqu'aux oreilles. De son côté, le *customs officer* a des problèmes avec son jeune assistant, coiffé d'un calot militaire : celui-ci, en effet, refuse de s'agenouiller sur le sol pour lui servir de chaise et, sans doute excédé par les brimades que son chef lui impose, déchire et jette en l'air la précieuse liasse de papiers qu'on l'avait chargé de porter...

Pour le ramener à la raison, l'officier lui fait alors un long sermon dont les paroles se perdent dans le tumulte général. Il faut dire, en effet, que l'animation et la confusion sont à leur comble. Plus le spectacle avance, plus l'ardeur des danseurs semble forte, plus les musiciens tapent sur leur tambour, plus les *bhopa* s'agitent frénétiquement et plus le public, de son côté, participe de bon cœur aux improvisations des comédiens.

Il est clair qu'on approche du paroxysme de la cérémonie. D'ailleurs, quatre *bhopa* sur les cinq qui président à la fête sont maintenant en proie à une transe qui ne semble pas simulée. Je dis « qui ne semble pas » car il est évident qu'au commencement du moins ils se forcent quelque peu, ne serait-ce que parce que ainsi le veut la tradition; mais au bout d'un certain temps le rythme obsédant des tambours — qui sont frappés à quelques centimètres de leurs oreilles — doit finir par les plonger, effectivement, dans un état second. Voici d'ailleurs que l'un d'entre eux, tout en proférant des paroles inintelligibles, s'emporte au point de vouloir assommer ses voisins avec la grande brassée de plumes de paon qu'il tient toujours serrée dans ses deux mains : immédiatement, l'un de ses assistants se précipite sur lui pour l'immobiliser avec douceur mais fermeté. Or cet incident s'est déroulé dans l'indifférence générale, le groupe des *bhopa* étant soustrait aux regards des spectateurs par le cercle incessant des danseurs qui l'entourent; et je ne crois pas qu'il y ait eu là simulation.

Quant aux danseurs, ils sont maintenant si nombreux qu'ils se gênent pour évoluer. Dans la confusion générale, je ne distingue plus rien. Il y a d'abord un long dialogue chanté entre le Banjâra, ses femmes et le groupe des *bhopa*, auquel personne ne prête attention. Dans le public, les gens parlent, rient et s'interpellent aussi fort que les acteurs eux-mêmes. Puis le sommet du drame est finalement atteint quand les voleurs, levant leurs sabres, cherchent à tuer le Banjâra. Les deux Raï se précipitent alors au secours de ce dernier, et ce sont les voleurs qui, après avoir été plusieurs fois précipités à terre, sont tués, d'un coup de lance, par le Banjâra. L' « homme sauvage », lui aussi, est définitivement abattu. La culture a conquis la nature. Le Bien a vaincu le Mal. Une fois de plus, les forces bénéfiques ont triomphé, une fois de plus la solidarité au sein du groupe et celle qui unit le groupe aux dieux ont été renforcées ; une fois de plus, la vie l'a emporté.

De tous côtés explosent des hurlements de joie. Toutes les divinités sont invoquées, célébrées, remerciées :

— *Jai Shankar Mahadev ki!*

— *Jai Pârvatî Mai ki!*

— *Jai Kesariya Nath ki* (5) !

L'un des *bhopa* arrache le trident qu'il avait planté dans le sol au début de la cérémonie. Les autres s'effondrent, brutalement épuisés. Quant aux danseurs, en nage, ils se dispersent dans le public. Tout le monde se lève. A Bhavana, il est 5 h du soir, l'ombre des maisons couvre maintenant toute la place et le Gaurî est terminé (6).

Pas tout à fait, pourtant. Car, dans un coin, une courte cérémonie est en train de se dérouler, sans laquelle le Gaurî ne pourrait être conclu. Quelques jeunes femmes, toutes vêtues du même sari rose souligné par une bordure mauve plus foncée, offrent différents cadeaux aux « chefs » de la troupe des danseurs. Il s'agit en fait des danseurs les plus âgés, non de ceux qui ont tenu les rôles les plus importants. Quant aux cadeaux, ils consistent en noix de coco, en pièces d'étoffe destinées à faire des sari et en quelques billets d'une roupie... que les danseurs recomptent soigneusement, l'un après l'autre, avant de les faire disparaître, d'un geste rapide, dans une poche de leur chemise. Enfin, les femmes offrent de l'eau aux hommes, et le petit groupe, s'asseyant sur le sol, s'attarde à bavarder dans le soir qui descend. Le sujet de la conversation ? Le village, évidemment.

Car les femmes auxquelles incombait la charge de faire les cadeaux sont, comme les hommes qui, aujourd'hui, sont venus danser pour elles à Bhavana, originaires d'un même village : Dangiyon-ki-Pacholi, situé à quelques lieues de là. Et cette relation n'est nullement un hasard : au contraire, c'est elle qui fonde la fonction du Gaurî et justifie les mécanismes de la représentation. Mécanismes complexes, qui n'ont été que fort rarement décrits, et sur lesquels il va être nécessaire, ici, de s'arrêter quelques instants.

Encore est-ce beaucoup dire que de les qualifier de « rarement décrits » puisqu'ils ne l'ont été, à ma connaissance, qu'une fois et une seule : dans un article récent de deux anthropologues indiens, B. R. Chauhan et D. S. Chelawat, paru dans un livre collectif consacré aux Bhil et publié, en 1978, par l'Institut de Recherche tribale d'Udaïpur (7). J'ai eu beau fouiller la littérature ethnographique consacrée, depuis un siècle, aux Bhil — et dont le volume reste d'ailleurs assez mince : je n'ai rien trouvé d'autre. En fait, tout se passe comme si aucun voyageur n'avait eu l'occasion d'assister au Gaurî, ni aucun administrateur britannique le souci d'en rendre compte. Situation peu ordinaire, surtout dans un pays qui, comme l'Inde, a été abondamment visité à toutes les époques depuis la plus haute antiquité, qui a été plusieurs fois colonisé et qui, lors de la dernière de ces occupations — le *British Raj* — a été mis en coupe réglée, si l'on peut dire, par les anthropologues et par les fonctionnaires. De surcroît, le Gaurî n'est nullement une fête secrète. Il s'étend sur plus d'un mois. Et les Bhil sont les gens les plus accueillants du monde, malgré toutes les misères qu'ils ont subies...

On comprend difficilement, dans ces conditions, l'absence presque totale de documents écrits, d'enquêtes ou de témoignages concernant le Gaurî. Pourtant il faut se rendre à l'évidence : même à l'Institut tribal d'Udaïpur, rien d'autre n'a été publié que le texte cité plus haut. Heureusement, il m'a été possible de vérifier — par voie d'entretien — la plupart des renseignements contenus dans l'article de Chauhan et Chelawat. Voici donc, dans leurs lignes générales, les principales règles rituelles qui président au Gaurî.

S'étendant sur la plus grande partie de la saison pluvieuse, la période propice aux représentations commence le troisième jour de Bhadrapad et dure quarante-trois jours : elle s'achève, en somme, en même temps que la mousson, lorsque arrive le moment de récolter le maïs. Durant ces quarante-trois jours, un certain nombre de villages de la région d'Udaïpur – pas tous, cependant – constituent des troupes d'acteurs qui, acceptant de se soumettre à des tabous déterminés, vont consacrer tout leur temps aux représentations du *dance-drama*. Chaque troupe, issue d'un village donné, doit donc aller visiter une vingtaine d'autres villages, à raison d'un tous les deux jours environ. Mais selon quels critères les villages visités sont-ils choisis par le village visiteur ? Ici, il faut faire intervenir trois types de relations, qui n'ont pas tous la même importance.

Premier type : les relations d'échange rituel *(Udhari-hanti)*. Il s'agit d'un système de réciprocité qui unit entre eux un certain nombre de villages distants les uns des autres de moins de vingt kilomètres. Comme le Gaurî coûte relativement cher à mettre sur pied (essentiellement parce qu'il faut sans cesse renouveler costumes et accessoires), chaque année un ou deux villages appartenant à cet ensemble rituel monte une troupe qui va visiter tous les autres villages; l'année suivante, les rôles s'inverseront, les villages visiteurs devenant à leur tour des villages visités, la responsabilité circulant ainsi de village en village. Bien entendu, lorsque plusieurs troupes de la même région organisent le Gaurî, elles ne vont pas jouer les unes chez les autres. Pourquoi ? D'une part, il est inutile que le Gaurî soit représenté plusieurs fois dans le même village au cours d'une même saison : une fois suffit; or la troupe qui monte le Gaurî commence toujours par le jouer, le premier jour, dans son propre village (8). D'autre part, il faut se rappeler que le village visité, ou plus exactement que les Bhil vivant dans le village visité, et eux seuls (même si résident au même endroit des non-Bhil), ont la charge de nourrir les danseurs qui viennent se produire chez eux et de leur faire certains cadeaux. Or, lorsqu'un village forme une troupe, presque tous les Bhil y participent, soit directement (parce qu'ils dansent), soit indirectement (parce qu'une ou deux personnes de chaque famille doivent accompagner les danseurs dans leurs pérégrinations). Par conséquent, le village visiteur se vidant de la partie bhil de sa population, il ne serait guère souhaitable qu'une autre troupe vienne à son tour le visiter : il ne resterait personne pour la nourrir.

On voit que, si le village visiteur a de grosses dépenses, celles de la commune visitée ne sont pas moindres, puisqu'il lui incombe d'entretenir plusieurs dizaines de personnes pendant un jour ou deux. De fait, avant de nouer entre eux des relations de ce type, les villages y regardent à deux fois. Il faut qu'ils soient à peu près de la même taille, de la même richesse, pas trop éloignés l'un de l'autre – toutes conditions qui ne sont pas toujours facilement satisfaites. D'ailleurs, les relations d'échange rituel peuvent être rompues quand un village, par suite de difficultés économiques particulières, n'est plus en mesure de nourrir ses invités ou de monter une troupe lorsque survient son tour de le faire – autrement dit, tous les cinq ou six ans. Toutefois, cette décision n'est prise qu'à la dernière extrémité, la plupart des Bhil, même les plus pauvres, étant prêts à se ruiner pour assurer le succès de la fête.

Deuxième type de relations : celles qui unissent les débiteurs *(asami)* à leur créancier *(haji)*. Dans ce cas, qui est spécifique de la région de Bhilwar, chaque village est lié par des liens particuliers et généralement très anciens à une famille de commerçants ou d'usuriers résidant dans un village voisin. La plupart de ces commerçants – appelés *banyas* – ne sont pas eux-mêmes bhil ; ce sont de riches hindous qui, depuis des générations, exploitent les Bhil, soit en leur vendant au prix fort les grains ou les denrées dont ces derniers ont besoin, soit en leur avançant de l'argent à des taux exorbitants. Les paysans bhil n'étant pas toujours en état de rembourser leurs dettes, ils abandonnent alors une partie de leurs terres et de leur bétail au *banyas*, ou bien acceptent de travailler gratuitement pour lui – autrement dit, deviennent ses serfs. Dans un cas comme dans l'autre, ils ne font que se mettre encore plus dans la dépendance du *banyas* qui, de son côté, cherche à les attirer au maximum pour continuer à les exploiter. Je reparlerai plus loin de ce système qui laisse, comme on s'en doute, peu d'espoir aux Bhil de voir leur situation s'améliorer. Ce qui est remarquable, c'est le fait que ces relations d'exploitation, loin d'être toujours vécues sur le mode conflictuel, se doublent parfois d'une sorte de soumission rituelle et quasiment religieuse des villageois envers leur usurier. C'est dans cet esprit que dans la région de Bhilwar les paysans de chaque village vont, tous les cinq ou six ans, jouer le Gaurî devant la maison de leur *banyas*, dans la commune voisine...

Évidemment, ce type de relation a disparu dans les environs immédiats d'Udaïpur, où depuis plusieurs années les paysans ont pris l'habitude d'aller acheter les denrées dont ils ont besoin auprès des marchands récemment installés en ville, auxquels ne les rattache aucune espèce de lien rituel.

Il existe enfin un troisième type de relation, qui est sans doute le plus important : je veux parler, bien sûr, des relations de caste et de parenté. En effet, la plupart des villages que nous appelons « villages bhil » sont, tout au moins dans la région d'Udaïpur, des villages mixtes : à côté d'un fort noyau adivasi, des hindous de toutes castes peuvent y résider dans des quartiers séparés. Ils y remplissent en général les fonctions professionnelles qui leur sont propres : potiers, par exemple, ou bien marchands (on a rarement vu un Bhil assez riche pour s'acheter une boutique et constituer des stocks...). Or, ces hindous donnent, comme il se doit, leurs filles en mariage à d'autres hindous vivant dans les villages voisins. Les liens de parenté qui se créent ainsi ne concernent pas, en apparence, les Bhil : pourtant ceux-ci considèrent comme une règle imposée à leur groupe d'aller, une fois dans leur vie, visiter les villages où résident des jeunes hindoues nées dans leur propre commune. Dans ces villages, ils sont reçus et nourris par d'autres Bhil — et cependant ce sont des hindoues qu'ils honorent, même si, par la force des choses, ils sont amenés à jouer pour tout le village un drame dont les principaux rôles sont, de surcroît, empruntés au panthéon hindou...

On se demandera peut-être pourquoi les Bhil tiennent tant à faire plaisir à leurs voisins hindous, au lieu d'honorer les beaux-parents de leurs propres filles. Question pertinente, mais difficile. On peut y fournir deux réponses différentes, selon qu'on prend pour argent comptant les explications données par les Bhil eux-mêmes ou qu'on essaye de trouver, à leur comportement, des motivations plus profondes. Les Bhil, en effet, se contentent de donner une réponse assez banale : il ne serait pas convenable, disent-ils, qu'ils dansent, qu'ils chantent, qu'ils jouent la comédie devant leurs propres filles, une fois que celles-ci se sont mariées et installées ailleurs. Argument peu convaincant, si l'on considère que, lorsqu'ils vont jouer dans les villages où résident les beaux-parents des filles de leurs voisins hindous, les Bhil peuvent être amenés à jouer *aussi* devant les beaux-parents de certaines de leurs filles, et ne semblent guère en être gênés...

C'est pourquoi Chauhan et Chelawat se sont efforcés de trouver une autre explication. D'après eux, les Bhil seraient, ici, inconsciemment influencés par un précepte fondamental de l'éthique hindoue : selon cette dernière, en effet, et tout au moins dans le Rajasthan, un homme ne doit pas accepter la nourriture ni l'eau des mains des beaux-parents de ses filles ou de ses sœurs cadettes. Par ailleurs, il ne doit pas accepter que ceux-ci dépensent de l'argent pour lui. Cette idée se serait-elle imposée aux Bhil du fait de la coexistence régnant entre les deux communautés depuis de nombreux siècles ? C'est fort possible. Toujours est-il que, lorsqu'une troupe va visiter un village voisin à la faveur des relations d'échange rituel (premier type), les danseurs qui en font partie peuvent très bien être amenés à accepter la nourriture et l'eau, ou même une somme d'argent, de la part de leurs filles et des beaux-parents de celles-ci, sans que cela soulève de problème. En fait, la population bhil n'est jamais si nombreuse, ni les villages si dispersés, qu'un homme n'ait, dans la commune voisine de la sienne, ou une fille, ou une sœur, ou une cousine à un degré point trop lointain... Il est donc bien difficile de dire pourquoi le Gaurî n'est jamais joué en l'honneur de ces dernières et de leurs beaux-parents, mais toujours en l'honneur des beaux-parents des jeunes hindoues. A moins, évidemment, qu'on ne fasse résider tout le sens du Gaurî dans ce détail précis : le Gaurî deviendrait, en ce cas, le symbole même de la soumission des Bhil aux hindous, ou tout au moins le moyen par lequel les premiers se rendraient agréables aux seconds. Mais une telle définition serait d'autant plus étrange que les Bhil, en tout cas au niveau du discours explicite, ne se considèrent nullement comme inférieurs à leurs voisins.

En fait, si nous manquons de données pour embrasser franchement cette thèse, il n'en reste pas moins que le Gaurî trahit, non seulement dans ses thèmes généraux mais jusque dans le détail de son rituel, des influences hindoues aussi nombreuses qu'incontestables. En voici encore quelques exemples. Tout d'abord, la permission de monter une troupe est demandée par le village à Pârvatî, par l'intermédiaire du ou des *bhopa*. Lorsque la permission est accordée – elle ne l'est, on l'a dit, que tous les cinq ans en moyenne –, les hommes commencent leurs préparatifs rituels. Les hommes, et non les femmes : car pour que la cérémonie porte les meilleurs fruits possibles, les Bhil pensent que les hommes seuls doivent y participer. Tous les rôles féminins seront donc tenus par des hommes, mais ceux-ci auront – sans doute en compensation de l'énorme transgression que représente le fait de se travestir – à se soumettre à de nombreux et durs tabous. Durant toute la durée du festival, autrement dit durant quarante-trois jours, ils ne devront ni dormir dans leurs maisons, ni avoir de rapports sexuels, ni consommer de vin, d'alcool, de viande ni même de légumes verts. Enfin, si les acteurs peuvent prendre un repas le matin, avant de commencer à jouer, ils devront ensuite jeûner jusqu'au moment où, le soir, la représentation sera finie. On retrouve ici un souci de pureté religieuse qui ne peut être que d'origine hindoue, les Bhil eux-mêmes ne respectant pas ce genre d'interdit alimentaire pendant le reste de l'année.

En revanche, si l'on examine le mode de recrutement des acteurs et de distribution des rôles, on observe l'action conjuguée de deux principes complètement différents : les rôles sacrés sont des rôles héréditaires, dont certaines familles de chaque village se considèrent comme les « propriétaires », tandis que les rôles profanes n'ont pas de titulaire fixe et peuvent même être « loués » à des étrangers. Certains rôles, donc, sont distribués en fonction de règles religieuses ; les autres sont répartis au hasard, en fonction des goûts de chacun. Il est évidemment regrettable de ne rien savoir sur l'origine d'une telle « division du travail ».

Les rôles sacrés sont au nombre de trois : Burya et les deux Raï. Celui de Burya peut être, éventuellement, partagé entre deux acteurs qui se relaient (dans le cas où la présence de la divinité est tenue pour nécessaire tout au long de la représentation), mais ceux-ci ne sont jamais simultanément présents ; en revanche, les deux acteurs qui jouent le rôle de Raï – en l'honneur de laquelle le festival est tenu – sont toujours tous les deux présents : il est vrai que cette présence est le plus souvent passive et qu'ils dansent moins que les autres. En général, la charge de ces rôles sacrés est transmise, après la mort d'un acteur, à son fils aîné. Si l'acteur meurt sans avoir de fils, c'est son plus proche cousin du côté paternel qui lui succède. A défaut, c'est le plus âgé de ses neveux qui recueille le rôle. Enfin, si un acteur devient, par l'effet de la maladie, physiquement incapable de participer au Gaurî, la charge sacrée est alors supportée par son frère cadet, car il serait impensable que le fils la reprenne aussi longtemps que le père vit encore...

Ces règles sont, on le voit, strictes et précises. En revanche, les rôles profanes – qui comprennent d'ailleurs, assez bizarrement, ceux de Krishna et de Kalî – peuvent être tenus par n'importe qui. Encore faut-il distinguer, ici, entre rôles principaux et rôles secondaires. Les rôles secondaires étant très nombreux, il arrive quelquefois qu'un village n'ait pas assez d'hommes valides pour les jouer : on fait alors appel à des parents résidant dans les villages voisins. De toute façon, ces rôles ne sont jamais attribués à un titulaire fixe : au contraire, lorsqu'une troupe est montée et qu'elle doit donner, dans l'espace de quarante jours, une vingtaine de représentations, une règle implicite veut que, de l'une à l'autre, les acteurs secondaires échangent leurs rôles. De cette manière, chacun se voit offrir la possibilité de montrer ses talents, et les jalousies sont évitées. En revanche, pour les principaux rôles profanes, ceux qui demandent une grande maîtrise dramatique — comme par exemple le rôle du Banjâra —, il est courant que le village fasse appel à un « spécialiste » — c'est-à-dire à un homme réputé pour ses talents de comédien ou de danseur — même s'il réside dans un village quelque peu éloigné ; le rôle sera, dans ce cas, tenu par le même acteur d'un bout à l'autre de la période des représentations. La recherche des talents est en effet un moment essentiel dans la préparation du Gaurî : chaque troupe s'efforce de faire mieux que les autres et M. Agrawal, qui a assisté à d'innombrables représentations, m'a assuré que d'un village à l'autre on observait de très nettes différences de qualité... Bhavana, de ce point de vue, a eu la chance d'être visité, en 1979, par une troupe de premier plan.

Rôles sacrés, rôles profanes : si l'origine de cette division — comme d'ailleurs celle du Gaurî lui-même — se perd pour nous dans la nuit des temps, elle n'en reste pas moins, sans doute, la seule clef susceptible de nous aider à comprendre le Gaurî. Jusqu'ici, en effet, je n'ai fait que décrire : me voici maintenant face à un autre problème — le sens de la cérémonie. Il reste à dire ce que signifient les différents épisodes qui la constituent. A se demander comment un tel rituel, composé d'éléments aussi hétérogènes, a pu se constituer au sein de la culture bhil. Questions fondamentales, sans doute. Mais questions bien obscures, car sur ces points nous manquons tout à fait de documents. Même les travaux indiens ne nous aident guère : il est vrai que ceux-ci ne dépassent que rarement le niveau descriptif. On en est donc réduit à poser des questions. Et c'est sur ces questions que je m'arrêterai pour terminer.

Sacré, profane : tels sont donc les deux aspects fondamentaux du Gaurî. Sacré, il constitue un rituel propitiatoire d'une extrême importance puisque la survie de la population bhil de cette région dépend entièrement de l'agriculture et en particulier de la récolte de maïs. Profane, il est aussi un temps fort de la vie paysanne, une fête à l'occasion de laquelle les Bhil resserrent non seulement les liens qui les unissent les uns aux autres, mais encore les liens qui les unissent aux autres castes et ceux qui garantissent le maintien, entre les villages mixtes de la région d'Udaïpur, d'une certaine cohésion. La parenté, la caste et le village représentent en effet les trois groupes principaux par rapport auxquels un paysan bhil peut se définir : or la solidarité, au sein de chacun de ces trois groupes, se trouve effectivement réactivée par le Gaurî.

On comprend donc que les personnages principaux de la fête soient ces divinités — d'origine hindoue, mais depuis longtemps acceptées par les Bhil — qui garantissent la paix et la prospérité des villageois : en l'occurrence, Çiva et Pârvati. Peut-être la présence de Krishna — divinité vishnouïte — ou bien celle de Kalî — double de Pârvatî — sont-elles moins immédiatement intelligibles ; mais que le festival soit tenu, avant tout, en l'honneur du couple çivaïte est un fait indiscutable — que confirme, s'il en était besoin, le rituel très précis qui marque la fin de la saison du Gaurî. Au matin du dernier jour, en effet, les danseurs de chaque village se rassemblent pour aller chercher, dans le bourg le plus proche où réside un potier, des statues faites expressément pour l'occasion et représentant Çiva et Pârvatî assis sur un éléphant d'argile. Ces statues sont ensuite rapportées en procession jusqu'au village, où elles sont déposées sur un autel de plein air — ou sur le toit d'un temple, lorsque le village en possède un — avant d'être immergées dans un réservoir d'eau. Les danses sont alors terminées ; le soir même, les participants rentrent dans leur famille, mangent avec leurs beaux-parents qui ont été invités pour l'occasion et, à minuit, rompent le tabou du vin : de grandes beuveries commencent alors, qui dureront jusqu'à l'aube, pour célébrer la fin du jeûne et le retour à la routine quotidienne.

Ces liens privilégiés des Bhil avec Çiva et Pârvatî remontent sans doute à une époque reculée. Toujours est-il que dans un de leurs mythes d'origine les Bhil s'attribuent volontiers une filiation divine. Selon ce mythe, en effet, Çiva, étant tombé amoureux d'une fille bhil, alla voir les frères de celle-ci pour la demander en mariage. Les frères consentirent à cette union, mais exigèrent un cadeau de la part de Çiva. Alors ce dernier leur offrit son taureau Nandi, en expliquant qu'il n'avait rien d'autre à donner. Un peu déçus, les frères acceptèrent ; mais, peu après, convaincus que la bosse de Nandi recelait un trésor, ils tuèrent le taureau et furent, pour cette raison, condamnés à la pauvreté éternelle. Quant à la jeune Bhil devenue la femme de Çiva, il s'agit évidemment de Pârvatî (9). On peut ajouter que les rapports de nombreux administrateurs britanniques du siècle dernier confirment indirectement la croyance des Bhil en cette parenté divine : en effet, lorsqu'un Bhil était arrêté pour brigandage, il tentait fréquemment de se justifier en déclarant : « Je suis le voleur de Mahadev » — présentant ainsi son « métier » de voleur comme une conséquence directe de la punition infligée par Çiva, mécontent de la cupidité de ses nouveaux beaux-frères...

Cérémonie visant à honorer Çiva et Pârvatî, le Gaurî s'insère donc assez bien dans le contexte culturel bhil. En revanche, les scènes profanes qu'il comporte et qui ne sont pas les moins importantes — en tout cas pour le public — posent de redoutables problèmes d'interprétation. Je m'en tiendrai ici à l'épisode du Banjâra, remarquablement riche et obscur. Pourquoi l'une des principales scènes d'une grande fête bhil met-elle un Banjâra à l'honneur ? A priori, rien ne rapproche les Banjâra, nomades, commerçants et riches, des Bhil, agriculteurs sédentaires et pauvres. On peut même supposer que les seconds ont longtemps éprouvé, pour les premiers, quelque antipathie. Peut-être faut-il admettre que cette antipathie n'exclut pas la fascination ? Libre, bien habillé, polygame, le Banjâra ne pouvait manquer d'exercer un certain pouvoir de séduction sur ses compatriotes attachés à la glèbe. Peut-être est-ce simplement son côté pittoresque, exotique, qui l'a fait choisir comme héros central d'une scène vibrante de couleur ? Ou bien faut-il chercher dans le passé du peuple bhil l'existence de liens privilégiés avec les Banjâra, remontant à une époque aujourd'hui oubliée ? Encore une fois, on ne peut faire plus, ici, que poser des questions. L'histoire sociale des groupes d'adivasi est encore trop peu avancée pour que l'on soit en mesure d'y répondre. Il n'y a donc qu'à attendre...

Et espérer qu'en attendant le Gaurî ne disparaîtra pas. Une chose est sûre, en effet : il se transforme très vite, sous les coups conjugués de l'urbanisation et de la modernisation qui affectent, depuis peu, le Rajasthan. Modernisation très relative, sans doute, et dont il n'y a, en un sens, qu'à se louer. Encore faudrait-il être certain – et c'est là tout le problème – que le progrès au sens occidental n'amènera pas, pour les Bhil, la mort de leur culture si riche et si originale...

II. Les Bhil : changement et immobilité

Regroupant quelque quatre millions d'individus, l'ethnie bhil est, après les Gond et les Santhal, la troisième « tribu » de l'Inde : mais le terme de « tribu » a-t-il encore un sens – s'il en a jamais eu – lorsqu'on l'applique à une aussi vaste population ? L'un des premiers, von Fürer-Haimendorf fit remarquer qu'on ne pouvait considérer la culture bhil comme homogène ; ajoutons que, selon les lieux et les moments, celle-ci s'efface au point de se fondre dans la culture hindoue – tant la coexistence entre les deux communautés est ancienne, tant les liens qui les unissent sont nombreux et profonds. Pourtant, si proches soient-ils dans leurs croyances et dans leurs modes de vie, un hindou reste un hindou, un Bhil reste un adivasi. La frontière peut être difficile à saisir ; elle n'en existe pas moins.

En raison de cette diversité interne et de cette perméabilité constante, la société bhil n'a pas fait, jusqu'ici, l'objet d'études générales : les seules monographies dont nous disposions ne sont valables que pour tel ou tel groupe particulier. Impossible, en pratique, d'échapper à cette règle : indiquons donc nos sources. Le territoire sur lequel a porté notre enquête est constitué par les deux districts méridionaux du Rajasthan, ceux de Dungarpur et de Banswara. Région stratégique, tout au moins pour l'anthropologue : c'est sans doute là, à la frontière du Rajasthan et du Madhya Pradesh, que se situe la plus importante concentration bhil. Il suffit de lire les chiffres : le pourcentage de la population adivasi par rapport à la population totale du district y dépasse 65 % dans le premier et 72 % dans le second.

Sans doute, dans le passé, les Bhil étaient-ils répandus sur de plus vastes territoires, peut-être même sur la totalité du Rajasthan. Ils y possédèrent, en tout cas, de véritables royaumes, dont il ne reste rien hormis les noms de quelques villes. Celui de Dungarpur, justement, viendrait du roi Dungaria, tandis que celui de Banswara rappellerait le souvenir d'un autre souverain bhil, Bansla (1). Quoi qu'il en soit, l'arrivée des Rajpoutes — à partir du VIIe siècle, si ce n'est avant — et leur inexorable percée du nord vers le sud refoulèrent progressivement les Bhil dans les collines boisées du sud du Rajasthan, voire du Gujarat et du Madhya Pradesh. Lorsque les invasions musulmanes refoulèrent à leur tour les Rajpoutes, la pression exercée sur les Bhil ne fit que s'accentuer, en même temps que l'espace qui leur était alloué rétrécissait au fil des ans... A partir du XIVe siècle, les Bhil perdent donc toute souveraineté sur les territoires qu'ils occupent. Ils se concentrent alors dans les régions les moins accessibles situées au sud des monts Aravalli où ils deviennent, à Banswara comme à Dungarpur, les sujets de petits *rajah* hindous qui conserveront l'essentiel de leur pouvoir jusqu'à la fin de la colonisation britannique.

Et, bien que ces régions ne soient nullement impénétrables, elles sont longtemps restées à l'écart des grands axes commerciaux ou administratifs : même aujourd'hui, le développement industriel et urbain ne les a guère touchées. Quant aux touristes, ils n'y vont pas, persuadés qu' « il n'y a rien à voir ». En fait, bien sûr, tout est à voir. Tout, et d'abord l'un des plus naïfs paysages de campagne dont on puisse rêver. A première vue, ce ne sont que brunes collines ondulant jusqu'à l'infini ; les lignes de crête, gentiment arrondies, composent un entrelacs de courbes dans lequel l'horizon disparaît... Pourtant, dès qu'on s'efforce de mieux scruter le tableau, mille détails surgissent qui arrêtent le regard : ici, un bosquet de palmiers entourant un point d'eau où les buffles vont boire ; là, une maison aux murs de couleur ocre s'élevant près d'une rizière ou bien d'un champ de maïs ; ailleurs, la roue vétuste d'un puits poussée par un enfant, le profil d'un chameau tanguant sur un chemin, l'éclat d'un chant d'oiseau, le vol d'une grue... Toute une animation prodigieuse et lilliputienne, un spectacle sans cesse renouvelé et qui dégage un curieux parfum d'anachronisme.

Aujourd'hui, ces collines ne verdissent que durant la saison des pluies; autrefois, il devait en aller autrement puisqu'elles étaient recouvertes d'épaisses forêts. Mais l'avancée des Bhil, cultivateurs sédentaires obligés d'étendre leurs champs pour arriver à survivre sur ce sol peu fertile, a fini par avoir raison de la jungle. Du coup, les tigres qui la peuplaient se sont faits rares. Le frère du *Maharanah* d'Udaïpur ne se souvient-il pas encore que jusqu'à la fin des années 60 sa famille chassait une vingtaine de tigres par an dans le sud du Rajasthan?

— Aujourd'hui, avoue-t-il non sans nostalgie, ce n'est plus possible. L'espèce est en voie de disparition, et des lois protègent les derniers survivants.

Pourtant, malgré ces lois qui leur interdisent d'éclaircir la forêt, asile des derniers grands fauves, les Bhil continuent d'y pratiquer de sérieuses coupes : non plus pour étendre leurs cultures, mais pour vendre le bois sur les marchés urbains. Le combustible est rare en Inde, et ce petit commerce leur assure une ressource d'appoint non négligeable.

Dans le Madhya Pradesh, la forêt est sans doute un peu plus épaisse, la pluviosité plus abondante, mais le paysage n'est pas fondamentalement différent. Et lorsqu'on se dirige vers Banswara en venant de Ratlam — gros nœud ferroviaire situé dans l'ouest du Madhya Pradesh —, on reconnaît très vite qu'on entre en pays bhil à la structure particulière de l'habitat. Les Bhil, en effet, ne résident pas dans des villages groupés mais dans des *pal* ou villages dispersés. Chaque *pal* comprend plusieurs *phala*, hameaux correspondant chacun à un *clan* — autrement dit à un ensemble de familles nucléaires procédant d'un ancêtre commun — et constituant des unités exogames. On ne voit donc pas d'agglomération à proprement parler, mais de petites maisons qui semblent avoir choisi de se poser sur les sommets des collines, de façon à surplomber les champs environnants. Ainsi, chacun vit chez soi – et cependant chaque maison reste à portée de voix de la maison voisine, afin que les femmes, lorsqu'elles sont seules durant la journée, puissent s'appeler à grands cris au cas où l'une d'elles viendrait à être surprise par un voleur. Belle combinaison d'individualisme et de solidarité – que les temps modernes ne semblent pas avoir détruite...

Lorsqu'on approche de la frontière du Madhya Pradesh avec le Rajasthan – matérialisée par une barrière en bois que garde, d'un œil morne, un soldat somnolent –, on est frappé par la couleur noire de la terre. L'été, celle-ci est couverte de plants de coton, de canne à sucre, de maïs (la zone des rizières proprement dite ne commence qu'après Banswara). Ces champs d'un vert clair obsédant, contrastant avec le vert plus foncé des palmiers, sont doucement caressés par une brise légère. Quand il fait beau, le vent chasse les nuages dans le ciel et suscite de fugitifs jeux de lumière sur les murs ocre des maisons couvertes de tuiles brunes. Des femmes vêtues de sari aux couleurs éclatantes – où dominent le violet et le rose – puisent de l'eau à des fontaines ombragées ; elles s'en retournent ensuite l'une derrière l'autre vers leurs maisons, tenant le vase de cuivre sur le sommet de leur tête d'un geste immémorial, qui met bien en valeur les innombrables bracelets d'argent – auxquels se mêlent parfois des bracelets en plastique – qui couvrent leurs avant-bras et même leurs bras jusqu'aux épaules. Non loin de là, des bergers coiffés d'énormes turbans rouges gardent des troupeaux de chèvres et de buffles ; il arrive même qu'on les voie jouer de la flûte, et comment s'empêcher, alors, de penser à Virgile ?... Partout, les champs retentissent d'une animation joyeuse : nous sommes bien éloignés, ici, de l'atmosphère pesante et grise propre à la plaine du Gange.

Pourtant, la saison des moussons n'est pas toujours idyllique. Lorsque des averses violentes s'abattent pendant plusieurs jours de suite sur ces collines au sol fragile et que champs et pâturages sont abondamment saturés d'eau, les rivières voient leur cours grossir tumultueusement. Les eaux se mettent alors à déferler avec rage dans la moindre dépression de terrain ; charriant des arbustes arrachés et, parfois, des animaux surpris par la force du courant, elles inondent les récoltes, vouant des villages entiers à la famine. Alors les voyageurs se font rares, dans ce paysage monotone envahi par une pluie violente et obstinée...

C'est sans doute pour se protéger contre ces inondations périodiques que les maisons sont situées, de préférence, sur les hauteurs. Mais, comme les puits, eux, sont forés au bas des pentes, femmes et enfants doivent accomplir, matin et soir, de longs parcours pour chercher l'eau : encore chaque *pal* ne dispose-t-il pas toujours d'un puits. Des trajets encore plus longs s'imposent lorsqu'on veut se rendre au bazar voisin — un de ces groupes de boutiques plus ou moins importants qui, de loin en loin, se sont développés sur le bord de la route reliant Ratlam à Banswara puis Dungarpur. Jadis, les Bhil étaient tellement pauvres qu'ils ne pouvaient même pas envisager de prendre l'un des bus qui sillonnent cette route; aujourd'hui encore, nombre d'entre eux continuent d'effectuer le trajet à pied. Les jours de marché, hommes et femmes partent donc avant le lever du soleil pour arriver vers le début de la matinée au bazar qui frémit d'une animation inhabituelle. On les rencontre par petits groupes, portant sur leur tête des baluchons contenant le bois ou les feuillages qu'ils vont vendre contre quelques *paisa*, afin de pouvoir acheter des semences, un couteau, parfois une torche électrique. Au fur et à mesure que l'on s'approche de l'agglomération, les groupes se font plus denses ; la beauté des femmes, qui continuent de se parer pour aller à la ville, frappe immédiatement : elles mettent, en cette occasion, leurs plus beaux colliers, de lourdes boucles d'oreille et tous les bracelets qu'elles possèdent. Les hommes, eux, arborent un turban pittoresque, vert ou jaune, au-dessus du dhoti et de l'ample chemise qu'ils semblent ne jamais quitter.

A mi-chemin de Ratlam et de Banswara, Selana est l'un de ces gros bourgs où se tient, le jeudi, un important marché. Celui-ci s'étend d'un bout à l'autre de la route qui traverse le village, à l'ombre d'un édifice imposant et tarabiscoté – étrange palais qui fut sans doute construit, sans grâce ni goût, par quelque notable de l'époque coloniale, et derrière lequel s'étend un curieux jardin de cactus et de roses. Mais c'est le marché qui mérite attention : les villageois s'y sont groupés spontanément, de part et d'autre de la route, en fonction du type de produit qu'ils vendent. Au coin des mangues et des bananes succèdent ainsi le coin du bois, puis celui des feuillages, ceux des poteries, des bassines en laiton, des épices, des sandales... Dans un angle de la place centrale, sur laquelle convergent quelques ruelles, un vendeur de remèdes traditionnels est accroupi : devant lui, il déplie un drap sur lequel il expose des échantillons de plantes, des bocaux remplis de liquides aux couleurs inquiétantes, des ossements. Les paysannes contemplent avec curiosité cet étalage et s'enquièrent, auprès de l'homme, de la meilleure médecine contre les maux de dents ou les douleurs d'estomac.

(Un bruit inhabituel, soudain, recouvre les discussions : à l'autre bout de la place résonne le son d'une voix qu'amplifie un microphone. Tout le monde tourne la tête : la voix appartient à un Indien manifestement étranger à la région – un gros homme vêtu à l'occidentale, d'un pantalon et d'une chemise à carreaux – qui entreprend de haranguer la foule en hindi. A côté de lui, ses « collaborateurs » déploient une petite banderole : il s'agit d'un meeting politique organisé par le parti du Congrès qui espère regagner des voix lors des élections que le gouvernement Charan Singh, virtuellement démissionnaire, ne manquera pas d'organiser dans quelques mois (2). Comme d'habitude lors de ce genre de réunion, les villageois, bhil pour la plupart, s'entendent promettre que le gouvernement fera tout pour eux. Sont-ils indifférents ou incrédules ? Difficile de le savoir, car le public ne réagit guère. Sans doute les chaussures à fort talon et les grosses lunettes noires de l'orateur attirent-elles plus l'attention que ses propos lénifiants ; et le passage de notre voiture, en monopolisant l'attention générale, achève d'ôter au meeting ses derniers auditeurs.)

Aucun étranger passant par Selana ou par un autre village de cette région un jour de marché ne peut manquer d'y être frappé par la grâce des femmes bhil, leur coquetterie, les regards intéressés que leur jettent les hommes. Si l'on songe que cette liberté de rapports — tout au moins apparente — entre hommes et femmes est plutôt rare en Inde, on sera tenté d'en conclure que la morale « tribale » est beaucoup moins puritaine que la morale hindoue : c'est un point, par exemple, sur lequel ont beaucoup insisté les premiers ethnologues, Verrier Elwin entre autres. La conclusion est-elle bien légitime ? Rien n'est moins sûr ; le problème est sans doute plus compliqué. Chez les Bhil, par exemple, il n'existe aucune institution comparable au *gothul*. Selon N. N. Vyas — l'un des rares anthropologues indiens à s'être intéressé à ce genre de question —, les filles bhil sont relativement libres avant le mariage, mais pas au point de pouvoir avoir des relations sexuelles. Une fois mariée, la femme bhil mène en principe une vie très stricte ; elle ne doit pas se montrer à son beau-père ni aux amis de son mari. Par ailleurs, c'est elle qui accomplit la plus grosse part du travail domestique et du travail aux champs.

Pourtant, l'élégance des jeunes filles et des femmes, le soin qu'elles mettent à se parer répondent sans doute à un désir de plaire : comment expliquer autrement ces incommodes plaques d'argent qui recouvrent le dessus de la main, ou ce lourd pendentif *(bor)*, tenu serré autour du crâne par un cordon, qui orne les têtes de toutes les femmes fiancées ou mariées ? Des hommes, de leur côté, manifestent beaucoup de goût pour les histoires et plaisanteries où la femme joue le rôle principal. Ils parlent assez librement de sexualité — ce qui a toujours choqué le puritanisme hindou. Par-delà ces détails, il faut mesurer que le cadre dans lequel ils s'inscrivent est fort inhabituel en Inde : alors que les hindous ne conçoivent de famille qu'étendue (le fils marié demeurant avec le père), les Bhil préfèrent la famille nucléaire (3) : à son mariage, chaque fils va s'établir dans une maison voisine de celle de ses parents. Le couple est donc valorisé. Par ailleurs, tandis que dans la société indienne les parents de la fille doivent apporter une dot, chez les Bhil c'est le fiancé qui offre une certaine somme d'argent à ses beaux-parents : ce « prix de la fiancée » *(bride-price)* est fort élevé, et l'on comprend que l'homme tienne à faire son choix en toute connaissance de cause...

On comprend également que cette question du *bride-price* ait fait couler beaucoup d'encre. Lorsqu'on songe à la pauvreté très réelle dans laquelle vivent la majorité des Bhil et à la difficulté qu'ils éprouvent à réunir un peu d'argent liquide, on reste stupéfait devant l'ampleur des dépenses qu'occasionne, chez eux, le mariage : frais de la cérémonie proprement dite (qui dure plusieurs jours, pendant lesquels il faut nourrir et désaltérer de nombreux invités), plus « prix de la fiancée ». Or ce dernier, à lui tout seul, tourne autour de 1 000 roupies (environ 500 F !), d'après le témoignage de plusieurs enquêteurs. Bien évidemment un paysan bhil ne peut réunir une telle somme qu'en s'endettant à vie : et de fait le *bride-price* est, ici, l'une des causes structurelles de la pauvreté. Pourtant, il a aussi ses défenseurs – parmi lesquels se rangent, paradoxalement, les missionnaires chrétiens. Il est clair, en effet, que le *bride-price* décourage à la fois les hommes de renvoyer leur femme trop facilement – car ils perdraient leur argent –, et celle-ci de s'enfuir – car si une femme voulait trouver un autre homme, ce dernier serait obligé de rembourser la totalité de la somme au mari abandonné ! Le « prix de la fiancée » fonctionne donc comme garde-fou, et ce garde-fou peut avoir une certaine utilité dans une société où nombre de mariages se trouvent encore arrangés par les parents, contre la volonté des principaux intéressés. Une histoire fera comprendre cet aspect du problème; c'est le Père Ignace, missionnaire catholique installé depuis trente ans en pays bhil, qui la raconte.

L'homme qui s'était marié trois fois

Un paysan bhil du district de Dungarpur s'était fait chrétien après la mort de sa première femme. Mais Peter – tel était le nom qu'il avait choisi à son baptême – avait des enfants en bas âge : incapable de les élever tout seul, il chercha donc à se remarier. L'affaire ne traîna pas : Peter tomba vite amoureux d'une jeune femme qui se trouvait, de son côté, mariée avec un impuissant. Tout le village savait que cet homme était impuissant car, tous les soirs, il sortait son lit de la maison et couchait dehors, seul. Voyant que cette union n'avait pas été consommée, le Père Ignace ne fit pas d'objection à ce que la femme épousât Peter, à condition qu'elle abandonnât son premier « mari » et vînt vivre à la mission quelque temps avant les noces.

La femme, elle, ne semblait guère enthousiasmée par les projets de Peter. Mais ses propres parents insistèrent tant qu'elle finit par céder. Elle accepta donc de s'installer à la mission et promit même de se faire chrétienne. Peter paya alors le *bride-price* aux parents de la femme – et non au « mari » de celle-ci puisque, étant impuissant, il ne pouvait avoir de droits sur elle. Puis le mariage eut lieu. Mais le soir de ses noces, Peter ne put s'approcher de sa femme. Plusieurs fois, elle le repoussa ; finalement, quand il voulut la prendre de force, elle lui donna un coup de pied dans l'estomac. Alors Peter alla coucher dehors, et tout le village fut au courant de sa disgrâce.

Le lendemain le Père Ignace, qui avait entendu raconter l'histoire, convoqua la femme.

– Que se passe-t-il donc ? lui demanda-t-il. J'entends dire que tu t'es refusée à ton mari. Est-ce vrai ?

– Oui, c'est vrai.

– Pourtant, tu voulais bien l'épouser ?

– Oui, et je le veux toujours.

– Peut-être ne sais-tu pas ce qu'il voulait te faire... ?

– Si, si. Je suis au courant.

– Alors pourquoi te refuses-tu à lui ?

– Parce que, répondit la femme, je veux bien vivre avec lui – mais je ne veux pas qu'il me fasse *ça*.

Perplexe, le Père Ignace décida de s'en tenir à une solution de compromis : la femme continuerait d'habiter chez son mari, s'occuperait du ménage et des enfants, et Peter, de son côté, attendrait qu'elle change d'humeur.

Un mois après le mariage, la femme se refusait toujours. Exaspéré, Peter finit par la chasser. Le Père Ignace comprit alors que c'était exactement ce que la femme attendait. Au fond d'elle-même, elle n'avait jamais voulu vivre avec cet homme, car Peter avait eu la polio et il en gardait un bras paralysé, si bien que la femme le croyait incapable de travailler et de les nourrir. Toutefois, comme ses parents l'avaient contrainte à se marier, elle s'était soumise. Ensuite, elle s'était refusée systématiquement à Peter pour provoquer son renvoi : en effet, si elle était partie d'elle-même, ses parents auraient dû rembourser le *bride-price*. Au contraire, maintenant que c'était lui qui la chassait, le *bride-price* était acquis à ses parents, et elle pourrait trouver sans difficulté un autre mari...

Quant à Peter, il en était toujours à se chercher une femme. Finalement, il en trouva une, avec laquelle il se mit à vivre – bien que, pour un chrétien, cela fût un péché. Alors le Père Ignace, désireux de l'aider, essaya de faire annuler par l'Église son précédent mariage, de façon à lui permettre de se remarier. Mais l'affaire traîna onze ans... En effet, le tribunal ecclésiastique d'Ajmer acceptait d'annuler, mais le tribunal de l'archevêque, à Agra, refusait de ratifier cette décision. Les prêtres d'Agra ne connaissaient rien aux mœurs des Bhil : pour eux, un mariage chrétien, même non consommé, restait indissoluble. Alors le Père Ignace se mit en tête d'écrire à Rome. Ce fut le pape qui, finalement, accorda la dispense : et Peter put se remarier... pour la troisième fois.

Heureusement, la vie n'est pas toujours aussi compliquée. On peut même dire que les rapports entre homme et femme, dans la société bhil, sont généralement moins inhibés que dans la société hindoue. Le mariage y est le grand acte de l'existence ; la famille nucléaire y demeure la cellule fondamentale de toute vie sociale. Le célibat, enfin, y est très mal considéré : tout homme est tenu de se marier et, lorsqu'il le fait, de quitter ses parents pour aller s'établir ailleurs. Les femmes non plus ne doivent pas rester célibataires. Même le remariage des veuves – sévèrement condamné par les hindous – est autorisé par les Bhil, du moins dans les régions encore peu touchées par les progrès de l'hindouisme. Or la région de Banswara, où les Bhil sont majoritaires et où fonctionnent quelques missions chrétiennes, est justement de celles-là.

Banswara même, ici, fait exception : cette petite ville nichée entre les collines et surplombée par un palais-fantôme où, depuis longtemps, les maharajah ont cessé d'habiter, est surnommée avec orgueil par ses habitants : « seconde Kashi » – ou « seconde Bénarès », en raison des très nombreux temples hindous qui s'y trouvent. Il est vrai que la population, aussi, en est très mélangée. En revanche, dès qu'on la quitte en direction du nord, du sud ou bien de Dungarpur, à l'ouest, on se retrouve dans une région bhil où les traditions restent bien vivantes.

Les collines de l'ouest, par exemple, apparaissent fréquemment recouvertes de ces rangées de stèles que les Bhil dressent encore en l'honneur de leurs morts. Ces petites dalles, découpées en ogive, étaient jadis sculptées avec un art raffiné : elles représentaient, selon les besoins, ou une femme en sari, ou un homme armé d'un arc et de flèches (4), voire d'un fusil, ou bien montant à cheval. Ces figures d'hommes et de femmes – nommés respectivement *Bhomia* et *Matlok* – avaient d'ailleurs une utilité bien précise : elles servaient à attirer les esprits des défunts pour les empêcher d'errer par la campagne et d'aller posséder les vivants (particulièrement les femmes enceintes, les enfants et les fous). Aujourd'hui les incisions sont peut-être plus gauches, les motifs plus stéréotypés, mais les alignements de stèles sont toujours entourés du même respect par les vivants, qui viennent ici pour bavarder.

Les morts, eux, sont le plus souvent enterrés – conformément aux coutumes traditionnelles – et parfois incinérés – là où la société hindoue a réussi à imposer ses normes. Au demeurant, les paysans bhil – comme ceux du monde entier, quelle que soit leur religion – continuent à recourir à d'ancestrales pratiques magiques pour assurer la fertilité de leurs terres ou de leurs troupeaux. Sans doute le missionnaire ou le brahmine les regarde-t-il faire avec quelque mauvaise humeur : mais les villageois n'en ont cure. De telles cérémonies sont fréquentes pendant la période cruciale de la mousson. En voici une, telle qu'elle a pu être observée dans un *pal* situé à quelques kilomètres d'Aspur, en direction de Sagwara.

Au moment où les grosses averses vont commencer – généralement à la fin de juillet ou au début du mois d'août –, on organise une fête destinée à prévenir l'excès de pluies et ses conséquences funestes, parmi lesquelles la disparition du bétail emporté par les flots. Au matin donc, les hommes se réunissent sur un chemin ; l'un d'entre eux joue du tambour ; un autre allume un feu. Une liane est tressée avec des herbes puis un vieillard en dhoti, coiffé d'un turban deux fois plus gros que sa tête, et qui fait fonction de prêtre, attache successivement divers objets à la liane : le couvercle d'un pot, une poignée de paddy, des feuilles d'arbre, une branche de cactus, des rubans de couleur... L'opération dure plusieurs heures, pendant lesquelles femmes et enfants ont tout le temps d'arriver, traînant ou poussant tant bien que mal quelques chèvres récalcitrantes, un veau squelettique, des buffles distraits.

Puis deux hommes montent dans des arbres qui se trouvent de part et d'autre du chemin et y accrochent la liane : celle-ci barre désormais la route à la manière d'une banderole annonçant l'arrivée d'une course cycliste. Alors commence la difficile opération qui consiste à faire défiler le bétail sous la liane. Toujours au son du tambour, on pousse les bêtes l'une après l'autre : le prêtre, de son côté, sort un vieux sabre rouillé, le passe dans le feu et donne, du plat de la lame, un coup énergique sur chaque animal. Simultanément, l'un de ses assistants asperge la malheureuse victime à l'aide d'un rameau préalablement trempé dans une cuvette contenant un mélange de safran et de lait. Les buffles subissent ces différents traitements avec indolence, mais les vaches sont plus difficiles à maîtriser et les chèvres tirent désespérément sur leur corde pour s'enfuir... Comme tous les animaux du village doivent y passer, la cérémonie dure longtemps : mais le joueur de tambour semble infatigable. Les enfants, quant à eux, restent jusqu'au bout pour ramener les troupeaux...

La magie tient une grande place dans la société bhil. La sorcellerie aussi : c'est justement l'une des fonctions du *bhopa* que de découvrir, à la faveur de la transe, la cause d'une maladie ou le nom d'une sorcière. On appelle *Kajali* cette cérémonie de possession à l'issue de laquelle, jadis, les sorcières étaient souvent traquées et mises à mort. Aujourd'hui, le *Kajali* est surtout pratiqué dans un but thérapeutique. Il a lieu dans un endroit public, les *pal* ne disposant pas toujours d'un véritable temple. En fait, il n'y a pas à proprement parler de « temple » en pays bhil : plutôt que de véritables sanctuaires, on y rencontre souvent des autels de plein air, ou ces « structures » en bois, légères et facilement démontables, baptisées *Deora*. Le *Deora* a pour fonction principale d'abriter les images des principales divinités vénérées par les Bhil – Sitla Mata, déesse de la variole et gardienne du village, étant la plus importante d'entre elles. Mais les Bhil fréquentent assez peu le *Deora*, il n'y a pas de fête à date fixe qui les y rassemble et il est difficile de dire, à première vue, en quoi consiste leur « pratique » religieuse.

En fait, la situation particulière des Bhil – condamnés à survivre au milieu de trois grandes communautés religieuses : hindous, chrétiens et jaïns – explique sans doute le caractère insaisissable, étonnamment syncrétique, de leur religion. D'abord, la survivance des cultes traditionnels, en particulier du culte des esprits, ne fait pas question. On continue de vénérer l'esprit de la rivière, celui de l'arbre – en particulier du manguier –, celui du taureau et même celui de l'araire. Cet instrument, dont dépend en partie la survie des hommes, est entouré de soins rituels toujours vivants : laisser le soc de l'araire pointer vers le ciel, par exemple, serait offenser le dieu de la pluie et attirer la famine sur le village. Des pratiques de cet ordre constituent sans doute la couche la plus profonde de la religion bhil — ou tout au moins de ce qu'il en reste, une bonne part de cet univers mythique et rituel ayant déjà été détruite (5).

Quant aux religions environnantes, les Bhil n'ont pu faire autrement que d'en adopter certains traits. Ils adorent, par exemple, des divinités hindoues comme Mahadev ou Kalî, voire un saint jaïn comme Kesariya Nath. Les images de ces derniers peuvent être conservées dans le *Deora* ; au reste, même les images de divinités proprement bhil qui s'y trouvent sont toujours sculptées par des artisans hindous, appartenant à des castes spécialisées. Et il arrive aux paysans de se rendre, à l'occasion, en pèlerinage, à Rishabdeo, voire à Nathdwara. Dans les temples çivaïtes, ces pèlerins peuvent circuler librement ; en revanche, les jaïns et les vishnouïtes leur imposent une certaine ségrégation : les Bhil doivent alors adorer les images saintes d'un peu plus loin que les autres. L'une des raisons qui expliquent le succès de la propagande chrétienne ne réside-t-elle pas, précisément, dans le fait que les missionnaires ont admis largement les Bhil dans leurs églises, leurs dispensaires et leurs écoles ?

Pourtant, même lorsqu'ils sont baptisés, les villageois ne se rendent pas très régulièrement aux offices religieux. Sans doute la rareté des lieux de culte ainsi que la longueur des trajets qu'il faut parcourir pour les atteindre expliquent-elles en partie ce manque d'assiduité. Mais on pourrait aussi soutenir, sans beaucoup d'audace, que les Bhil n'ont été que superficiellement influencés par toutes les religions qui les entourent : ils en ont bien retenu quelques coutumes et quelques noms, mais sont souvent incapables d'en dire plus. Au fond, derrière leurs déclarations officielles, ils continuent de ne vénérer et de ne connaître sérieusement que leurs propres divinités. Les chrétiens zélés — il s'en trouve — et les *Bhagat* complètement hindouisés ne constituent, à cet égard, qu'une exception ; symptomatique d'un changement réel, mais récent et localisé, elle ne doit pas faire illusion...

Que d'efforts, cependant, ont été accomplis par les églises chrétiennes pour convertir les Bhil ! L'historique des déboires rencontrés par les missionnaires, mais aussi de certains de leurs succès, dus à leur zèle infatigable, mériterait à lui seul une étude séparée. Contentons-nous ici d'indiquer les principales étapes de leur lente progression.

Les premiers arrivés furent les presbytériens – canadiens pour la plupart, mais aussi écossais, irlandais, américains. Vers 1880, ils prirent pied à Udaïpur, où le Maharanah s'était entiché d'un médecin britannique, Sheperd, qui était aussi missionnaire. Sheperd avait accepté de demeurer à Udaïpur au service personnel du souverain, à condition que celui-ci le laisse faire de l'apostolat et accepte de fermer son royaume aux catholiques... Un peu plus tard, les presbytériens s'implantèrent solidement dans le district de Banswara, devançant dans cette région les catholiques, qui étaient pourtant déjà installés, de l'autre côté de la frontière du Rajasthan, dans le district de Jhabua. Mais laissons encore une fois la parole au Père Ignace qui, arrivé en Inde en 1933, constitue en quelque sorte la mémoire vivante de ces temps héroïques.

Le Père Ignace raconte :

« ... Le premier missionnaire catholique en pays bhil fut un Breton, le Père Charles. Son évêque lui ordonna de fonder la mission de Jhabua, au nord-ouest de l'actuel Madhya Pradesh, en 1896. L'endroit paraissait peu propice à l'évangélisation : dans cette région de collines et d'habitat dispersé, on a beaucoup de mal à rassembler les gens et il faut perdre un temps considérable pour aller chez l'un ou chez l'autre. Mais telle était la volonté de l'évêque... et le Père Charles était solide comme un roc. Il attendit patiemment et Dieu finit par le récompenser : dix ans plus tard, il y avait bien quelques centaines de chrétiens à Jhabua.

« Alors le Père Charles décida de s'étendre : il envisagea

de fonder une mission à Banswara. Mais à cette époque – c'était vers 1910 –, le mouvement *Bhagat*, destiné à relancer l'hindouisme orthodoxe, était en pleine effervescence. Un des prophètes de ce mouvement, arrivant justement à Banswara, déclara aux gens : " Si vous ne devenez pas *Bhagat* vous aussi, vous serez maudits et les pires choses vous arriveront. " Voyant cela, le Père Charles réagit astucieusement : il envoya à Banswara quelques-uns de ses catéchistes qui discutèrent avec les habitants de la ville et leur expliquèrent à peu près ce qui suit : " Seuls les non-chrétiens peuvent craindre la malédiction du *Bhagat*. Les chrétiens, eux, peuvent continuer à manger de la viande et à boire de l'alcool malgré la défense du *Bhagat* : ils ne craignent pas pour autant d'être maudits... " Alors les gens eurent grande envie de se convertir au catholicisme. Naturellement, le *Bhagat* en conçut de la fureur : il commença donc à organiser militairement ses fidèles, de façon à intimider les indécis. Les Anglais, redoutant des troubles, demandèrent au *rajah* d'intervenir ; puis, comme celui-ci ne voulait rien faire, ils envoyèrent une compagnie pour rétablir l'ordre.

« Mais le *Bhagat* galvanisa ses troupes. Il leur promit : " Ceux qui vont se battre pour moi ne mourront pas : les balles envoyées par les Anglais ne pourront pas les atteindre... " Finalement, l'affrontement se produisit. Les fidèles du *Bhagat*, munis de lances et d'arcs, marchèrent intrépidement contre les soldats britanniques mieux armés. Or ces derniers décidèrent de tirer leur première salve en direction de leurs adversaires, mais juste au-dessus de la tête, pour tenter de leur faire peur ; malheureusement, les fidèles du *Bhagat* crurent que c'était ce dernier qui avait détourné les balles : ils foncèrent donc contre l'ennemi, qui les massacra tous...

« Puis les Anglais arrêtèrent le *Bhagat*, qui s'était sauvé. Délivrés de celui-ci et de ses menaces, les gens de Banswara cessèrent du même coup de s'intéresser à la propagande catholique. D'ailleurs les Britanniques, pour contrer le mouvement *Bhagat* et punir le *rajah* – qui ne les avait guère aidés – décidèrent de lui imposer des missionnaires protestants. Ceux-ci arrivèrent vers 1914. Dès lors, la région était durablement perdue pour les catholiques, qui ne revinrent à Banswara qu'au cours de ces dernières années... »

En revanche, les presbytériens, eux, connurent un succès rapide : en 1922, les missionnaires canadiens construisaient, à Banswara même, un vaste temple en briques rouges à l'ombre duquel ont été édifiés, depuis, un hôpital et une école fort appréciés par la population de la ville. Cette paroisse est rattachée au diocèse de Bhopal, tandis que celle d'Udaïpur – tenue par des presbytériens écossais – dépend directement de l'évêque de Delhi, les deux évêchés appartenant tous deux à l'*United Church of North India* qui rassemble la totalité des missions protestantes. Mais c'est surtout dans le district de Banswara que la propagande presbytérienne a touché les Bhil : environ deux mille cinq cents d'entre eux se sont, dans cette région, convertis au protestantisme.

Bien installés au Madhya Pradesh, les catholiques ne tentèrent une seconde percée en direction du Rajasthan que vers 1934. A cette époque, une mission s'installa à Kushalgarh, dans le sud du district de Banswara, mais elle dut y rester secrète un certain temps et ne put se développer pleinement qu'après 1947. En 1949, le Père Ignace lui-même en ouvrit une seconde à Dungarpur puis, au début des années soixante, une troisième à Kherwara, qui est aujourd'hui tenue par un prêtre bhil. Car, entre-temps, huit Bhil sont devenus prêtres et officient en divers lieux du Rajasthan. A Mahori, près de Kushalgarh, une grande église a été construite et les missionnaires ont ouvert, dans chaque bourg du *tahsil*, une école et un dispensaire. Soins médicaux et facilités scolaires ont, comme on s'en doute, joué un grand rôle dans le succès des missions : ils ont servi à attirer les Bhil et ont aussi, il faut le reconnaître, considérablement amélioré leur sort.

Convient-il donc ici de déplorer l'effet négatif que la christianisation a pu avoir sur la culture traditionnelle ? La question est complexe car, si les missionnaires ont effectivement lutté contre la propension des Bhil à boire, à danser ou tout simplement à ne rien faire, d'un autre côté, ils les ont fréquemment aidés à échapper aux griffes des usuriers, à la misère, à l'analphabétisme. De surcroît, prêtres et pasteurs se défendent aujourd'hui de vouloir détruire la culture bhil. Le Père Vettikat, par exemple – un jeune prêtre originaire du Kerala, qui vient d'ouvrir une école catholique à Banswara, où il collabore de façon très pacifique avec son collègue le pasteur – proteste énergiquement contre une telle accusation :

– Nous ne prétendons d'aucune façon empêcher les adivasi de respecter leurs coutumes... Comment le pourrions-nous, d'ailleurs ? En fait, nous ne cherchons à « convertir » personne : nous informons les gens de notre action, et nous attendons qu'ils viennent à nous – un point, c'est tout.

Ainsi les missionnaires, lorsqu'ils célèbrent un mariage chrétien, respectent-ils les coutumes bhil. Ils ne s'opposent pas non plus au culte des ancêtres. Davantage, ils ont intégré certains rites de fertilité à la liturgie officielle : au mois d'octobre, par exemple, on prend un épi de maïs et on le porte en procession jusqu'à l'église, où on le dépose solennellement sur l'autel. L'Église préfère récupérer ainsi les traditions que chercher à les extirper : sur ce point, en tout cas, son action est prudente. D'autant plus prudente que la situation des chrétiens, en Inde, n'est pas toujours facile. Le christianisme étant aujourd'hui la religion qui progresse le plus rapidement – en particulier à cause de ses succès en milieu adivasi –, il suscite, en effet, une antipathie de plus en plus ouverte de la part des hindous orthodoxes et traditionalistes. Dans certains États – comme le Madhya Pradesh –, les nouveaux convertis doivent aller se déclarer comme tels auprès des autorités civiles : démarche que beaucoup de paysans hésitent à accomplir, comme on s'en doute. Au Rajasthan, les rapports entre hindous et chrétiens sont meilleurs, mais ils traversent malgré tout une phase délicate. Au printemps 1979, un député originaire de l'Uttar Pradesh et appartenant au parti conservateur du Jan Sangh a tenté de faire voter, par le Parlement de Delhi, une nouvelle loi, paradoxalement baptisée *Freedom of Religion Bill*, qui aurait eu pour but de rendre difficile la pratique des « conversions » à travers l'Inde. Ce projet de loi, en grande partie à cause du tollé de protestations qu'il souleva chez les chrétiens, fut finalement repoussé : mais qui peut affirmer que, demain, une mesure analogue ne sera pas imposée... ?

Même sans aller si loin, un autre mouvement contrarie assez ouvertement l'action des missionnaires chrétiens : c'est le mouvement *Bhagat* qui, s'il ne donne plus lieu à autant d'effervescence que dans les années 1910, continue à jouir d'un prestige certain parmi les Bhil. Il suffit, pour s'en rendre compte, d'aller jusqu'à Rishabdeo.

Dès qu'on s'écarte de la route nationale Ahmedabad-Udaïpur, sillonnée par d'innombrables camions qui passent en klaxonnant et en soulevant des nuages de poussière, on se retrouve immédiatement en pleine campagne. Le sanctuaire de Rishabdeo est à un kilomètre de là, au milieu de collines que la mousson fait verdoyer. Il est entouré par un *dharamsala* – auberge pour les pèlerins – et par un petit bazar où, dans de minuscules boutiques, s'entassent les marchands de noix de coco, de friandises et d'images pieuses. Au bout du bazar – où des nuées d'enfants s'accrochent à nous –, le temple. Notre guide affirme qu'il a quinze cents ans d'âge, mais il n'en a probablement que la moitié – ce qui n'est déjà pas si mal ! Lorsqu'on entre, on est pris à la gorge par l'odeur douce-amère des chauve-souris qui nichent sous les coupoles – et surtout par l'incroyable mélange des styles. Les sculptures sont fort belles mais, si elles égalent en finesse celles des célèbres temples jaïns de Ranakpur, elles disparaissent ici sous un fatras d'objets hétéroclites envahissant le moindre espace : lampes, étoffes peintes, miroirs, chandeliers, tabourets d'argent, images pieuses peintes dans le style moderne — véritables chromos à l'effigie des *Tirthankar*, ces prophètes du jaïnisme. Au fond du « saint des saints », la statue noire de Kesariya Nath qui représente à la fois Adinath — le premier *Tirthankar* — pour les jaïns, et Krishna pour les vishnouites : les fidèles des deux tendances viennent donc ici pour prier en commun. Juste devant la statue, un énorme coffre d'argent reçoit les offrandes — il faut y glisser quelques roupies —, au-dessus duquel pend un lustre en cristal qui fut sans doute commandé en Bohême et offert au sanctuaire par quelque riche marchand jaïn désireux de s'acquérir des mérites...

Dans la cour se trouve le puits et, à côté, un grand feu sur lequel chauffe en permanence une énorme bassine d'eau. Les pèlerins doivent d'abord prendre un bain puis, en pénétrant dans le sanctuaire, acheter un peu de safran, le mélanger à de l'eau et aller en déposer quelques gouttes sur la statue d'Adinath. S'ils sont très pieux, ils se prosternent jusqu'au sol et touchent trois fois du front la marche qui mène au saint des saints. Après, ils vont s'asseoir quelques instants, perdus dans d'insondables méditations, sur un tapis posé à même le sol. Pour accomplir ces rites, les jaïns — qui sont ici les plus nombreux — revêtent un vêtement blanc dépourvu de tout article en cuir, et portent parfois devant leur bouche un petit mouchoir blanc afin de ne pas risquer d'avaler un insecte. Les adivasi, eux, restent à quelques pas de la statue et transmettent leur offrande à un prêtre. Ils ne portent pas de vêtement spécial mais leur dhoti de tous les jours ; encore ont-ils, pour être plus propres, retiré leur chemise, si bien que leur torse nu apparaît ceint par la cordelette sacrée qui est le signe distinctif des « deux fois nés » — ceux qui sont nés, une seconde fois, à la vraie vie, c'est-à-dire à la vie spirituelle. Chez les Bhil, le port de cette cordelette est le privilège exclusif des *Bhagat* qui, à Rishabdeo, viennent très régulièrement en pèlerinage.

Qu'est-ce qu'un *Bhagat* ? Un « pieux » ou un « pur », comme son nom l'indique, c'est-à-dire un adivasi qui a renoncé aux « mauvaises » habitudes de son groupe, a cessé de boire de l'alcool et de manger de la viande, observe les interdits alimentaires propres aux hindous de caste et nie énergiquement être un adivasi. A l'origine, le mouvement fut lancé par quelques prophètes hindous désireux d'améliorer le sort des « populations tribales », de les arracher à leurs activités « criminelles », de leur apprendre « l'hygiène » et de les intégrer au système des castes à condition qu'ils se décident à en respecter les règles — l'octroi de la cordelette sacrée étant le signe visible de cette intégration. C'est ainsi que, dans les premières années de ce siècle, Vishwakarma Maharaj, l'un des plus célèbres *guru Bhagat*, fit distribuer des milliers de cordelettes parmi les Bhil, pour les exhorter à se distinguer de leurs concitoyens. Mais, paradoxalement, ce mouvement d'hindouisation faillit prendre un tour nationaliste : un autre *guru*, Govindgiri — originaire de Dungarpur — n'avait-il pas déclaré que, pour assurer la régénération des Bhil, il était nécessaire de leur accorder un État autonome ? Les Anglais ne l'entendaient pas de cette oreille, et les troupes armées de Govindgiri furent défaites et massacrées en 1913. Puis il y eut une autre période d'agitation, en 1918-1919, quand les *Bhagat* protestèrent contre le travail forcé imposé aux Bhil incapables de rembourser leurs dettes : là aussi la rébellion fut noyée dans le sang. Finalement, le mouvement perdit toute connotation subversive, les *Bhagat* ayant plutôt tendance à mettre l'accent, aujourd'hui, sur la nécessité pour les Bhil de se soumettre aux interdits hindous relativement à l'alimentation et au contact : leur « programme » est donc essentiellement traditionaliste et puritain, ce qui ne l'empêche pas de connaître un réel succès.

On aboutit donc peu à peu à la situation suivante, hautement paradoxale : au moment où, un peu partout, certains hindous cultivés et occidentalisés prêchent l'abandon du système des castes, d'ailleurs officiellement aboli par la Constitution, et cessent eux-mêmes d'en observer les règles, les seuls citoyens indiens qui se soient toujours tenus à l'écart de ce système, autrement dit les adivasi, se voient énergiquement invités à y entrer ! Les résultats, pour étonnants qu'ils soient, sont déjà visibles : une large fraction de l'ethnie bhil est maintenant intégrée, de façon d'ailleurs très diverse selon les lieux, à ce système. Et une stratification fort complexe est en train de séparer les adivasi les uns des autres.

D'abord, deux larges sous-ensembles, les *Bhil Garasia* et les *Bhil Bhilala*, se considèrent comme distincts des autres Bhil et largement supérieurs, du fait qu'il prétendent descendre de mariages mixtes entre Bhil et Rajpoutes : il est d'ailleurs possible, en effet, que des guerriers rajpoutes fuyant l'invasion musulmane se soient réfugiés dans les forêts du Rajasthan méridional et y aient pris femme parmi les adivasi.

Ensuite, les Bhil vivant dans des villages mixtes se considèrent comme supérieurs à ceux qui habitent encore dans des *pal* où ne réside aucun hindou : il est vrai que ces derniers leur rendent bien la pareille – mais avec moins d'intransigeance...

Enfin, le mouvement *bhagat* proprement dit a amené ses adhérents à pratiquer l'endogamie et à éviter tout contact avec les autres Bhil, particulièrement avec ceux qui se sont convertis au christianisme et qui (puisque les chrétiens peuvent manger de la viande) doivent être considérés comme des intouchables de la pire espèce. Mais la règle d'endogamie étant apparemment plus difficile à respecter, l'existence de nombreuses infractions à cette loi a entraîné une nouvelle segmentation, cette fois à l'intérieur même du mouvement *bhagat* : les *Bhil Bhagat Kabirpanthi* s'estiment plus stricts que les *Bhil Bhagat Shambhu Dal*, et par conséquent supérieurs à eux. Pour les premiers, par exemple, si un *Bhagat* a le malheur d'épouser une femme qui ne le soit pas, celle-ci ne doit pas se voir autorisée à manger avec ses beaux-parents tant qu'elle ne s'est pas purifiée ; après, c'est avec ses propres parents qu'elle ne pourra plus manger. Le problème se retrouve en de nombreuses situations : c'est ainsi que, dans le village de Gudawat, un instituteur avoua à l'anthropologue R. S. Mann que les parents *bhagat* ne pouvaient évidemment pas envoyer leurs enfants à l'école, puisqu'ils seraient obligés d'y boire de l'eau dans le même pot que les enfants non *bhagat* (6)...

Il n'y a rien d'étonnant si, dans ces conditions, un certain sens de l'intouchabilité et de la pollution a fini par se développer même chez les Bhil qui rejettent le « bhagatisme » : quelques-uns de ceux-ci, par exemple, n'acceptent plus la nourriture ou l'eau de la main de certaines catégories d'hindous, tels que les Bhangi (vidangeurs) et les Chamar (travailleurs du cuir), considérés comme intouchables. Et d'une façon générale, l'ensemble des Bhil aspirent à se voir reconnaître un statut assez élevé au sein du système des castes, même s'ils n'entendent pas en respecter toutes les règles. Le mouvement est, évidemment, complexe, et de notables variations régionales peuvent être enregistrées ; pourtant, la tendance globale est assez nette : à long terme, l'hindouisme ne peut que gagner.

Entendons-nous : je ne pense pas que les Bhil « se convertissent », au sens religieux du terme. Il est même vraisemblable qu'ils continueront longtemps encore à pratiquer leurs cultes traditionnels. Mais ce qui finira sans doute par s'imposer à eux, même s'ils ne le désirent pas tous, c'est le *modèle de société* véhiculé par la religion hindoue – ce modèle hiérarchique que Louis Dumont a si bien opposé aux modèles égalitaires chers à l'Occident. Et, pour comble de paradoxe, ce modèle hiérarchique ne sera pas détruit par l'occidentalisation rapide de l'administration et de l'économie indiennes : bien au contraire, dans la mesure où cette occidentalisation même s'opère « depuis le sommet », où elle est le fait de fonctionnaires hindous et musulmans pour l'essentiel, elle contribuera elle aussi à l'absorption des Bhil dans le système des castes – où la plupart d'entre eux n'obtiendront d'ailleurs qu'un statut inférieur à celui qu'ils espèrent (7).

En d'autres termes : dans la mesure où l'émancipation des Bhil passe par leur intégration dans la société indienne, dans la mesure où tous les efforts de développement et d'éducation qui sont faits dans cette région visent à améliorer cette intégration – il est clair que le progrès social, ici, ne peut que jouer *contre* la culture traditionnelle. Et l'on ne va tout de même pas, au nom de la préservation de cette culture, s'opposer à toute amélioration de la condition bhil !

Le problème est donc redoutable. Pour mieux le faire sentir, voici un bon exemple de ces ambiguïtés engendrées par le processus même de « développement » : l'école de Kharagda – située pratiquement en rase campagne, à quelques kilomètres de Sagwara, gros bourg équidistant de Dungarpur et Banswara.

Le *Sri Govardhan Vidya Vihar* – tel est le nom officiel de cette institution semi-privée – fut fondé en 1934 par un hindou originaire de la région : Nandlaji B. Dixit. « Un saint homme qui illumina son pays, déclare la brochure diffusée par l'école ; son désir d'apporter la lumière aux pauvres gens prit d'abord forme à travers une petite école de sanscrit, mais la semence soigneusement enfouie dans la terre s'est développée depuis en un énorme banyan, dont rien ne semble pouvoir arrêter la croissance... » Même en faisant la part du lyrisme hindou, il faut reconnaître que Nandlaji Dixit, issu lui-même d'une famille pauvre, consacra sa vie à l'action sociale. Après avoir passé six ans en méditation dans l'Himalaya, il rencontra le président d'une grosse compagnie d'assurances de Karachi – Sri Govardhan Maganlal Bhabha –, qui lui fit don d'une somme d'argent permettant de fonder un petit collège orienté vers l'enseignement du sanscrit et de la culture indienne classique. Auparavant il n'y avait, dans tout le district de Dungarpur, qu'une seule école, gérée par les Anglais... et moins de dix kilomètres de routes asphaltées ! L'établissement de Kharagda attira donc rapidement du monde, il bénéficia d'autres donations et put s'agrandir, en 1957, grâce à la construction d'un collège d'enseignement secondaire où sont enseignées les mêmes disciplines que dans n'importe quelle autre *high school.*

Aujourd'hui, ces deux écoles regroupent environ six cents élèves. Naturellement, il n'est pas nécessaire d'être adivasi pour y entrer, mais en pratique 75 % des élèves le sont – bhil pour la plupart. Grâce aux subventions gouvernementales, cent vingt-cinq d'entre eux sont totalement pris en charge par l'école, qui leur assure gratuitement le logement, la nourriture, l'indispensable uniforme — legs de la colonisation britannique — et les fournitures scolaires. L'institution donne donc des facilités considérables à ces enfants issus, pour la plupart, de familles pauvres de paysans sans terre, et particulièrement aux filles, que leurs parents n'enverraient certainement pas à l'école publique de Sagwara, où il n'y a pas d'internat. Au demeurant, les conditions de vie à Kharagda semblent être singulièrement agréables — sauf pour les professeurs qui, n'étant pas originaires de cette région, s'y ennuient ferme.

Bien situés et repeints de fraîche date, les bâtiments se trouvent au sommet d'une colline d'où la vue s'étend, au loin, sur les rizières et les champs de maïs. J'ai tenu à rencontrer le directeur — qui est le fils du fondateur —, un petit homme charmant, enchanté d'avoir une occasion de se distraire et incroyablement bavard. En m'offrant le thé avec une assiette de goyaves, il me raconte qu'il a passé sa jeunesse à Bombay — dont il semble regretter l'atmosphère trépidante, bien qu'il y ait plus de quinze ans que son père l'a envoyé ici. Brahmane lui-même, il est pourtant hostile à toute forme de discrimination : à Kharagda, hindous de caste et intouchables, adivasi et musulmans coexistent sans problèmes et prennent leurs repas en commun. Il est vrai que la nourriture est obligatoirement végétarienne... Par ailleurs, le *Sanskrit College* est évidemment tourné vers la diffusion des traditions hindoues.

— D'ailleurs, précise mon hôte, trois de nos anciens élèves — ils étaient tous trois bhil — ont fait de brillantes études en sanskrit à l'université du Rajasthan. Ils peuvent maintenant prétendre au titre de *Shastri*...

Promotion enviable, sans doute ; mais déroutante pour un adivasi ! Heureusement, l'éducation fournie par l'école est maintenant davantage tournée vers les disciplines pratiques. Un atelier de travail manuel y a été, récemment, ouvert. Apprendre la menuiserie, les techniques agricoles ou celles de l'irrigation sera tout de même plus utile à de futurs paysans. Beaucoup d'enfants, en effet, ne sont pas en mesure d'achever leurs études : la pauvreté de leurs parents les oblige à rentrer prématurément chez eux ; l'essentiel est donc, dans un premier temps, de leur donner au moins les moyens d'échapper à la misère endémique dans la région. Seul un très petit nombre peut espérer poursuivre, à Udaïpur ou à Jaïpur, des études supérieures.

– De toute façon, ajoute le directeur, Kharagda est un endroit très privilégié. Les autres districts du Rajasthan n'offrent pas autant de facilités éducatives aux adivasi !

Nous posons ensemble au milieu d'une ribambelle de petites filles en jupe bleue et corsage blanc impeccables. On pourrait se croire dans une école chrétienne, quelque part au fond du Sussex. Un monde d'où tout conflit, apparemment, a été exclu. Un monde propre et décent, où le mot « misère » ne veut plus rien dire. Bien évidemment, le *Govardhan Vidya Vihar* n'est pas un lieu comme les autres... Est-ce un modèle en réduction de ce que pourrait être, demain, une société indienne où le « problème » adivasi aurait été réglé ? Le gouvernement, l'administration, les « élites » cultivées – et occidentalisées – en rêvent, sans doute. Et, d'une certaine manière, ce monde vaut mieux qu'un monde de déchéance et de faim. Pourtant, dans son ambiance trop bien aseptisée, il y a quelque chose qui manque : où sont les Bhil dans tout cela ? Que reste-t-il de leur culture et de leur différence... ?

La revendication régionaliste – même purement culturelle – n'a pas bonne presse en Inde. Officiellement, le mot d'ordre est : *intégration*. Bien sûr, on parle aussi de *développement séparé* : les régions « tribales » plus pauvres ou plus isolées doivent faire l'objet d'un effort spécial. Mais comme le développement vient d'en haut – ainsi que l'argent –, les fonctionnaires qui en sont responsables sont presque tous hindous. Faut-il s'étonner, dès lors, de ce que les traditions « tribales » ne pèsent pas lourd, face aux programmes gouvernementaux ?

Problèmes complexes. Pour s'y retrouver, il faut partir d'une donnée simple : la pauvreté. Et de sa clef : l'endettement.

Contrairement à la réputation injuste qui leur a été faite à l'époque coloniale, les Bhil sont travailleurs. Mais malgré tout leur travail, ils n'arrivent à tirer qu'une maigre subsistance de leurs terres. La stérilité d'un sol caillouteux, le caractère primitif des techniques agricoles — on est encore, ici, à l'âge de l'araire tiré par un buffe ou poussé par un homme — expliquent sans doute ces faibles rendements. Les ressources d'appoint — vente de bois, pêche, chasse — demeurent minces. Les Bhil, par conséquent, « n'ont pas de quoi s'offrir deux bons repas par jour » comme l'ont reconnu eux-mêmes de nombreux anthropologues indiens (8). Encore moins disposent-ils, on s'en doute, d'argent liquide...

Or l'argent liquide est devenu indispensable : non seulement pour certaines dépenses courantes, mais surtout pour les frais du mariage et pour « acheter » une fiancée. En cette grande occasion, le paysan n'a pas d'autre ressource que d'emprunter. Il va alors voir le *banyas*, c'est-à-dire l'usurier. Celui-ci est un riche hindou ou un jaïn ; le plus souvent c'est aussi le principal commerçant du bazar. Prêter de l'argent ? Le *banyas* ne demande pas mieux, il est là pour cela. Il est d'ailleurs l'ami de tous les Bhil... Il prête donc, par exemple, une somme de trois cents roupies : un peu plus de cent cinquante francs. Mais le paysan n'aura pas plus demain qu'aujourd'hui les moyens de la rembourser : il ne lui restera qu'à payer sa dette en nature, ou plus exactement en travail. Il travaillera donc gratuitement — ou presque : on lui fournira peut-être sa nourriture — pendant un an. Au bout de cette année, il sera quitte ; mais qui, pendant ce temps, aura fait vivre sa famille ?

Ce système — qui constitue une sorte de servage — s'appelle *Hali*. Mais il y a pire. L'usurier peut très bien décider, par exemple, que ce travail forcé n'a servi qu'à payer les intérêts du prêt, non le capital. Dès lors, au bout d'un an, le débiteur devra continuer à travailler pour rembourser celui-ci ; s'il meurt entretemps, son fils héritera de sa dette. Évidemment, au fil des ans, les intérêts s'accumulent... et le moment de rembourser le capital n'arrive jamais. Un jour, l'usurier peut décider de faire valoir ses « droits » : alors il confisque la terre du paysan, ou une partie de celle-ci, ou une partie de son bétail, ou même ses instruments aratoires.

Ce deuxième système — où le servage devient héréditaire — s'appelle *Sagri*. En pratique, il n'est qu'une forme d'esclavage déguisé. Bien entendu, l'esclavage est interdit en Inde. Il l'a même été à de nombreuses reprises — depuis le premier *Slavery Abolition Act* de 1843 —, ce qui prouve bien qu'il ne l'a jamais vraiment été... L'article 23 de la Constitution indienne, entre autres, a réitéré cette prohibition du travail forcé ; au Rajasthan même, un *Sagri System Abolition Act* a été passé en 1961 et renforcé en 1976, sous l' « état d'urgence ». Pourtant, banni par les lois, le servage existe toujours dans les faits. Les chiffres, ici, sont éloquents : d'après une enquête réalisée en 1960, l'endettement moyen d'une famille bhil du Rajasthan était de 302 roupies (9). D'après une autre enquête, datant cette fois de 1976, l'endettement moyen d'un paysan « sagri » était de 679 roupies (environ 350 F) (10) ! En fait, l'unique cause qui a fait reculer quelque peu le *sagri* depuis l'indépendance — mais pas le *hali* — est le développement d'une agriculture intensive : celle-ci, réclamant plus de main-d'œuvre, a fait monter le prix des gages. Certains Bhil arrivent donc maintenant à gagner un peu d'argent en se louant comme ouvriers agricoles, ce qui leur permet d'échapper — pour un temps — aux griffes du *banyas*. Mais cet équilibre est précaire : il suffit d'une mousson « anormale » et d'une mauvaise récolte pour que le *banyas* redevienne, une fois de plus, le « sauveur » des paysans.

Il faut être juste : depuis longtemps, le gouvernement indien et celui du Rajasthan, comprenant l'insuffisance des mesures purement juridiques, ont mis en œuvre des programmes concrets d'aide au développement, particulièrement destinés aux adivasi. En fait, l'action officielle s'est développée simultanément sur plusieurs plans, mesures sociales et mesures juridiques formant un tissu serré.

Du point de vue strictement juridique, de gros efforts ont été faits pour rendre impossible l'appropriation, par un non-adivasi, d'une terre appartenant à un adivasi. Les transferts de ce genre, que ce soit par vente, don ou testament, ont été purement et simplement déclarés illégaux par le *Rajasthan Tenancy Act* de 1955. Et la loi a été appliquée de plus en plus sévèrement à partir du fameux « programme en vingt points » d'Indira Gandhi. Le seul problème, ici, c'est que les adivasi doivent faire eux-mêmes reconnaître leurs droits auprès des fonctionnaires des impôts – opération devant laquelle ils hésitent, évidemment, pour diverses raisons : par peur de l'usurier, parce que la ville est loin, parce que la procédure est longue et complexe, et surtout parce qu'ils ne savent ni lire ni écrire. L'enquête de 1976 citée plus haut ne révélait-elle pas que sur 417 paysans *sagri* 396 étaient totalement analphabètes, donc incapables de signer leur nom ?

D'un point de vue plus concret, c'est-à-dire sur le plan proprement socio-économique, l'action des pouvoirs publics n'a pas été moindre que sur le plan juridique – mais, là aussi, elle s'est heurtée à de nombreux obstacles. Pour comprendre ces difficultés, il ne faut jamais oublier que les programmes de développement ne sont pas mis sur pied par les intéressés eux-mêmes, mais par des bureaucrates siégeant dans la capitale du Rajasthan ou même à Delhi ; venant toujours « d'en haut », les ordres ne sont pas forcément compris et acceptés par « la base » ; d'autre part, les fonctionnaires hindous ne jugent pas toujours objectivement les besoins et les désirs de leurs compatriotes adivasi...

Rappelons donc, ici, en quelques mots, l'organisation des services d'aide aux « tribaux ». Autrefois, le développement des régions adivasi était assuré, comme celui du reste de l'Inde, par le *Social Welfare Service*, mais depuis quelques années un grand progrès a été fait : on a considéré que les adivasi devaient faire l'objet d'un traitement à part. Depuis lors, ce n'est plus le S.W.S., c'est une direction particulière du ministère de l'Intérieur – la *Tribal Areas Development Section, Home Ministry* – qui supervise l'ensemble des actions menées dans les régions « tribales », chacune de ces régions étant localement administrée par un *commissioner for Tribal Development*. Entre le ministère de l'Intérieur – sis à Delhi – et les différents *commissioners* – dont chacun gère un ensemble de districts – s'interpose, dans certains États, un ministère spécial : le Rajasthan, par exemple, dispose maintenant d'un *ministry for Tribal Welfare*, dont le titulaire est d'ailleurs (1979) un Bhil, membre du parti du Congrès. Ce ministère est situé à Jaïpur ; le *commissioner*, en revanche, tient ses quartiers au centre même du pays tribal, c'est-à-dire à Udaïpur. C'est un hindou, mais aussi un spécialiste – sympathique et cultivé – de la musique folklorique rajasthani, en particulier de la musique bhil.

M. V.S. Verma – tel est son nom – coordonne donc l'ensemble des programmes d'aide aux adivasi des districts d'Udaïpur, Dungarpur et Banswara. A ce titre, il est d'abord et avant tout président du *Nigam*.

Qu'est-ce que le Nigam ? Pour s'en tenir à sa définition officielle, c'est une société coopérative – propriété d'État – qui se propose pour but le développement des « zones tribales » *(tribal areas)*. Vaste programme, que la petite coopérative, créée récemment pour coordonner des actions antérieures quelque peu décousues, semble avoir encore du mal à réaliser – si l'on en juge par l'exiguïté des locaux qui lui ont été accordés à Sukarya Circle, près des Jardins de la Reine, dans un quartier excentrique d'Udaïpur. Les buts du Nigam sont multiples. Dans un premier temps, ses principaux objectifs sont : ouvrir des magasins d'État où les objets de consommation usuelle (graines, allumettes, savon, etc.) soient vendus au profit des « tribaux » ; procurer à ceux-ci des produits nécessaires à l'agriculture (semences, engrais, pesticides) ; acheter directement aux adivasi, à un juste prix (supérieur au prix du marché), l'excédent de leurs récoltes ainsi que les produits recueillis par eux dans la forêt (essentiellement le miel) ; enfin, assurer aux adivasi leurs droits de pêche dans le lac Jaï Samand, au sud-est d'Udaïpur. De ces quatre objectifs, qui ont commencé d'être réalisés avec un inégal succès, le dernier a donné lieu aux progrès les plus spectaculaires : jadis exploités par de petits patrons locaux, les pêcheurs bhil ont vu, depuis qu'ils sont passés au service de l'État, leur salaire quotidien monter de 3,85 roupies (environ 2 F) à 6,25 roupies (environ 3,50 F) ! En conséquence de cet enrichissement inattendu, les quelques centaines de pêcheurs qui travaillent sur le Jaï Samand ont, fait proprement inouï dans les annales, ouvert des comptes en banque pour y déposer leur modeste pécule. M. R.K. Vyas, directeur adjoint du Nigam, s'en réjouit d'autant plus que l'argent déposé n'a pas encore été retiré.

— Or, dit-il, l'adivasi est traditionnellement insoucieux du lendemain : le fait qu'il se soit mis à économiser révèle donc un profond changement dans sa mentalité !

Quoi qu'il en soit, le Nigam a de bonnes raisons d'être fier puisque, grâce à la revente des surplus agricoles achetés aux adivasi, il a pour la première fois, durant l'année 1978-1979, réalisé un profit net de plusieurs centaines de milliers de roupies. Ces bénéfices ont été également redistribués entre les membres de la coopérative, qui sont tous adivasi : malheureusement, ceux-ci ne sont pas encore assez nombreux, et le Nigam devra faire de gros efforts s'il veut s'implanter solidement dans les districts « tribaux » du Rajasthan méridional.

Autre projet géré directement par l'équipe de M. V.S. Verma : le *Gram Sakha Scheme*. Le nom donné à ce programme — l' « Ami du Village » — indique bien sa finalité : il s'agit d'aider généreusement les adivasi qui voudraient mettre sur pied une petite affaire ou un commerce, en leur accordant des prêts de cinq cents roupies sans intérêt (environ 250 F).

Enfin, le troisième et dernier projet spécialement conçu pour aider les adivasi mérite quelques explications, car il relève d'un idéal de « service social » typiquement hindou. L'idéal d'*Antyodaya* — tel est son nom — remonte en effet à Gandhi lui-même, mais il n'a été remis à l'honneur que par le parti Janata, dans son manifeste électoral de 1977. Son but : aider « les plus pauvres des pauvres » — *the poorest of the poor* — à s'élever au-dessus de la *poverty line*, cette « ligne de pauvreté » (quelque peu arbitraire) en dessous de laquelle vivent dix millions d'Indiens, qui disposent donc de moins d'un franc par jour pour toute fortune. L'originalité d'*Antyodaya* : s'attaquer directement aux zones les plus touchées, au lieu d'attendre que les pauvres viennent demander de l'aide. La méthode est donc la suivante : on détermine un village qui exige une assistance prioritaire, on y convoque l'assemblée des villageois *(gram sabha)* et l'on choisit, en accord avec la population, les cinq familles les plus nécessiteuses. Dans un second temps, on établit les besoins les plus pressants de ces cinq familles : besoin de terre, de bétail, d'instruments agricoles ou d'argent, et on les satisfait immédiatement. Mais il ne s'agit pas de dons : les adivasi devront rembourser la valeur de ce qui leur aura été avancé, quoiqu'avec un très faible intérêt et sur de longues années. Le but est, en somme, de développer l'initiative des adivasi au lieu de les transformer en assistés sociaux. Excellente intention : malheureusement, les résultats ne semblent pas toujours à la hauteur des promesses.

Le Rajasthan, où le parti Janata était très fort, a pourtant été le premier État à décider de financer officiellement les projets *Antyodaya*, et cela dès 1977. Toutes les familles ayant un revenu global annuel de moins de 1 800 roupies ont été alors déclarées éligibles pour bénéficier de ces projets, et le gouvernement régional espère toujours « couvrir » la totalité de ces familles avant dix ans. Toutefois, à la fin de 1978, seules cent quarante mille familles avaient effectivement bénéficié de cette aide sur les cent cinquante-cinq mille prévues pour la première année ; encore ce chiffre doit-il être critiqué, beaucoup de familles n'ayant reçu qu'une partie de l'argent promis. Inutile d'épiloguer sur ces insuffisances : elles ne signifient nullement qu'il faille remettre en question l'ensemble du projet ; mais que beaucoup reste à faire, qui en douterait ?

Telles sont les principales lignes d'action du *Tribal Subplan* supervisé par M. Verma, et qui couvre aujourd'hui dix-sept *Tahsil* (cantons) du Rajasthan méridional. Reste à dire quelques mots des programmes généraux mis en œuvre par le *Social Welfare*

Service ici comme dans tout le reste de l'Inde, et qui profitent également aux adivasi bien qu'ils n'aient pas été spécifiquement conçus à leur usage. Ces derniers projets sont placés sous le contrôle d'un *Social Welfare Officer* qui réside, lui aussi, à Udaïpur.

On y retrouve quatre secteurs principaux :

– construction de *Youth Hostels*, sortes d'internats où les enfants sont entièrement pris en charge par le gouvernement (il y en a dix dans le district de Banswara) ;

– octroi de prêts avantageux aux adivasi, destinés à leur permettre de construire une maison ou d'acheter du matériel agricole ;

– forage de nouveaux puits et électrification des villages (notons que le seul État indien totalement électrifié est le Kerala : encore ne l'est-il que depuis 1979 !) ;

– enfin, développement des systèmes d'irrigation et de canalisation, immense problème dans un pays où l'eau – grâce aux moussons – est abondante, et qui pourtant risque, chaque année entre mai et juillet, de souffrir de la sécheresse !

On ne peut nier que, localement, le gouvernement ait obtenu des succès positifs : grâce aux bourses, par exemple, certains Bhil ont pu faire, depuis l'Indépendance, des études supérieures ; par ailleurs, il suffit de prendre la route qui relie Udaïpur à Banswara pour se rendre compte que les puits y abondent. Toutefois, dès qu'on s'éloigne de ces grands axes de passage, on se retrouve très rapidement confronté à la pauvreté et l'analphabétisme. N'oublions pas que la famine a encore sévi, dans le district de Banswara, durant l'été de 1976 ! Si l'on songe aux millions de roupies qui, depuis 1947, ont été engloutis dans la réalisation des projets gouvernementaux, on ne peut s'empêcher de trouver cette somme disproportionnée par rapport aux résultats obtenus. Comment expliquer une telle discordance ?

Il y a plusieurs réponses possibles. La première, vaguement paternaliste, consiste à rejeter toute responsabilité sur les Bhil eux-mêmes :

– Ce sont de braves gens, m'explique un fonctionnaire en poste à Banswara, mais ils n'ont aucune suite dans les idées : ils ne pourraient pas rester assis une heure sur ce fauteuil... Et le pire, c'est qu'ils boivent !

Les Bhil boivent, c'est certain : ainsi l'exige le rituel de la plupart de leurs fêtes. L'alcool qu'ils affectionnent s'appelle *melli;* on l'obtient à partir de la distillation d'une fleur nommée *mahua (Bassia latifolia)*, et les Bhil en font un usage parfois immodéré. Pourtant, cet alcoolisme « ethnique » représente sans doute plus un signe de leurs problèmes qu'il n'en constitue la cause...

Faut-il encore revenir sur les mécanismes de l'endettement ? Ce serait déjà plus sérieux. Comme on l'a vu, tout Bhil doit se marier ; de surcroît, le choix d'une femme a des conséquences économiques : si la femme est plus travailleuse, le ménage ne s'en portera que mieux. La valeur du « prix de la fiancée » a donc monté par le simple fait que, dans le cadre limité d'un ensemble de *pal*, les « bons partis » ne sont pas en nombre immense : ici aussi joue la loi de l'offre et de la demande... En conséquence, les paysans doivent emprunter des sommes toujours plus élevées, pour la plus grande joie des *banyas*. Que peut y faire le gouvernement ? Le *banyas* est sur place ; il connaît l'adivasi, il est l'ami de tout le monde. Sa maison est ouverte vingt-quatre heures sur vingt-quatre. Il n'a jamais refusé de prêt et ne demande même pas de papier... Contre une concurrence aussi défavorable, les fonctionnaires installés dans les petites villes, peu au courant de la réalité villageoise et toujours empêtrés dans leurs innombrables formulaires, ne font sûrement pas le poids !

Mais il y a plus. L'incompétence et, parfois, la mauvaise volonté de certains de ces fonctionnaires ont fini par engendrer, chez les Bhil, une méfiance radicale et pas toujours irraisonnée envers toute innovation proposée par l'État. Un exemple simple : l'usage d'engrais chimiques. Ces engrais ne sont bénéfiques que si l'emploi s'en accompagne d'une abondante irrigation ; or, ils ont souvent été imposés dans des villages qui ne possédaient pas de puits et ont ainsi, faute d'eau, causé la perte de récoltes entières. Plus récemment, des fonctionnaires cherchèrent à populariser la charrue en fer : mais celle-ci est trop lourde pour être efficacement tirée, sur un sol caillouteux et souvent escarpé, par une paire de bœufs. R.S. Mann rapporte d'ailleurs, non sans humour, comment l'échec total de la « démonstration » dans un village détourna définitivement ses habitants d'écouter les représentants du gouvernement (11) !

En outre, ces démonstrations sont souvent faites sur les terres des hindous, car celles des adivasi sont trop petites, trop mal situées ou trop peu fertiles pour que la démonstration y donne de bons résultats. Ultime erreur, les démonstrateurs s'adressent uniquement aux hommes : or seuls les labours sont accomplis par ceux-ci ; tous les autres travaux, des semailles aux moissons, sont exécutés par les femmes — que l'on éprouve, traditionnellement, quelque gêne à réunir sur la place du village...

Il y a là une sorte de cercle vicieux : des efforts réels mais mal organisés, des programmes ruraux toujours conçus par des citadins n'aboutissent qu'à décourager les Bhil. La solution serait sans doute d'amener ceux-ci à prendre en main leur propre développement : mais un tel renversement de perspectives ne pourrait se faire sans de profonds changements politiques, difficilement concevables dans une société aussi conservatrice que l'Inde. En fait, il ne faudrait rien de moins que l'institution d'une certaine démocratie directe au niveau du village, avec participation intense des adivasi. Or si un tel système a bien été plus ou moins mis en place depuis l'indépendance, il ne fonctionne absolument pas de façon satisfaisante étant donné la part prépondérante que prennent les hindous à la direction des affaires, dans les villages où coexistent Bhil et hindous — c'est-à-dire dans la majorité des villages.

Pour comprendre cette situation, il faut revenir quelque peu en arrière. Chaque village bhil avait, et a toujours, un chef traditionnel (fonction héréditaire) nommé *Patel, Gameti* ou *Mukhi*. Autrefois, le rôle de celui-ci se bornait à faire respecter les coutumes, à servir d'arbitre dans les conflits entre familles, enfin à collecter l'impôt pour le compte du gouvernement. Son pouvoir était donc des plus réduits ; il ne s'opposait pas à celui de la communauté villageoise elle-même, il était au contraire équilibré et soutenu par celle-ci.

Cependant une grande réforme — nommée *Panchayati Raj* — fut introduite au Rajasthan en 1959, dans un but de décentralisation : on décida alors de répartir l'essentiel des fonctions politiques au niveau local entre trois types de conseils : le *Gram Panchayat* (au niveau du *pal*), le *Panchayat Samiti* (au niveau d'un groupe de village) et enfin le *Zila Parishad* (au niveau du district), chacun de ces deux derniers conseils étant composé de représentants des précédents. On aurait pu espérer, dans ces conditions, que les adivasi allaient être en mesure de reconquérir le pouvoir de décision dans les affaires les concernant immédiatement, ou tout au moins de faire entendre leur voix auprès des instances supérieures : malheureusement, il n'en fut rien.

La raison en est simple : au niveau du *Gram Panchayat* — c'est-à-dire de l'assemblée générale — d'un village mixte, les Bhil, même s'ils restent majoritaires, parlent moins que les autres ou bien hésitent à s'imposer. Il est même rare qu'un des leurs soit élu à la direction de cette assemblée : le *Sarpanch* — leader du *Panchayat* — est presque toujours un hindou ; parfois même c'est le *banyas*, l'usurier en personne ! Les conséquences sont doubles : d'une part, le *Sarpanch* est beaucoup moins écouté que le *Gameti* — avec lequel il peut d'ailleurs entrer en conflit : mais, en ce cas, c'est le *Sarpanch* que le gouvernement soutiendra. D'autre part, comme c'est le *Sarpanch* qui est en contact avec les fonctionnaires et les assemblées de niveau supérieur, auprès desquels il se fait le porte-parole du village, il aura souvent tendance à défendre les intérêts des hindous — voire les siens propres, lorsqu'il poursuit purement et simplement une carrière personnelle —, de préférence aux intérêts des Bhil ou du village en général. On peut donc dire que, loin de favoriser les aspirations des adivasi, l'institution du *Sarpanch*, parce qu'elle donne lieu à bien des abus, fait plutôt écran entre le monde « tribal » et la société indienne. Comment espérer, dans ces conditions, que prenne fin l'isolement des adivasi ? Que change leur condition ?

Arthuna, sous la pluie. A quelques dizaines de kilomètres de Banswara, dans la direction de Garhi, on vient de retrouver un bel ensemble de temples çivaïtes en ruines. Dégagés de la brousse qui les cachait au regard, de grands pans de murs gris aux sculptures à demi effacées lèvent désespérement les bras vers un ciel lourd et brun. De la colline, la vue s'étend sur des lacs gris enveloppés d'autres collines. Des troupeaux de buffles errent dans les pâturages, faisant lever, de loin en loin, une grue cendrée.

L'averse s'arrête. Les bergers sortent de l'ombre des manguiers, où ils avaient cherché abri. En passant devant nous, ils jettent un regard distrait aux temples.

Là-bas, dans une rizière, les femmes ont repris le travail. C'est la saison du repiquage et, comme il y a beaucoup à faire, on ne peut pas trop se permettre de perdre du temps. Cassées en deux, elles replantent les petites touffes vert sombre l'une après l'autre, patiemment, en rythmant leur travail d'un chant mélancolique. Gestes sans âge, terre sans mémoire.

Je me souviens des propos de Zorin, un jeune Bhil qui, ayant appris à lire et à écrire, avait réussi à trouver du travail comme *péon* — c'est-à-dire comme planton — dans les bureaux du *Collector* de Banswara.

— Dans mon village, disait Zorin, rien n'a vraiment changé depuis que je suis né. Ni même, probablement, depuis que mes parents et que mes grands-parents sont nés. La vie est toujours aussi difficile, la terre aussi ingrate. Les paysans restent soumis au caprice des moussons : quand ce n'est pas la sécheresse, ce sont les inondations qui nous ruinent. Je me souviens d'un été, il y a quelques années, durant lequel notre village est resté isolé du monde pendant trois semaines, parce que toutes les routes étaient coupées par les rivières en crue...

Comme ces propos me reviennent en mémoire, la pluie se

remet justement à tomber. Les bergers cherchent l'abri d'un arbre. Ils s'enveloppent la tête et les épaules d'une sorte de cape en plastique mince et peu imperméable, semblable à celle qu'on voit déjà portée par Krishna, sur les miniatures multi-séculaires qui le représentent en train de jouer avec les *gopi* entre deux averses de mousson... Non, décidément, rien n'a changé. Et pourtant... Pourtant, Zorin a pu faire des études. Grâce aux réservations de postes effectuées en faveur des Bhil, il a trouvé un travail en ville. Sans doute est-il en train de se conformer au « modèle hindou ». Et, d'ici peu, il commencera à regarder le reste de sa famille avec une nuance de supériorité : pour lui, ces paysans deviendront vaguement sauvages, voire intouchables. Déjà, il va de moins en moins les voir...

— Que voulez-vous, soupirait-il. La vie en ville est bien trop différente. Ici, il y a du monde, des cinémas, des voitures... Ma famille, elle, est restée en arrière. Alors, quand je retourne chez moi, de quoi voulez-vous que nous parlions ?

Bien qu'il soit tard, les femmes restent un moment encore à patauger dans la rizière. Il faut se dépêcher de finir avant la nuit : le ciel se fait, d'heure en heure, plus obscur. Des nuages opaques bouchent l'horizon. Bientôt, tout sera noyé dans l'eau. Pour plusieurs jours, peut-être...

III. Fragments d'imaginaire santhal

Nul ne connaît l'origine des Santhal. Leurs caractéristiques physiques – petite taille, nez large et aplati, lèvres épaisses, teint foncé, cheveux frisés ou crépus – sont interprétées différemment par les anthropologues qui tentent de déterminer la « race » à laquelle ils appartiennent. Selon certains, les Santhal seraient proto-australoïdes, selon d'autres pré-dravidiens, mongoloïdes, austro-asiatiques ou posséderaient des attributs à la fois mongoloïdes et australoïdes. Les linguistes, eux, admettent unanimement que le santhali – utilisant l'alphabet romain, introduit par les missionnaires au XIXe siècle – appartient à la famille des langues mundariennes.

Santhal, terme d'origine récente, est en fait une version anglicisée, datant du XIXe siècle, de *Saonthar*, nom utilisé par les voisins Bengalis de ce groupe ethnique. Les Santhal, quant à eux, emploient pour se désigner le terme *Hor*, qui signifie « homme » dans leur langue.

Les Santhal représentent la plus importante, numériquement, de toutes les « tribus répertoriées » (1). Les quatre millions de Santhal recensés en 1971 constituaient alors près de 10 % de la population adivasi de l'Inde. On trouve aujourd'hui des Santhal dans les États de l'Assam, du Tripura, de l'Orissa, du Bengale occidental et du Bihar. Dans ces deux derniers États ils représentaient respectivement, au dernier recensement, 36 % et 54 % de la population « tribale ». Au Bihar, les Santhal sont surtout concentrés dans le district des Santhal Parganas.

Je suis depuis une semaine à Ranchi, capitale du Chhota Nagpur. Je partage équitablement mon temps entre la bibliothèque de l'Institut de Recherche tribale et les divers bureaux chargés du développement de ces régions. Mes valises croulent sous le poids de volumineux rapports inventoriant minutieusement les réalisations du gouvernement. Outre ces visites protocolaires, je tente également de nouer des contacts avec les rares hauts fonctionnaires, universitaires ou chercheurs d'origine « tribale », vivant à Ranchi.

Mais à l'exception d'une poignée d'adivasi éduqués qui occupent des postes dans l'administration, la plupart des aborigènes sont employés comme manœuvres, journaliers ou conducteurs de cyclo-pousses. De nombreuses adivasi qui ont quitté leur village en quête d'emploi finissent aussi comme prostituées dans les bas quartiers de la ville, ou bien vivent en concubinage avec des ouvriers, originaires du nord du Bihar, qui ont trouvé de l'embauche dans les usines locales. Selon un médecin indien rencontré à mon hôtel, le pourcentage de maladies vénériennes et d'alcoolisme parmi les populations adivasi déracinées, vivant à Ranchi et dans les autres centres industriels du sud du Bihar, est l'un des plus élevés de toute l'Inde.

Quant à l'administrateur à qui j'explique les raisons de mon voyage, il m'observe d'un air amusé puis m'interrompt soudain :

— Vous perdez votre temps à Ranchi. Vous y glanerez seulement quelques statistiques sans valeur et de beaux discours. Si vous désirez voir les Santhal d'un peu plus près, allez dans les Santhal Parganas où vivent la plupart d'entre eux. Inutile d'interviewer les officiels. Ils auront tendance, même s'ils sont d'origine tribale, à vous peindre une image embellie de la situation, à évoquer des projets grandioses qui n'existent que sur le papier, à camoufler la vérité.

Je m'étais rendu dans le bureau de ce haut fonctionnaire des Affaires tribales, résigné à entendre le discours édifiant d'usage, assorti de chiffres convaincants, sur l'amélioration du niveau de vie des adivasi depuis l'Indépendance. Mais mon jeune interlocuteur, avec son visage extrêmement mobile couronné d'une masse de cheveux noirs, ne semble pas coulé dans le même moule que la plupart de ses collègues, généralement très prudents dans leurs propos, casuistes chevronnés professant un optimisme inébranlable. Après m'avoir fait promettre de ne pas le citer, il se lance dans une diatribe, longue et passionnée, contre les *dikkou*, c'est-à-dire les non-adivasi. Il se déclare révolté par l'exploitation des aborigènes livrés à la cupidité, la soif de gain et les appétits sexuels de ces étrangers.

— Vous vouliez que je vous parle des plans de développement et des efforts entrepris par le gouvernement pour protéger les adivasi contre leurs exploiteurs ? Ces plans n'existent que dans des dossiers recouverts de poussière. Les coopératives et les écoles pour adivasi sont des échecs lamentables. Les maîtres d'école profitent de leur position pour acquérir des terres à bon marché, prêter de l'argent à des taux usuraires et avoir des relations sexuelles avec les jeunes filles...

Je m'étonne d'entendre de tels propos car les adivasi sont généralement très stricts sur le chapitre des relations avec les étrangers. L'administrateur me réplique, péremptoire :

— On a retrouvé dans le district de Bastar le carnet d'un maître d'école congédié pour corruption. Il avait inscrit dans ce carnet les noms de cent jeunes filles avec lesquelles il aurait eu des relations sexuelles. Dans certaines mines du Chhota Nagpur, toutes les journalières sont des jeunes filles ou des jeunes femmes. Leurs employeurs non seulement les payent en dessous des tarifs légaux mais abusent d'elles. C'est un scandale. Les innocents adivasi sont à la merci de ces loups qui se sont abattus sur le pays. Plus les régions tribales sont développées, plus l'exploitation est sauvage et éhontée. Tout l'argent englouti pour développer ces territoires va dans les poches des non-tribaux.

Conscient de sa part de responsabilité dans un tel état de choses, il tente de se justifier. Selon lui il ne peut, en tant que fonctionnaire, s'exprimer aussi ouvertement devant ses supérieurs.

— Et le gouvernement ne peut rien faire pour enrayer ce tragique processus. Les petits fonctionnaires corrompus sont les principaux acolytes de négociants et d'entrepreneurs sans scrupules. En raison de cette collaboration, les adivasi sont incapables de faire prévaloir leurs droits. Les fonctionnaires adivasi sont souvent achetés par les *dikkou* et ne se soucient, comme leurs autres collègues, que de leurs propres intérêts. Les employés d'origine tribale ne représentent d'ailleurs que 5 % du chiffre total des fonctionnaires en poste dans la « ceinture tribale » du Bihar. Ils sont impuissants à mettre fin à cette exploitation scandaleuse. Même si un fonctionnaire d'origine adivasi voulait faire quelque chose pour les membres de son groupe ethnique, il lui faudrait beaucoup de persévérance et d'intégrité pour ne pas se laisser acheter, pour lutter contre les puissants groupes d'intérêt qui s'opposeraient à lui. Il serait d'ailleurs transféré rapidement s'il devenait un obstacle...

La veille de mon départ pour les Santhal Parganas, M. Singh, le propriétaire de mon hôtel, me présente à l'un de ses amis, de passage à Ranchi. Le Père Rossner, homme de haute taille, dont le visage exprime une tolérance amusée à l'égard des pauvres pécheurs fourvoyés, est un jésuite anglais qui vit dans le Chhota Nagpur depuis 1938. Il possède, selon M. Singh, une connaissance encyclopédique des tribus du sud du Bihar. Son *opus magnum,* qui est en voie d'être publié, traite de la religion munda et des rites de sorcellerie propres à ce groupe ethnique de la région de Ranchi.

Nous discutons des Santhal dont la provenance demeure un mystère, et de leur religion. Le Père Rossner me confie alors leur mythe d'origine, influencé selon lui par la cosmogonie hindoue :

« L'océan primordial recouvrait autrefois toute la surface du globe. Thakur, l'être suprême, créa tout d'abord les êtres peuplant les fonds marins, puis décida ensuite de donner naissance à l'homme et à la femme. Ce couple originel, fait d'argile, fut réduit en miettes par le Cheval Diurne. Thakur, arrachant alors un morceau de sa poitrine, créa un jars et une oie qui s'animèrent après qu'il les eut effleurés de son souffle. Au bout d'un certain temps, les deux oiseaux firent leur nid et pondirent deux œufs qu'ils cou-

Carte des districts composant le Chhota Nagpur

vèrent dans un fourré de hautes herbes à Hihiri Pipiri. Deux êtres humains, un garçon et une fille, naquirent de ces œufs. Ils furent nommés Pilcu Haram et Pilcu Budhi, noms qui signifient littéralement, " le premier vieil homme " et " la première vieille femme ". Un jour, Maran Buru (la divinité principale du panthéon santhal) leur rendit visite et leur apprit à distiller de l'alcool de riz. Après en avoir consommé plus que de raison, le couple eut des relations sexuelles. Sept filles et sept garçons naquirent de cette union...

« Leur mère emmenait tous les jours ses filles ramasser des feuilles et des tubercules dans la forêt, et le père allait chasser avec les garçons. Un jour, les garçons se rendirent seuls à la chasse. Sur le chemin du retour ils surprirent leurs sœurs se balançant sur les branches d'un banyan. Madan Buru éveilla leur désir. Après avoir dansé longuement avec leurs sœurs, ils firent l'amour ensemble, l'aîné des garçons avec l'aînée des filles et le cadet avec la cadette. Les parents décidèrent alors de marier les couples ainsi formés.

« Après la naissance des enfants, Pilcu Haram et Pilcu Budhi décidèrent de diviser leur famille en sept clans exogames afin d'éviter l'inceste à venir. Les sept clans originels furent nommés : Hansdak, Murmu, Kisku, Hembrom, Marandi, Soren et Tudu. Longtemps après, les ancêtres des Santhal se rendirent à Khoj Kaman. Ils s'y livrèrent à la débauche et se conduisirent comme des buffles et des bufflesses en rut. Thakur, irrité par leur conduite, menaça de les anéantir s'ils ne réformaient pas leurs mœurs. Ils refusèrent de l'écouter. Thakur fit alors mander Pilcu Haram et Pilcu Budhi et leur dit :

« — Vos enfants refusent de m'obéir ; aussi devrais-je les tuer. Allez vous réfugier dans une caverne située dans la montagne et vous aurez la vie sauve.

« Une chanson populaire Santhal évoque le châtiment céleste infligé par Thakur :

" Pendant sept jours
" Et sept nuits,

" Une pluie de feu est tombée.
" Pendant sept jours
" Et sept nuits,
" Cette pluie ne cessa.
" Où étiez-vous tous deux ?
" Où était votre abri ?
" Sur le mont Harata,
" Dans une caverne de la montagne,
" Nous avons demeuré et nous nous sommes abrités. "

« Tous les hommes et les animaux, à l'exception de l'Adam et de l'Ève santhal, furent anéantis. Quand la pluie s'arrêta, le couple sortit de la caverne et construisit une maison. A nouveau, les deux êtres s'unirent et eurent de nombreux enfants, qui furent divisés en sept puis en douze clans... »

Depuis cette époque légendaire, les migrations des Santhal à travers l'est et le centre de l'Inde se poursuivirent. Encouragés par les Britanniques, ils s'installèrent au début du XIXe siècle dans le Damin-i-Koh, région montagneuse couverte de jungles denses qu'ils défrichèrent et qui devint le cœur du pays santhal. Selon le Père Rossner, les Santhal vivant dans cette région sont les moins hindouisés et ceux qui ont le mieux préservé leurs traditions culturelles. Pour les rencontrer, il faut partir de Dumka.

On atteint Dumka, chef-lieu du district des Santhal Parganas, après un interminable voyage en autobus à travers la zone industrielle de la vallée de la Damodar. Dans cette ville ainsi que dans les autres bourgades du district, on voit peu d'adivasi dans les rues. Les Santhal, qui formaient autrefois le groupe ethnique majoritaire des Santhal Parganas, sont aujourd'hui en minorité. Au recensement de 1971, ils représentaient environ un million d'habitants, soit moins du tiers de la population du district évaluée alors à 3 186 908 habitants.

Ce district fut créé en 1855, au lendemain de la grande rébellion santhal dont nous reparlerons plus loin (2). Les Britanniques y introduisirent un système d'administration directe qui tentait de préserver les institutions tribales et de sauvegarder les droits des paysans adivasi. Les intermédiaires corrompus (employés du Trésor, policiers, magistrats) furent éliminés et des responsabilités accrues furent confiées aux chefs traditionnels ou *Manjhi,* qui avaient le droit de percevoir l'impôt et d'administrer la justice. Mais depuis l'Indépendance, ce système a été graduellement démantelé. Les villages ont perdu leur autonomie ; ils ont été soumis au pouvoir arbitraire de bureaucrates, qui font parfois cause commune avec les oppresseurs des Santhal. Les chefs traditionnels n'ont plus aucune autorité et les lois censées protéger les aborigènes n'existent que sur le papier. Comment pourrait-il en être autrement, compte tenu de la prépondérance démographique, politique et économique des non-adivasi dans le district ?

Les structures démocratiques des Santhal sont donc en voie de disparition, en raison de la « prolétarisation des masses rurales, de la perte de leurs terres et de l'intrusion de colons hindous du nord du Bihar dans leur territoire » (3), facteurs qui ont contribué à détruire la base économique et sociale de leur société. Dans de nombreux villages santhal, les chefs traditionnels ont perdu le pouvoir politique au profit des non-adivasi. Dans d'autres, les Santhal sont sur la défensive et tentent de maintenir leur identité face aux assauts des hindous des plaines. Selon Hrach, les développements qui ont eu lieu depuis 1947 ont rendu vaine toute action politique destinée à « rétablir l'ancienne organisation du village et à restaurer le type d'indépendance archaïque dont les Santhal jouissaient autrefois » (4). Même si les Santhal sont conscients qu'ils devront s'intégrer à long terme à la société indienne et abandonner leurs institutions, nombre d'entre eux militent aujourd'hui dans le mouvement du Jharkhand dont le but est de restaurer le *statu quo ante.* Hrach, quoique favorable à leur cause, estime que « c'est un combat pour l'impossible, une lutte pour une utopie régressive ». « Le Jharkhand, dit-il encore, est un mythe » (5).

Malgré tout, Dumka persiste à vivre dans une atmosphère très coloniale, avec ses bungalows décrépits plantés au centre de vastes jardins envahis par une végétation luxuriante. Les administrateurs indiens ont remplacé les Anglais dans ces demeures spacieuses. Cette élite parle désormais l'hindi et remplace le whisky par les boissons alcoolisées locales, mais continue à jouir des mêmes prérogatives et du même statut que ses prédécesseurs. Elle doit cependant partager le pouvoir avec les politiciens locaux et les riches négociants installés dans le quartier des affaires. Quant à la majorité des citadins, elle continue comme par le passé à s'entasser dans le bazar, aux allées étroites et insalubres bordées d'échoppes minuscules. Boutiquiers et négociants sont pour la plupart originaires du nord du Bihar. A l'exception d'une poignée d'adivasi dans l'administration locale, on ne trouve aucun Santhal dans les centres du pouvoir économique et politique.

Je décide de me rendre à Tinpahar, dans le nord du district, d'où je compte ensuite rayonner vers les villages situés au pied du Damin-i-Koh, chaîne montagneuse coupant le pays santhal en deux. Au-delà de Dumka, le paysage devient vallonné et souriant. Les forêts de *sal* succèdent aux rizières vert émeraude ombragées par des cocotiers. Les collines aux formes douces, arrondies, font le gros dos sous le soleil. Les villages s'égrènent le long de la route, litanie de noms musicaux : Gopikandar, Amrapara, Litipara... Mais au fur et à mesure que nous progressons en cahotant sur la piste étroite et défoncée, les habitations se font plus rares. Un voyage dans l'Inde rurale à partir d'une ville ressemble à une ascension vers les cimes himalayennes. Après les cultures en terrasses et la végétation tropicale des forêts, on pénètre dans un univers minéral où l'air semble de plus en plus raréfié. Dès qu'on s'éloigne des villes, les touristes disparaissent les premiers, puis les boissons fraîches, les fruits, la viande, l'électricité, l'eau courante — et finalement les routes... L'Inde profonde est l'Inde de la pénurie, de la survie; aucun article superflu n'y est proposé aux consommateurs inexistants.

L'Indien assis à mes côtés est un frère Jésuite d'origine oraon qui enseigne le sanskrit et l'hindi à l'école missionnaire de Tinpahar. Il est plongé dans la lecture d'une brochure, écrite en hindi, sur le yoga qu'il pratique, me confie-t-il, lorsqu'il souffre de rhumatismes et de troubles digestifs.

Nous arrivons la nuit à Tinpahar, plongée dans l'obscurité en raison d'une panne de courant. Les échoppes du bazar sont éclairées par la lueur vacillante de minuscules lampes à huile. Je partage un fiacre avec l'instituteur pour me rendre à la mission située en dehors de la bourgade. Le long de la route les arbres et les bosquets de bambou, éclairés par des myriades de lucioles, semblent phosphorescents.

L'accueil des Jésuites maltais qui dirigent la mission est cordial, mais je me sens mal à l'aise en leur compagnie. En écoutant ces chrétiens militants évoquer les « coutumes païennes » j'ai l'impression de me retrouver un siècle en arrière, au cœur de l'Afrique ou de la Chine. Le décalage entre nous n'est pas seulement au niveau du vocabulaire mais également de l'idéologie et de la morale. Comme la plupart de mes contemporains je ne suis ni dogmatique ni puritain, et ne peux donc partager les valeurs pour lesquelles ces hommes combattent.

Le christianisme, dans les Santhal Parganas, n'a eu pratiquement aucun impact, à l'inverse de ce qui s'est passé dans d'autres régions du Chhota Nagpur, où les missions sont nombreuses et la religion chrétienne solidement implantée. Les chrétiens ne représentent ici que 4 % de la population « tribale » du district. Le Frère Scerri m'explique que la situation actuelle dans les villages santhal n'est pas favorable aux conversions.

— Les Santhal chrétiens vivent dans un environnement païen malsain et peuvent à tout moment retomber dans leurs erreurs passées. Nous effectuons des conversions de temps à autre, mais nous faisons plutôt porter nos efforts dans le domaine de l'éducation.

L'évêché catholique des Santhal Parganas a d'ailleurs l'intention d'établir une école primaire, un dispensaire et une église dans chaque village santhal, où ils constitueraient le noyau de l'influence chrétienne, « une tête de pont chrétienne en territoire païen ».

Scerri et ses collègues semblent avoir une foi absolue dans les vertus de l'éducation qui, selon eux, résoudra tous les problèmes et mettra fin à l'exploitation. L'action politique menée par les leaders adivasi leur semble vaine, bien que les Santhal les plus militants soient pour la plupart chrétiens.

— Les écoles refusent aujourd'hui des élèves alors qu'il leur fallait se battre, il y a vingt ans, pour les garder. Nous avons cinq cents pensionnaires dans nos écoles de Tinpahar et nous refusons chaque année 50 % des candidats. Les Santhal doivent trouver du travail à l'extérieur afin que leurs villages ne deviennent pas des cimetières. Les terres ancestrales sont de plus en plus morcelées et ne peuvent nourrir les familles que quelques mois par an.

Le Frère semble néanmoins optimiste sur l'avenir des Santhal.

— Ce sont des gens résistants et qui ne manquent pas de ressources. Ils pourraient survivre à l'exploitation massive dont ils sont victimes, mais ils n'y parviendront que s'ils sont éduqués...

Je pars le lendemain matin en camion pour Dhanala, autre village situé à une vingtaine de kilomètres de Tinpahar. De Borio, gros bourg et centre commercial important, je dois couvrir les quatre derniers kilomètres à pied sous un soleil de plomb. Au loin se profilent des collines aux contours rendus flous par la brume de chaleur.

Ainsi que la plupart des autres villages santhal, Dhanala est situé sur une éminence dominant la plaine. Ses maisons de couleur brune, à demi masquées par des bosquets touffus de bambou et des palmiers de Palmyre élancés, tranchent sur le vert étincelant des rizières en terrasse qui les ceinturent. Des paysans, protégés par des chapeaux de paille, transplantent les pousses de riz dans les rizières inondées.

Des enfants santhal aux cheveux ras ânonnent la table de multiplication en hindi dans une hutte au sol de terre battue, pompeusement baptisée école. Les élèves, sidérés par mon apparition, chuchotent entre eux avec animation et pouffent de rire :

– *Ghora! Ghora!* (Homme blanc!)

Le maître d'école les rappelle à l'ordre en frappant son pupitre avec une canne de bambou et me fait signe de l'attendre à l'extérieur. Une demi-heure plus tard, la classe se termine dans un brouhaha de voix joyeuses. Après avoir ramassé leurs cahiers et leurs livres aux pages écornées et jaunies, les enfants s'égaillent à travers champs. Andreas Soren, le maître d'école, est un homme de petite taille, corpulent, au visage très foncé et souriant. Ce Santhal chrétien, lui-même ancien frère Jésuite, est originaire de Bhagalpur, district situé à l'ouest des Santhal Parganas. Quoique marié, il vit séparé de sa femme qui travaille comme infirmière dans un hôpital de Patna.

– Nous sommes mariés, mais je réside seul ici car nous ne pouvons pas vivre avec un salaire unique, me déclare-t-il en souriant.

Et d'ajouter :

– En tant qu'ancien frère, j'ai l'habitude du célibat...

Puis nous nous rendons à sa maison, située dans le village tout proche, en empruntant les levées de terres étroites et sinueuses qui séparent les rizières. Nous nous arrêtons un instant dans un hameau à l'écart de la route, qui abrite quelques vanniers, vivant dans des huttes misérables. Ces artisans, ainsi que les familles de la caste des *Karmakar* (forgerons) qui résident à l'entrée du village, constituent les seuls non-Santhal de Dhanala, qui compte environ cinq cents habitants.

La plupart des maisons sont disposées de part et d'autre d'une longue rue, le *kulhi,* axe central autour duquel la vie sociale s'ordonne. Selon W.G. Archer, « la rue est plus qu'un lien entre les maisons. C'est à la fois une piste de danse, une chambre de débats et un tribunal ». Les maisons santhal aux toits recouverts de chaume ou de tuiles aux formes arrondies sont parmi les plus belles et les plus élégantes de toute l'Inde. Les murs, faits de torchis, ont une apparence lisse et nette. Ils sont décorés, pendant la saison sèche, de figures géométriques ou de dessins d'animaux et de fleurs peints en blanc, rouge ou noir. Sur le devant, une longue véranda couverte, où les villageois s'assoient pendant les heures de repos, fait face à la rue. Le centre de la maison est constitué par une cour de dix mètres carrés environ, d'une propreté méticuleuse, sur laquelle s'ouvrent diverses pièces construites comme des unités séparées. Elles servent à la fois de cuisine, de débarras, de salle à manger et de chambre.

Andreas Soren vit dans l'une de ces cellules rectangulaires, étroite et sombre, encombrée de sacs de grain et d'ustensiles de cuisine. Une natte étendue sur le sol de terre battue (enduit tous les matins d'un badigeon de bouse de vache mêlée à de la boue) constitue son lit. Ses vêtements sont accrochés à des cordes tendues ou empilés dans des cantines de fer-blanc. Cette pièce sans ouvertures est, selon Andreas, étonnamment fraîche en été et très chaude en hiver. Les quatre mois d'hiver, de la mi-octobre à la mi-février, ne sont d'ailleurs pas très rigoureux en pays santhal.

Dans une chambre attenant à celle d'Andreas, je remarque des flûtes et des flèches disposées sur des étagères et des arcs qui servaient autrefois pour la grande chasse annuelle rituelle. Le *Lo Bir Sendra* (chasse annuelle dans la forêt brûlée) réunissait en effet des Santhal venus de tout le district. Ce rassemblement constituait à la fois un Parlement et une Cour Suprême, où les idéaux de l'organisation démocratique tribale étaient réaffirmés et les différends entre individus ou clans tranchés. Tous les Santhal, riches ou pauvres, pouvaient participer aux débats sur un pied d'égalité. Cette chasse annuelle était également une occasion pour les hommes réunis d'oublier les soucis de la vie quotidienne et de se divertir. Des bouffons nus chantaient des chants obscènes ou contaient des histoires salaces et absurdes. Selon W.G. Archer, ce divertissement qui tournait en dérision toutes les règles de conduite et les tabous tribaux permettait aux Santhal d'exorciser leurs phantasmes sexuels. Mais ces grandes chasses ont pratiquement disparu, en raison de l'élimination graduelle des forêts.

La fumée bleutée des feux de bois allumés par les femmes préparant le repas du soir se mêle à la poussière grisâtre soulevée par les hommes et les buffles rentrant des champs à pas lents, et s'attarde au-dessus du village en volutes paresseuses. Des paysans s'assoient sous leurs vérandas et fument des pipes en terre emplies d'un tabac au gout âcre. D'autres mâchent du tabac à chiquer contenu dans des petites boîtes cylindriques, qu'ils se passent de main en main.

Un groupe de jeunes paysans m'entoure et me pose de nombreuses questions sur mes origines et les raisons de ma visite dans leur village. La plupart sont vêtus d'un dhoti blanc noué autour de la taille et ont le torse nu en raison de la chaleur oppressante. Ils portent tous des points (variant de un à cinq) tatoués sur l'avant-bras gauche ; ces points indiquent, selon Andreas, qu'ils sont santhal.

– D'après leurs croyances, un garçon non tatoué sera puni dans l'autre monde. Il sera contraint de porter une chenille grosse comme un tronc d'arbre.

Les tatouages bleus des femmes qui recouvrent leur poitrine et leurs avant-bras sont beaucoup plus beaux et complexes que ceux des hommes.

Je réponds de mon mieux aux questions des villageois et les interroge à mon tour sur leur travail, leur perception du monde extérieur. La plupart ont des champs qui ne produisent qu'une récolte de riz par an. Ils cultivent en outre des lentilles, des légumes et du millet mais sont contraints de travailler sur les terres des propriétaires non santhal pour pouvoir survivre. Ils se plaignent amèrement de la rapacité des propriétaires qui sont aussi souvent des usuriers. Pour illustrer leur haine et leur mépris envers leurs exploiteurs, Andreas me cite une métaphore fréquemment utilisée par les villageois lorsqu'ils veulent indiquer qu'ils vont déféquer : « Je vais rembourser l'usurier... »

Andreas estime que les villageois ne comprennent pas encore la valeur de l'éducation. Un seul garçon à Dhanala est diplômé et a l'intention de poursuivre ses études. Très peu de Santhal tentent de trouver du travail à l'extérieur du village durant la morte-saison. Malgré les conditions économiques parfois précaires qui règnent ici, les habitants ne semblent éprouver aucun désir de quitter leur univers familier et sécurisant. Mais, pour quiconque connaît les ghettos industriels sordides de Bokaro et Dhanbad, où les adivasi vivent dans des conditions de promiscuité effroyables, une telle attitude est aisément compréhensible.

Andreas m'invite à partager son dîner. Celui-ci consiste en riz cuit à l'étuvée, servi avec un curry de légumes que nous mangeons assis en tailleur sur le sol. Le repas est arrosé de *handi,* bière de riz préparée à partir de riz bouilli qu'on laisse fermenter pendant trois ou cinq jours.

Je suis réveillé le lendemain matin par le martèlement sourd du *dekkhi* (pilon actionné au pied) utilisé par les femmes pour broyer le riz et le réduire en poudre. Les Santhal se lèvent dès l'aube, les femmes les premières, pour préparer le repas du matin. Le riz de la veille est salé puis réchauffé dans l'âtre, avant d'être servi. Une routine quotidienne s'instaure, ponctuée par les repas, le départ des hommes pour les champs et leur retour.

Pendant la saison des pluies, les hommes passent la majeure partie de la journée à l'extérieur. Ils préparent la terre, labourent les champs, irriguent soigneusement les rizières, réparent les diguettes de boue, surveillent attentivement le niveau de l'eau et installent les nasses de bambou pour attraper des poissons dans les champs inondés. Leurs instruments aratoires, fabriqués localement, sont des plus primitifs. Une araire de bois qui ne fait que gratter la surface du sol, une houe, une bêche, une planche de bois pour niveler la surface du champ, des haches, quelques paniers.

Les hommes ont également pour tâche de défricher la forêt et de prendre soin du cheptel domestique, dont les enfants s'occupent aussi.

Quant aux femmes, elles vont puiser de l'eau, lavent les vêtements, font la cuisine, nettoient les pièces et la cour et s'occupent du jardin potager situé derrière les maisons. Elles vont également en bandes dans la forêt pour couper du bois, ramasser des racines, des baies sauvages.

Les contes populaires reflètent cette répartition des activités. Dans l'un d'eux, un couple se querelle. Le mari prétend travailler davantage que sa femme. Elle lui demande alors d'énumérer les tâches qu'il a accomplies pendant la journée : mais il ne peut en trouver que six, alors que son épouse en a accompli quinze. Après avoir admis son erreur, conclut l'histoire, le mari devint « docile comme un chien » (6)...

La coopération entre paysans représente un aspect très important de l'agriculture « tribale ». De nombreux travaux sont effectués en commun par les villageois santhal, lors de la transplantation du riz par exemple. On peut alors voir dans les rizières submergées de longues files de paysans travaillant et chantant en chœur. Les enfants font paître ensemble le bétail, dans les prés ou les terrains situés à la lisière du village ou de la forêt. Les villageois non seulement travaillent dans les champs à tour de rôle, lors de la transplantation ou de la moisson, mais s'empruntent mutuellement des outils, une paire de bœufs, des semences ou des engrais.

La saison agricole commence généralement vers *Baisakh* — aux alentours de la mi-mai — à l'époque des semailles des récoltes *kharif*. Ces récoltes de riz et de céréales seront moissonnées en novembre. La récolte *kharif* (récolte d'été) est la plus importante de l'année. La plupart des adivasi qui vivent une partie de l'année à l'extérieur du village en quête d'emplois temporaires retournent chez eux à l'occasion des semailles.

Après avoir réparé leurs instruments de travail, rendu hommage aux araires, aux bœufs et aux dieux présidant aux récoltes, les paysans commencent à labourer. Puis, après un second labour qui suit immédiatement les premières pluies de mousson en juin, on procède aux semailles proprement dites. La transplantation des pousses de riz – principale culture en pays santhal – a lieu aux alentours de la mi-juillet, début août.

Les champs doivent être régulièrement désherbés, protégés contre les insectes, les oiseaux et les esprits maléfiques ; ceux-ci sont écartés par des pratiques magiques.

Les récoltes sont moissonnées vers la fin octobre, début novembre. Une *puja* (offrande rituelle) est alors célébrée en l'honneur des dieux, avant que le grain ne soit stocké dans de grands paniers.

Les paysans fortunés qui disposent de moyens d'irrigation durant la saison sèche plantent une seconde récolte *(rabi)* de riz sur leurs terres, qui sera moissonnée en mars. Les paysans pauvres plantent des lentilles, des légumes. Quant aux plus pauvres, aux villageois sans terre, ils émigrent vers les centres industriels pour tenter d'y trouver de l'embauche. Cette migration saisonnière est un phénomène récent, confiné à certains villages santhal, plus proches des villes, et n'affecte pas encore ceux qui sont situés à l'intérieur des terres.

Lors de nos promenades à travers le village, Andreas m'a indiqué d'un air désapprobateur les deux endroits les plus sacrés des « païens » santhal. Le *Manjhitan,* dédié à Manjhi Haram (l'esprit tutélaire du chef traditionnel), est situé au cœur du village, face à la maison du *Manjhi.* Au centre d'une plate-forme de boue séchée se dresse un poteau à la base duquel sont placées deux larges pierres. Au nord du village, le *Jaherthan* (bosquet sacré), constitue un reliquat de la forêt originelle où les Santhal vivaient autrefois. Les principaux esprits du panthéon santhal sont censés y séjourner. Thakur Jia, le créateur de toutes choses et Sin Cando, le dieu soleil qui résident dans un Olympe indéterminé, sont des divinités bienveillantes qui interfèrent rarement dans le monde des hommes et n'exigent que des offrandes symboliques. En revanche les *Bonga* (esprits), qui hantent le village et ses alentours, réclament de fréquents sacrifices.

On distingue près de 165 types de *Bonga* divisés en dix catégories. Certains sont de nature bienveillante et enclins à promouvoir le bien-être des individus, du clan ou de la tribu. D'autres, en revanche, sont foncièrement hostiles et prêts à utiliser le moindre prétexte pour exercer leur vengeance. Les *Bonga* sont très susceptibles et doivent recevoir constamment des offrandes et des sacrifices. Ils sont excessivement conscients de leurs droits et de leur statut. Malheur au Santhal qui néglige ses devoirs envers les différentes catégories de *Bonga,* les ignore ou leur désobéit !

Selon Archer, les *Bonga* vivent dans trois royaumes distincts : « Le premier est une réplique souterraine du monde des vivants. Le deuxième est le royaume des morts situé dans le ciel au-dessus du village. Après sa mort, le défunt devient un *Bonga* ancestral ou *Hapram* et vit dans cette région. Mais le territoire *Bonga* le plus important n'est autre que le village — ses champs et ses maisons, ses arbres, ses collines, ses rocs et l'air lui-même. Dans ces lieux résident les *Sima* ou *Bonga* des frontières, les *Bir* ou *Bonga* des forêts, les *Dadi* ou *Bonga* des sources, les *Khuntut* ou *Bonga* des souches. En outre, dans le village, chaque demeure abrite un *Orak* ou esprit de la maison » (7).

Ce monde des esprits se distingue difficilement du monde des vivants, ainsi qu'en témoigne maint conte populaire. En voici un, rapporté par Archer :

« Un professeur de musique se rendit au pays des *Bonga.* A son retour, sa femme le pressa de questions pour savoir à quoi ressemblait ce pays mythique.

— A quoi ressemble le pays des *Bonga?*

— C'est le même pays que le nôtre.

— Que mangent-ils et que boivent-ils ?

— La même chose que nous.

— Ont-ils aussi du riz et des lentilles ?

— Oui, ils les prennent dans nos champs.

— Alors en quoi diffèrent-ils de nous ?

— Il n'y a pratiquement aucune différence. Les deux pays sont les mêmes. Les champs sont cultivés de la même manière. Les hommes sont de petite taille et les femmes ont des cheveux longs. La plupart des hommes relèvent leurs cheveux en un chignon noué sur le haut du crâne. Ils portent les mêmes vêtements que nous. Ils utilisent des serpents comme sièges et les serpents ne peuvent leur faire de mal. Les pieds des garçons et des filles *bonga* sont tournés vers l'arrière. Quand on va dans leur pays pour la première fois c'est comme si on pénétrait dans une grotte. Après avoir traversé cette grotte, leur pays ressemble à celui des hommes » (8).

Chaque maison du village possède une niche où résident les *Abge Bonga* du sous-clan auquel la famille est affiliée. Ces *Abge Bonga* sont les dieux Lares du foyer, qu'ils protègent en cas de danger. Le nom de ces esprits, que seul le chef de famille connaît, doit demeurer secret. Sur son lit de mort, ce dernier révélera leur nom à son fils aîné.

Si les *Abge Bonga* protègent les Santhal individuellement, les *Bonga* résidant dans le *Jaherthan* assurent le bien-être de l'ensemble des clans formant la « tribu », à condition bien sûr qu'on les honore comme il se doit. Le plus puissant de ces protecteurs tutélaires est *Maran Buru* (la grande montagne), considéré par les Santhal comme un grand-père affectueux et bienveillant. Le second *Bonga* du Jaherthan est *Moreko Turuiko* (signifiant littéralement « cinq-six »), censé représenter cinq frères mariés à six sœurs, selon certaines interprétations. Le dernier *Bonga* de cette triade est *Jaher Era,* « la dame du bosquet sacré » invoquée pour assurer de bonnes récoltes et maintenir les hommes et les animaux en bonne santé. Trois arbres représentent ces trois divinités. Au pied de chacun d'eux, une pierre sur laquelle sont accomplis les sacrifices symbolise le *Bonga.* Trois autres *Bonga,* Gosae Era, Pargana Bonga et Manjhi Haram résident également dans le *Jaherthan,* et sont généralement associés au culte des *Bonga* principaux, honorés lors des fêtes les plus importantes.

Parmi les *Bonga* malveillants figurent les époux *Bonga* des sorcières, les *Bonga* anonymes qui sont la cause de maladies, les *Bonga* des forêts, ceux des maisons. Le *Sima Bonga* incite les léopards à attaquer les villageois, et le *Rongo Ruji Bonga,* décrit comme une jeune nymphomane, empêche les chasseurs de capturer du gibier...

Aucun acte accompli par un Santhal n'échappe à l'attention vigilante des *Bonga*. Ce monde invisible des esprits est aussi réel, pour un Santhal, que le monde visible et gouverne chaque acte de sa vie. Le Santhal doit démontrer à tout moment son respect pour les esprits. Lors de la fête de la moisson *(Sohrae)*, chaque famille sacrifie un cochon aux *Abge Bonga*. Chaque fois qu'un Santhal boit une coupe d'alcool de riz, il en verse quelques gouttes pour honorer Maran Buru. Au moment des repas, un peu de nourriture est mise de côté pour les *Bonga* de la maison et les *Bonga* ancestraux. Lors de chaque fête, le village rend collectivement hommage aux *Bonga*, pour apaiser la colère des esprits malveillants et s'assurer le concours des esprits bienveillants. De même, après chaque naissance ou chaque mort, ou lorsqu'un (ou une) Santhal a eu des relations sexuelles proscrites par la coutume, des rituels de purification doivent avoir lieu.

Parmi les tabous concernant les relations sexuelles avec diverses catégories de personnes, l'un des plus stricts, puni généralement par l'expulsion du coupable hors du village, est celui concernant les rapports d'un (ou d'une Santhal) avec une personne étrangère à l'ethnie. Durant cette période de pollution, le village cesse de jouir de la protection des *Bonga*. Les rituels de purification permettent donc de rétablir une relation privilégiée avec le monde des esprits.

Les invocations adressées lors des sacrifices et des fêtes rituelles témoignent de la familiarité des rapports des Santhal avec leurs *Bonga*. Lorsque les semences de riz sont plantées en juillet, le *naek* (prêtre santhal) se rend dans le *Jaherthan* et sacrifie des poulets aux principaux *Bonga*. Il répète à chaque fois l'invocation suivante :

– Accepte cette offrande pour la fête d'Erok. Partout où nous semons, que douze pousses de riz croissent. Que la pluie et l'orage viennent. Que les champs soient inondés. Que personne ne souffre de maladies, de maux d'estomac ou de maux de tête.

Emporte toutes les maladies. Emporte-les liées à un poteau d'or. Emmène-les attachées avec des ficelles d'or... Préserve-nous de tout danger. Que le bétail puisse brouter où il le désire. Protège-les avec ton capuchon » (9).

Lors du festival de *Janthar* qui a lieu en octobre, un porc et les premiers fruits sont offerts à *Pargana Bonga* en ces termes :

— Accepte ce porc... lorsque nous récolterons le riz décortiqué et le séparerons de l'ivraie, augmentes-en la quantité. Accrois la part des *Bonga*. S'il y a des rats et des souris, empêche-les de manger cette récolte » (10)...

« De l'étang
« Deux jeunes filles *Bonga* sont venues
« Et nous ont appris
« L'art de la magie. »

Selon une légende populaire, les *Bonga* auraient enseigné l'art de la danse et du chant aux Santhal, réputés pour la complexité de leurs danses et pour la poésie de leurs chansons. Jamini Roy, le grand peintre bengali, a dépeint la grâce sensuelle des femmes santhal au corps ondoyant sous le rythme forcené des tambours.

Andreas m'annonce en rentrant de l'école qu'il y aura danse au village ce soir. Je lui demande en plaisantant s'il prendra part à ces festivités « païennes ». Il me répond avec véhémence :

— Bien sûr. Les catholiques ne sont pas aussi puritains sur ce chapitre que les protestants. Nous pouvons participer à certaines danses et fêtes qui ne sont pas jugées obscènes ou contraires à la morale chrétienne.

Pour la majorité des Santhal, avides de *raska* (le plaisir sous toutes ses formes), la morale chrétienne semble incompréhensible, et la vie des Santhal convertis leur apparaît terne et sans attraits. Que serait leur existence sans l'alcool, la danse et les fêtes ?

Après le repas du soir, hommes et femmes commencent à

s'assembler près du *Manjhithan.* La rue baigne dans la lumière blanchâtre de la pleine lune. Mais le roulement sourd des tambours couvre soudain le brouhaha des voix. De jeunes musiciens débouchent tout à coup d'une allée, suivis d'une horde d'enfants qui imitent leurs gestes. Dès leur plus tendre enfance, garçons et filles se joignent aux danses. Les Santhal ont plus d'une trentaine de danses différentes, auxquelles hommes et femmes participent simultanément. Les musiciens utilisent deux types de tambours : le *tamak* est un tambour de fer rond alors que le *tumdak,* fait de terre cuite, est de forme conique. Ils sont recouverts de peau de chèvre et de peau de buffle. Le rythme de la danse est donné par le *tumdak* sur lequel les joueurs frappent avec leurs doigts.

Les femmes forment une longue ligne courbe face aux musiciens et amorcent une sorte de ronde très lente. Cette danse, appelée *lagre,* est l'une des plus populaires parmi les Santhal. Entrecoupée de chants, elle se poursuit à un rythme de plus en plus rapide. Les danseuses aux mouvements lents et hiératiques se meuvent comme des automates. Seules leurs fesses et leurs hanches, qui semblent indépendantes de leurs corps, vibrent au rythme des tambours. Les hommes, en revanche, apparaissent comme possédés. Ils jettent leurs tambours en l'air, roulent sur le sol tout en continuant à les frapper. D'autres, jouant de la flûte, tentent d'attirer l'attention des filles qui affectent l'indifférence et poursuivent leur ronde, ignorant les poses comiques et les espiègleries des garçons. Le rythme devient de plus en plus frénétique et les femmes, abandonnant leur lente ondulation et leur calme olympien, martèlent le sol de leurs pieds en imitant les mouvements saccadés et félins des joueurs de tambour qui bondissent autour d'elles. Sur un dernier roulement de tambour, les danseurs s'arrêtent, essoufflés, hilares.

Mais après un entracte, mis à profit par les hommes pour vider de nombreuses coupes de *handi,* les danses reprennent. Les femmes à la peau sombre, couleur d'ébène, sont étrangement belles dans leurs amples vêtements blancs drapés comme des toges. Tout en dansant elles entonnent un couplet de leurs voix aiguës. Je demande à Andreas de me traduire les paroles de leur chant. Il semble embarrassé et prétend ne pas pouvoir rendre la chanson avec fidélité. Puis, devant mon insistance il finit par s'y résoudre et par me proposer cette traduction énigmatique :

« Il y a dix joueurs de tambour
« Et vingt filles.
« L'aire de danse est grande et large.
« Ne me provoque pas, ô joueur de tambour,
« Sinon je te ferai boire
« Une rivière pleine d'eau. »

Comme je ne saisis pas très bien le sens du dernier vers, je lui demande de me l'expliquer. L'air confus, il me dit que « boire une rivière pleine d'eau » signifie faire l'amour. Archer cite de nombreux exemples de ces expressions à double sens utilisées dans les couplets chantés lors des danses. Dans ce langage codé, « quémander de l'eau », « ramasser du coton sur une colline », « perdre un anneau » signifient faire l'amour ; « faire tomber un citron » veut dire provoquer une grossesse non souhaitée ; « décocher une flèche », « grimper à un figuier », séduire.

« Singe, tu t'élançais de branche en branche,
« Et errais d'un endroit à l'autre.
« Fais attention, singe,
« Sinon le citron tombera de l'arbre.

« Mère,
« Sur la petite colline
« Je ramassais du coton
« Et mon anneau
« A glissé de mon doigt. »

Les poètes et écrivains indiens contemporains, en révolte contre l'atmosphère puritaine de leur société, ont été émerveillés par la nature passionnée des chants et poèmes santhal, célébrant sans la moindre inhibition la beauté des corps et l'extase de l'union sexuelle. La simplicité et le naturel de ces chants d'amour leur rappelaient l'Inde ancienne, les poèmes érotiques de Kalidasa et de Jayadeva.

« Ô mon amour, ton corps est comme une mangue
« Et tes seins,
« Sont les fruits encore verts d'un *bel* (11).
« Ô mon amour,
« Laissez-moi les prendre pour la première fois,
« Et les embrasser avec ma bouche. »

« Phudan, mon sexe
« Est une petite pousse de bambou
« Et ma taille
« Est le bourgeon d'un bananier.
« Phudan, laisse-moi partir,
« Je ne suis pas encore mûre pour l'amour. »

« Son clitoris était dans la rizière
« Et son pubis était comme la poitrine d'une colombe.
« Elle lui ouvrit ses cuisses
« Semblables aux cornes d'un jeune buffle. »

Un mythe santhal, relatant l'origine du clitoris, témoigne non seulement de la liberté de mœurs de ces adivasi mais également de la richesse d'imagination des conteurs populaires :

« Autrefois, lorsque les garçons allaient se baigner, ils enlevaient leur moustache, leur barbe, leurs cheveux et leur pénis avant de pénétrer dans l'eau et les laissaient sur la berge. Les filles enlevaient également leur vagin. Un jour, trois jeunes filles se baignaient lorsqu'un chacal survint. Il s'enfuit avec leurs organes et les dévora. Les jeunes filles sortirent du bain et découvrirent que leurs vagins avaient disparu. Elles pourchassèrent le chacal et rencontrèrent Maran Buru en chemin. Maran Buru rattrapa le chacal et le tua. Il lui ouvrit le ventre et trouva non pas trois mais quatre vagins à l'intérieur. Maran Buru remit leurs vagins aux jeunes filles et leur dit :

« – Que ferais-je du quatrième ? Si je le donne à l'une d'entre vous, elle en aura deux et toutes ses filles naîtront comme elle.

« Il coupa alors le dernier vagin en trois et plaça chaque morceau dans le vagin de chaque fille. Ce morceau devint le clitoris et depuis le vagin possède cet organe » (12).

Un autre conte santhal se rapporte au vagin et au pénis :

« Dans l'ancien temps, les pénis des garçons avaient douze coudées de long et étaient enroulés autour de la taille. Les vagins des filles étaient alors sous leurs aisselles. Un jour une jeune fille était dans sa cour en train de faire frire des fleurs de *mahua* quand un garçon passa par là. Il aperçut son vagin alors qu'elle levait les bras. Le garçon, éperdu de désir, eut une érection et s'arrêta. Il fit passer son pénis à travers l'enclos et pénétra la jeune fille. Celle-ci sursauta au contact du pénis, prit une louche et en assena un grand coup sur la " chose ". Le garçon eut une grimace de souffrance et s'enfuit tenant son pénis comme une corde. Fou de douleur, il se rendit çà et là, sans savoir où il allait. Si une souris traversait son chemin, il la piétinait. Il tua ainsi des souris en si grand nombre qu'elles auraient pu remplir douze paniers. Alors les souris terrorisées se précipitèrent chez Cando. Lorsque celui-ci apprit ces faits, il en fut peiné.

« – Si les hommes agissent ainsi, ils ne feront jamais rien de bon, déclara-t-il.

« Il convoqua donc tous les animaux. Ceux-ci décidèrent que le pénis de l'homme devait être raccourci. Il continuerait à mesurer douze coudées, mais ce seraient des coudées de souris. Une souris se mit alors à l'œuvre. Lorsqu'elle eut mesuré douze coudées avec sa patte de devant, elle commença à ronger le pénis. Lorsqu'elle eut fini sa tâche, un lézard hocha la tête et lui dit :

« – Ne ronge pas plus. Que l'extrémité de son pénis soit semblable à ma tête !

« Ils le laissèrent ainsi. Depuis lors, chaque fois que le pénis d'un homme est en érection, il hoche la tête comme un lézard. Cando déplaça aussi l'organe sexuel de la femme de son aisselle à la fourche de ses cuisses » (13).

Si les Santhal peuvent s'exprimer de manière très libre dans leurs chansons d'amour, ces dernières peuvent également refléter la tendresse, la délicatesse des sentiments et un extrême raffinement. Du reste, Archer établit une distinction entre les « chansons des forêts », utilisant des images sexuelles assez crues, et celles qui sont chantées en public lors des fêtes ou des mariages. Ces dernières ont recours à une abondance de symboles empruntés à la nature — fleurs, fruits, oiseaux, pluie, orage — pour décrire les sentiments amoureux, l'union d'un couple, la souffrance de la séparation avec le bien-aimé.

Nombreuses sont ces chansons, qui soulignent le caractère transitoire des amours adolescentes :

« Sous un arbre près du rocher,

« Nous avons étendu une étoffe et nous nous sommes possédés.

« Ô, garçon ! Cet amour ne durera peut-être qu'un moment,

« Ne sera peut-être que celui d'un jour. »

Lors du mariage, les amoureux doivent se quitter et accepter l'époux ou l'épouse choisi par leurs parents. Cette séparation inévitable est chantée par des poètes anonymes dans des compositions particulièrement émouvantes :

« Comme une plante grimpante qui s'affaisse
« Ou l'eau qui s'échappe d'une coupe,
« Mon ami soudain est parti.
« Qu'allons-nous faire de ces amours d'adolescents ?
« Une rafale de vent déchire les feuilles du bananier
« Et les amants sont séparés. »

Certains amoureux se rebellent contre leur sort et décident de demeurer ensemble malgré tout. Ne pouvant braver la colère de leurs parents, ils fuient alors le village pour aller s'établir ailleurs, préférant l'incertitude de la vie en commun dans un lointain pays à la séparation :

« Ô mon amour,
« La poussière s'accumule sur la terre
« Le ciel est brûlant et rouge,
« Emmène-moi vers un autre pays.

« Charge du riz,
« Ô mon amour,
« Sur un bœuf à la longue queue touffue
« Et emmène-moi vers un autre pays.
« Dans les hautes terres les nuages se sont amoncelés,
« Et l'orage s'annonce.
« Ô fille à la peau sombre,
« Nous prendrons une feuille de palmier
« Et arrêterons le vent et la pluie » (14).

Tard dans la nuit, les danses se prolongeront. Inlassablement, les femmes tisseront de leurs pieds agiles la trame complexe du *lagre* ; presque jusqu'à l'aurore, leurs couplets mélodieux répondront au son rauque des tambours. La fête à Dhanala ? Sans doute – mais cette brève parenthèse dans la routine d'une existence particulièrement dure ne doit pas nous tromper. Certes, les Santhal ont su préserver dans leur vie quotidienne le goût du plaisir et un sens inné de la poésie. Mais demain, lorsque j'aurai quitté Dhanala et ses villageois probablement épuisés par leur nuit de réjouissances, alors que mon voyage continuera, le travail, la misère, l'exploitation régneront de nouveau sur la « colline des flûtes ». Vie facile, que celle des adivasi ? Il vaudrait mieux, sans doute, ne pas se faire trop d'illusions...

IV. Retour aux Muria

Lorsque le passager indien assis à mes côtés apprend que je me rends dans le pays Muria, situé au pied des monts Abujhmar, il m'interroge d'un air égrillard :

– Les femmes, là-bas, sont-elles complètement nues... ou à moitié seulement ?

L'autobus vétuste s'arrête soudain, dans un grincement de freins, au bord de la petite route sinuant au cœur de la jungle en direction de Jagdalpur, capitale du district du Bastar. Une tache sombre apparaît dans la lueur des phares.

– *Sher ! Sher ! (Un tigre)* s'écrient en chœur les passagers.

Il s'agit en fait d'une vulgaire hyène qui détale peureusement dans la forêt. Mon voisin, excité comme les autres voyageurs par cette apparition fugace d'un grand fauve, est persuadé, malgré mes commentaires sarcastiques, qu'il s'agit d'un tigre ou au moins d'une panthère. Ses connaissances des peuples aborigènes vivant dans les plaines fertiles ou les jungles denses du district semblent aussi imprécises et rudimentaires que ses notions sur la faune qui hante ces lieux. Les adivasi sont encore pour lui, comme pour bon nombre d'hindous, des sauvages à la peau foncée et à l'aspect repoussant, vivant dans les forêts. L'association des adivasi avec les forêts lui semble d'ailleurs tellement naturelle qu'il me demande, après avoir appris qu'il existe des bois en France :

– Alors vous devez avoir, vous aussi, des tribus ?

Le district du Bastar, grand comme la Belgique, est un plateau vallonné situé à l'extrême sud de l'État du Madhya Pradesh. Malgré l'afflux d'immigrants, venus d'autres parties de l'État, qui se sont installés dans les villes et dans les rares centres industriels, les adivasi constituent encore la majorité de la population. La plupart des groupes ethniques recensés sont rattachés à l'ethnie Gond, l'une des plus importantes de l'Inde puisqu'elle comprend près de quatre millions de personnes.

Ancien État princier fondé au XVe siècle par Annam Deo, descendant des Chalukya de Warangal, le Bastar fut rattaché à l'Union indienne en 1947.

L'un des passagers de mon bus, vieil aide-comptable bengali du *South Eastern Railway* (1), se remémore l'époque où le Bastar était encore le fief du Maharajah :

— Jagdalpur était alors une ville très « arriérée », et le Bastar un État féodal, bien que les Britanniques aient tenté de corriger certains abus. Avant leur arrivée, les adivasi étaient corvéables à merci et devaient payer toutes sortes de taxes. Des fonctionnaires montés à dos d'éléphant se rendaient dans les régions tribales les plus reculées pour y percevoir l'impôt. Chaque fois que le Maharajah faisait construire un temple ou un *math* (monastère), achetait un nouvel éléphant ou avait besoin d'argent pour un mariage princier, il envoyait ses percepteurs en tournée dans les villages. Les familles aristocratiques et les propriétaires terriens levaient également leurs propres impôts.

« Incapable de contrôler les aborigènes, la famille princière fit venir des immigrants hindous de haute caste du nord de l'Inde pour gérer l'administration. Ces colons reçurent des terres tribales en fief ou les acquirent à bas prix. Ils dominèrent bientôt l'économie du Bastar et contribuèrent à l'appauvrissement des adivasi.

« Les Britanniques durent intervenir à plusieurs reprises pour réprimer les révoltes populaires provoquées par cette oppression. Malgré le rôle peu glorieux joué par sa famille dans cette exploitation massive, le dernier Maharajah, refusant d'accepter l'accession de son État à l'Union indienne en 1947, tenta d'utiliser le prestige de son nom pour rallier les adivasi à sa cause. Son parti, l'*Adivasi Seva Dal*, qui militait pour la défense des intérêts tribaux et l'indépendance du Bastar, jouit d'un réel support populaire mais fut dissous après la mort du Maharajah, abattu par la police dans son palais après les émeutes sanglantes de Jagdalpur en 1965... »

Mon voisin conclut sa tirade alors que nous approchons de Jagdalpur, située sur les bords de l'Indrawati dont les eaux, nourries par les pluies de mousson, commencent à déborder dans la plaine :

— Jagdalpur est aujourd'hui en pleine expansion. C'est une ville cosmopolite où l'on rencontre des gens venus de toute l'Inde !

Mais les seuls monuments de cette petite agglomération somnolente sont l'imposant palais du Maharajah, entouré d'un haut mur d'enceinte, et le temple de Danteshwari, divinité protectrice des souverains du Bastar. Autrefois, lors des fêtes de *Dussehra*, d'immenses chariots promenaient les idoles de Danteshwari et Mawla, somptueusement parées, à travers les rues de la ville en liesse. Ces fêtes ont perdu quelque peu de leur éclat depuis l'Indépendance et les chariots pourrissent lentement sous les pluies de mousson, en dehors du sanctuaire décrépit.

Hormis les vestiges de ce passé princier, Jagdalpur offre le profil lisse et anonyme de ces chefs-lieux de district créés par les Britanniques au XIXe siècle. Seuls les adivasi qui viennent chaque jour de villages proches, pour vendre les fruits et les légumes, apportent quelque couleur dans les rues grises du bazar, dont les échoppes regorgent de denrées inaccessibles aux aborigènes. Dans cette ville de boutiquiers et de bureaucrates, je n'ai pas remarqué une seule librairie, ce qui en dit long sur le niveau culturel de cette « cité-modèle ».

M. Misra, fonctionnaire chargé du développement des zones tribales du district, est un homme très occupé. Le ministre des Affaires tribales du Madhya Pradesh doit effectuer une tournée au Bastar dans quelques jours. Les bureaux du département des

Affaires tribales, situés dans une aile de la Préfecture de Jagdalpur, ressemblent à une fourmilière. Le long des couloirs aux murs lézardés, dont la peinture jaunâtre s'écaille par plaques, des huissiers trottinent, chargés de piles de dossiers. Après quelques minutes d'entretien, le *Deputy Director* me remet un rapport préparé pour une commission parlementaire enquêtant sur la condition des adivasi dans la région.

— Vous y trouverez la réponse à toutes vos questions, dit-il d'un air affable mais avec un rien d'impatience dans la voix.

Cet ancien étudiant en sociologie professe une grande admiration pour Verrier Elwin — l'un des fondateurs de l'ethnologie en Inde — et pour son étude magistrale sur les *ghotul* (dortoirs mixtes) muria. Ses jugements péremptoires sur la sexualité chez les Muria témoignent cependant d'un puritanisme bien typique de la classe moyenne indienne. Après avoir admis que l'on ne pouvait utiliser nos propres critères moraux pour évaluer des institutions étrangères à notre société, il me déclare :

— Les Muria n'étaient pas très romantiques. L'amour ne signifiait rien pour eux. Ils s'accouplaient comme des bêtes.

Selon lui, les *ghotul* étaient des institutions « primitives » qui correspondaient à une certaine phase de l'évolution sociale des Muria et semblent donc condamnés à disparaître à plus ou moins brève échéance. Et bien que de nombreux ethnologues aient souligné l'importance fondamentale du *ghotul* dans la société muria, la perspective de sa disparition ne semble guère inquiéter ce partisan du « progrès » qui a la haute main sur le « développement » de la région.

Parmi les nombreux groupes ethniques du Bastar, les Muria et les « Maria à cornes de bison » sont les plus importants. Ces deux groupes, ainsi que les « Maria des Monts », vivant au cœur des jungles denses des monts Abujhmar, et les Rajah Muria de Jagdalpur, sont tous des Gond, bien qu'ils aient été recensés sous des noms différents. Ils parlent le gondi, l'hindi (ou sa variante locale appelée le chattisgarhi) ou encore l'halbi, langue maternelle des Halba et *lingua franca* des adivasi du Bastar.

Les Halba, quant à eux, forment un groupe très hindouisé, descendant des colons militaires établis par le Maharajah dans tout l'État au XIXe siècle.

Les Muria, qui sont environ deux cent mille, sont rattachés au groupe proto-australoïde. Ils sont généralement de petite taille, ont un visage large, un nez aplati, des lèvres épaisses et un teint brun foncé. Les Muria qui ont su préserver le mieux leurs traditions culturelles vivent dans deux *tahsil* (unité administrative) du nord Bastar, ceux de Kondagaon et de Narayanpur.

Un colonel britannique, relatant à la fin du siècle dernier la rébellion tribale du Bastar, parle des forêts denses situées de part et d'autre de la piste qui relie Jagdalpur à Kondagaon. La piste est devenue aujourd'hui un mince ruban d'asphalte, mais les forêts ont disparu, cédant la place à des rizières qui s'étendent à perte de vue. Après Khondagaon, gros bourg en pleine expansion, la route oblique vers l'ouest. Le paysage devient plus vallonné, plus riant.

Narayanpur, chef-lieu du *tahsil* du même nom et « capitale » des Muria, est située au cœur d'une plaine fertile. A première vue, la ville ressemble à un bol dont les collines boisées, aux formes arrondies, qui la ceinturent, formeraient les rebords. Les quelques échoppes situées de part et d'autre de la longue rue qui traverse l'agglomération constituent le centre commercial de cette petite bourgade assoupie qui s'anime seulement les jours de marché, ou lors de la foire annuelle au cours de laquelle les dieux des divers clans muria et maria sont portés en procession solennelle du temple de Danteshwari jusqu'au champ de foire. Des groupes de musiciens accompagnent cette procession, ainsi que des médiums qui entrent en transe, bondissent en l'air ou se roulent sur le sol, possédés par les divinités. A la fin de la cérémonie, celles-ci sont baignées dans l'étang couvert de lotus situé à l'entrée de Narayanpur, ointes d'huile et ramenées dans le temple de Danteshwari où elles sont à nouveau ornées de guirlandes de fleurs et honorées.

La *Rest House* de Narayanpur, vieux bungalow colonial, est

située à l'écart du bazar. Cette oasis de calme est devenue aujourd'hui le centre d'activités fébriles. Tout le ban et l'arrière-ban des fonctionnaires locaux y ont été convoqués pour un entretien avec le ministre des Affaires tribales, qui doit s'arrêter une heure avant de repartir pour Jagdalpur. Chaque fonctionnaire tente alors de glisser un mot au *Deputy Director* pour qu'il appuie sa demande de transfert ou de promotion. Tous ces hommes d'âge mûr semblent aujourd'hui bien nerveux, mais leur nervosité est compréhensible car le ministre, appartenant à l'ethnie bhattra (groupe très hindouisé de la région de Jagdalpur), a la réputation d'être un homme irascible et vindicatif.

Après le départ du ministre, j'échange quelques mots avec Thakur, le *Sub-divisional Officer* (fonctionnaire chargé de l'administration du *tahsil*), qui m'invite à venir lui rendre visite dans la soirée. Thakur est un homme de taille moyenne, corpulent et presque chauve, au visage en demi-lune. Nous sommes assis dans son jardin situé devant le modeste bungalow qu'il occupe avec sa famille. Il baisse la voix pour me confier, comme un criminel avouant un forfait commis dans sa jeunesse, qu'il est adivasi.

— Je suis moi-même d'origine tribale. Le premier adivasi du nord du Bastar à avoir obtenu une licence en droit et une maîtrise de lettres. La plupart de mes collègues ne connaissent pas mes origines et je me garde d'en faire état, car je serais promptement muté dans une région non tribale. Le gouvernement estime qu'un fonctionnaire adivasi risquerait de favoriser les gens de même origine que lui. Mais je me suis efforcé de ne jamais faire de distinction entre mes administrés et de rendre la justice impartialement.

Bien que parlant à mots couverts, Thakur semble outré par l'attitude de ses collègues envers les gens de son peuple, par le mépris qu'ils témoignent constamment à l'égard des adivasi. Il me cite même Rousseau, « un grand philosophe dont les idéaux humanitaires devraient inspirer les officiels et modeler leur attitude envers leurs frères moins favorisés », avant de me conter une anecdote révélatrice de l'ignorance des bureaucrates.

— Figurez-vous que j'ai rencontré, récemment, un très haut fonctionnaire de l'État du Madhya Pradesh : il a refusé de me croire lorsque je lui ai révélé mes origines — car je parlais anglais. La plupart des fonctionnaires en poste dans les zones tribales n'y restent pas suffisamment longtemps. Ils ne parlent généralement pas les dialectes locaux et n'ont pas le temps de connaître la région et les problèmes de leurs administrés. Depuis trois ans et demi que je suis en poste à Narayanpur, je me suis efforcé de défendre les adivasi contre les exploiteurs, de mettre en œuvre certains projets de développement qui leur bénéficieront. Ils sont conscients de mon soutien et des affinités que nous possédons. Mais je viens d'être muté dans une région située à plusieurs centaines de kilomètres d'ici. Tous les progrès accomplis risquent d'être réduits à néant après mon départ.

Le directeur de l'école secondaire de Narayanpur arrive sur ces entrefaites et interrompt notre entretien. Ce pédagogue insupportable, pompeux et grandiloquent, me porte sur les nerfs. Il ne cesse de nous infliger des sermons fourmillant de clichés sur le rôle des éducateurs, leur « mission sacrée », leur rude labeur consistant à disséminer la connaissance au sein de populations défavorisées. Il semble manifester un profond mépris pour les adivasi et leur culture. Il mentionne avec une moue de dédain les « mauvaises habitudes » des enfants muria, faisant sans doute allusion à la liberté sexuelle dont jouissent ces adolescents et à leur penchant pour l'alcool. Et il ajoute, d'un air convaincu :

— Grâce au gouvernement indien, ces enfants peuvent maintenant acquérir une culture plus avancée et devenir enfin civilisés.

Ce Brahmane arrogant sait sans doute que le *Sub-divisional Officer* est d'origine adivasi, mais ne manque pas une occasion de souligner les « tares » et le côté « primitif » des coutumes aborigènes.

Le lendemain, voyage à Chhote Dongar, gros bourg situé à une cinquantaine de kilomètres au sud de Narayanpur, d'où je compte pénétrer plus avant dans le pays Muria. A la sortie de la ville, un adivasi arrête notre autobus mais ne sait par quel côté monter. Le chauffeur, impatient, le lui indique après l'avoir injurié en termes obscènes :

– Va de l'autre côté, fils de chienne ! Fils de putain !

Les passagers, qui sont pour la plupart des non-adivasi, s'esclaffent.

La piste chemine à travers des forêts denses couvrant les pentes des collines aux formes arrondies. Les villages sont rares et espacés ; la route, quasiment déserte.

Chhote Dongar, ceinturé de collines, est situé dans un cadre idyllique, au pied des monts Abujhmar. Les maisons de torchis aux toits de chaume ou de tuiles sont séparées par des rizières ou des bosquets de *sal* ou de *mahua*. Une impression d'incroyable douceur et de paix se dégage de ce paysage baignant dans une lumière tamisée.

Dans les rizières submergées, les paysans qui conduisent des paires de bœufs labourent la terre à l'aide d'araires au soc de fer. Selon un ingénieur agronome rencontré à la Rest House, les instruments aratoires utilisés de nos jours ne diffèrent guère de ceux qu'employaient les ancêtres de ces paysans muria il y a des siècles. Les paysans aisés préfèrent cependant les instruments agricoles fabriqués dans les usines, d'une finition supérieure à ceux que produisent les forgerons et menuisiers locaux. On peut trouver aujourd'hui des faucilles, des barres à mine, des haches et des socs dans les foires locales. Les artisans continuent cependant à fabriquer des araires, des charrettes, des timons ou des bêches vendues généralement meilleur marché que les produits manufacturés. Les paysans et paysannes façonnent encore de leurs mains les balanciers utilisés pour le transport des céréales ou des fruits, les paniers et de nombreux pièges destinés à capturer du gibier ou des poissons.

Pour ce peuple d'anciens nomades, la cueillette, la chasse et surtout la pêche permettent de diversifier la monotone nourriture quotidienne, à base de riz, de lentilles et de légumes. Grâce aux pièges ingénieux faits de bambou, placés dans les rivières ou le long des diguettes séparant les rizières, les Muria attrapent une multitude de poissons et d'autres animaux jugés tabous par les hindous orthodoxes, tels que crabes et grenouilles. Un auteur indien doué du sens de l'humour décrit, dans un chapitrre consacré aux Muria, le désespoir des grues et des cigognes friandes de grenouilles, survolant vainement les étangs et lacs du pays muria, vidés de leurs colonies de batraciens par les jeunes adivasi.

Après avoir passé la nuit au village de Chhote Dongar, je me rends le lendemain au marché de Daurai, situé à une quinzaine de kilomètres. Les files de paysans marchant pieds nus sur le bas-côté de la route, la tête courbée sous le poids de lourds paniers, évoquent pour moi ces processions, dépeintes sur les frises des temples, de sujets porteurs d'offrandes allant rendre hommage à leurs souverains. La beauté de leurs costumes, fort succincts, la multitude d'ornements dont les jeunes se parent, leur port superbe et la grâce sensuelle de leurs mouvements rappellent l'Inde ancienne, telle qu'elle nous a été restituée par les sculptures et les œuvres de la littérature sanskrite. La plupart des paysans et paysannes sont des Muria, mais l'on trouve également parmi eux des Halba et des Hill Maria descendus de leurs collines. Les hommes, dont le torse est nu en raison de la chaleur oppressante, sont vêtus d'un *lungi* de coton blanc noué à la taille et remonté jusqu'à mi-cuisse. Ils sont coiffés de volumineux turbans blancs, jaunes ou verts, lardés de peignes, de plumes et de fleurs et entourés de colliers multicolores. Certains portent des boucles d'oreille en or. Les femmes ont des mini-sari blancs qui leur arrivent à la hauteur des genoux. Un pan de ce vêtement recouvre les seins, qui se découvrent au moindre mouvement. Leur chevelure est nouée en un lourd chignon ramassé sur le côté. Outre les peignes de couleurs, les colliers de verre et les fleurs plantées dans leurs cheveux, les jeunes filles et jeunes femmes muria portent de nombreux bijoux autour du cou, des bras, des poignets et des chevilles.

Le marché de Daurai est installé dans une vaste clairière à l'ombre de grands arbres. Lorsque j'y arrive, en début de matinée, une foule dense se presse déjà dans les ruelles étroites bordées d'échoppes, simples constructions de bambou couvertes de chaume. La plupart des acheteurs sont adivasi mais les commerçants, assis en tailleur dans leurs minuscules boutiques, sont originaires du nord du Madhya Pradesh ou d'États contigus. Les étals proposent l'assortiment, habituel en milieu rural indien, de piments rouges, d'étoffes, de bracelets de verre, de mélasse, d'instruments aratoires, de miroirs et d'articles de pacotille. Seuls les champignons frais, les fleurs de *mahua* et les racines ajoutent une note exotique à ce marché villageois typique, où l'on ne trouve ni viande ni volaille, et peu de fruits ou de légumes. Je suis surpris par l'absence d'artisanat. A l'exception de quelques articles de vannerie et de poteries grossières, toutes les marchandises proposées sont des produits manufacturés d'une laideur attristante.

Je remarque quelques échoppes assaillies par les adivasi. Ces derniers versent le contenu de baluchons ou de sacs de jute sur les plateaux d'immenses balances et reçoivent quelques roupies en échange, après la pesée. Un négociant me dit qu'il s'agit de graines de *sal*, utilisées pour la fabrication des chocolats et des bonbons en Inde et en Europe. J'apprendrai par la suite que ces négociants peu scrupuleux, profitant de l'ignorance des adivasi, achètent ces graines et d'autres produits forestiers à des prix dérisoires. Ils offrent trente-cinq paisa (il y a cent paisa dans une roupie) par kilo aux producteurs, pour ces graines revendues quatre à cinq roupies aux fabricants. Le gouvernement a d'ailleurs dû interdire récemment l'abattage des arbres dans le Bastar, en raison du pillage des ressources forestières auquel se livraient les entrepreneurs non adivasi. Selon le système *Malik Makbooja* introduit après l'Indépendance, les adivasi avaient le droit de vendre certains arbres dans des zones réservées. Ces arbres, achetés entre deux et cinq roupies aux aborigènes, étaient revendus entre deux cents et trois cents roupies par les entrepreneurs. Malgré toutes les mesures administratives introduites pour s'assurer que les adivasi reçoivent la majeure partie du produit de la vente, les entrepreneurs, qui étaient de connivence avec les fonctionnaires corrompus (chargés théoriquement de déceler et punir toute transaction frauduleuse), continuèrent à duper impunément les crédules adivasi. Le gouvernement dut finalement, en désespoir de cause, abolir toute coupe.

Quelques femmes muria se sont installées en plein air et proposent aux badauds des poignées de piments rouges, un panier de champignons, une douzaine de bananes et deux ou trois citrouilles. Ces paysannes, qui ont dû faire en moyenne une dizaine de kilomètres pour parvenir à la foire, devront maintenant attendre des heures en plein soleil avant de pouvoir écouler leur maigre stock. Les adivasi, qui ne disposent que de quelques roupies pour faire leurs emplettes, achètent qui une poignée de sel, qui un peigne, un collier ou un *loungi*, avant de repartir pour leurs villages. Un proverbe muria exprime bien le dénuement des adivasi : « Ils étaient si pauvres que même les chiens ne les regardaient pas. » Malgré cette pauvreté évidente, un boutiquier de Benarès, assis au milieu de sari de couleurs criardes, m'affirme :

— Ces adivasi ont l'air de mendiants mais ils sont en fait très riches. Regardez les bijoux qu'ils portent !

En fait, ces « bijoux » sont bien souvent des articles de pacotille, mais ils ont l'air de parures somptueuses sur ces garçons et filles d'une beauté peu commune. Les jeunes filles, surtout, semblent très conscientes de leur charme, même si elles affectent l'indifférence ou la désinvolture. Ces adolescentes à demi nues, aux corps superbes, exprimant une sensualité naïve et franche, semblent parfaitement naturelles et très à l'aise. Elles ne se couvrent les seins que lorsqu'elles sentent un regard masculin trop insistant. Garçons et filles se promènent en groupes rieurs à travers le marché. La terre semble leur appartenir, même s'ils n'ont que quelques piécettes en poche. J'ai l'impression, en contemplant ces adolescents qui incarnent la joie de vivre, de me retrouver plongé des siècles en arrière, de voir soudain s'animer une fresque d'Ajanta, un relief de Konarak, de voir ressuscitée une époque ou la sensualité pouvait librement s'exprimer.

Mais le spectacle de cette beauté ne semble inspirer que dérision ou concuspicence chez les commerçants qui observent d'un œil terne la ronde incessante des jeunes Muria, leur parade amoureuse. L'un d'eux attire mon attention sur une scène étrange. Un vieil homme qui a attrapé un petit serpent lui ouvre la gueule, y met un peu de poudre jaune, crache dans ses mâchoires entrouvertes et le relâche ensuite. Un jeune Muria le prend alors par la queue et le lance sur un groupe de jeunes filles qui se dispersent en poussant des cris d'effroi. L'une d'entre elles, plus courageuse que les autres, l'attrape et le jette sur un autre groupe de Muria. Cette étrange partie de balle déchaîne l'hilarité générale. Une averse providentielle met fin au supplice du serpent ailé qui disparaît dans un bosquet de bambou sans demander son reste.

— Jeux de sauvages ! commente le boutiquier méprisant.

Je suis invité quelques jours plus tard, à Narayanpur, à assister à des jeux plus dignes et plus « civilisés ». Narayanpur et les villages environnants célèbrent, en ce jour du 15 août, les fêtes de l'Indépendance.

Le matin, de bonne heure, je pars en compagnie d'un maître d'école pour Binjili, village muria situé à six kilomètres de la ville. Perchés sur nos lourdes bicyclettes indiennes, nous naviguons d'un bord à l'autre du chemin pour éviter les profondes ornières creusées par les pluies de mousson. Des grues *saru* au collier rouge, en quête de vermisseaux, arpentent élégamment les rizières caressées par les longs cils des palmiers. Dans la plaine inondée de soleil, des paysannes, formant d'interminables lignes sinueuses, transplantent des pousses de riz. Des vols de perruches sillonnent le ciel qui vire au bleu intense. Les collines proches vibrent dans la brume de chaleur...

Binjili, comme la plupart des villages muria, est constitué d'un groupe de hameaux éparpillés dans la nature, et ne semble pas avoir de centre. Cette absence de cohésion confère à ces villages un aspect très aéré. Les maisons spacieuses comprennent un jardin potager et une étable, séparés par des rideaux d'arbre.

Aujourd'hui, écoliers et écolières attendent sagement l'arrivée du *master sahib* (le maître d'école) qui leur ordonne de se mettre en rangs. Encadrés par les instituteurs, les enfants font docilement le tour du village. Vêtus de shorts et de jupes élimés, ils martèlent le sol détrempé de leurs pieds nus, hurlant des slogans à la gloire des héros de l'Indépendance.

– *Mahatma Gandhi Ki ! Jai !* (Vive le Mahatma Gandhi !)

– *Bharat Mata Ki ! Jai !* (Vive l'Inde, notre mère Patrie !)

Le salut aux couleurs qui a lieu dans la cour de l'école est présidé par les notables du village qui incluent, outre le maître d'école, le représentant local du parti du Congrès et le chef du *panchayat* (2). Tous les trois sont non adivasi. Aucun adivasi, à l'exception des écoliers de corvée, ne participe à ces cérémonies. Pour les paysans occupés aux travaux des champs, le jour de l'Indépendance est un jour comme les autres.

Après avoir brisé une noix de coco au pied du mât et brûlé des bâtonnets d'encens, le chef du *panchayat* hisse les couleurs. Des pétales de roses se répandent au milieu des applaudissements lorsque le drapeau s'ouvre. Puis les enfants chantent l'hymne national et récitent, en butant sur les mots, de courts poèmes patriotiques à la gloire des martyrs de la lutte nationaliste. Tous ces poèmes sont récités en hindi, langue que les enfants parlent peu ou mal. Que signifient, pour ces écoliers, des allusions à un combat auquel ni eux ni leurs parents n'ont participé ? Le divorce entre la petite élite de langue hindi et de culture hindoue, et la population adivasi ne m'a jamais paru si grand. Pour ces paysans aborigènes, les fêtes de l'Indépendance, qui suscitent tant de ferveur chez les notables, semblent aussi éloignées de leurs préoccupations que la prise de la Bastille a dû l'être pour les Iroquois.

Entre deux poèmes patriotiques, le chef du *panchayat*, qui a l'air de s'ennuyer aussi ferme que les écoliers, me confie qu'il a très bien connu Verrier Elwin qui vécut plusieurs mois à Binjili pour y effectuer ses recherches sur les *ghotul*.

– La hutte où il vivait avec sa femme a depuis longtemps

disparu, mais nous conservons tous le souvenir de cet homme extraordinaire.

Les *ghotul* ou dortoirs des célibataires sont très répandus parmi les populations de culture austro-asiatique disséminées de l'Inde centrale à Bornéo. En Inde même, ils se rencontrent dans de nombreuses cultures adivasi.

En simplifiant à l'extrême, on peut diviser ces dortoirs en deux groupes principaux. Dans les dortoirs du premier type les adolescents, formés aux arts de la guerre et de la chasse, vivent isolés du reste de la communauté. Ce dortoir-caserne a également une fonction magique. Dans le dortoir du second type les garçons sont autorisés et même encouragés à avoir des relations sexuelles avec les jeunes filles de la « tribu ». Selon certains anthropologues, il est possible que ce dortoir vise à réglementer les rapports pré-nuptiaux de la tribu. En tout cas, les deux types de dortoir remplissent d'importantes fonctions sociales et religieuses.

« La maison des hommes, écrit Hutton-Webster, est habituellement le plus grand bâtiment de l'agglomération tribale. Il appartient en commun à tous les habitants du village. Il sert de chambre du Conseil et de maison municipale, de lieu de séjour pour les étrangers et de chambrée pour les hommes. C'est là que sont conservés les biens les plus précieux de la communauté : trophées pris à la guerre ou à la chasse, emblèmes religieux de différentes sortes. Les femmes, les enfants et les hommes, qui ne sont pas encore des membres complètement initiés de la tribu, ne pénètrent que rarement ou jamais dans son enceinte » (3).

Le dortoir, appelé *Ghotul* chez les « tribus » gond, porte différents autres noms, selon les régions et les ethnies : *morung* chez les tribus de l'Arunachal Pradesh et du Nagaland, *champo* chez les Lhota Naga, *dekachang* chez les Garo, *zwalbuk* chez les Mizo, *dhumkuria* chez les Oraon et les Munda, *darbar* chez les Bhuiya et Juang de l'Orissa.

Les dortoirs du premier type sont les plus fréquemment rencontrés parmi les « tribus » du centre, de l'est et du nord-est de l'Inde.

Von Fürer-Haimendorf, par exemple, a décrit en détail le dortoir des garçons chez les Naga. « Chez les Lhota Naga, le *morung* est le domaine des jeunes célibataires. Les raids y étaient autrefois projetés et discutés. On y amenait en premier lieu toutes les têtes prises lors des combats et l'on y détenait les prisonniers de guerre. Aucune femme n'y était admise » (4).

J. P. Mills, un administrateur britannique, fait une description haute en couleur de ces *morung* :

« L'intérieur n'est pas attirant. Sombre, sale, enfumé, il sent le renfermé et il est plein de puces. Cependant un Lhota évoque les jours heureux passés dans le dortoir de la même manière qu'un Anglais évoque avec nostalgie le temps de ses études » (5).

Bien qu'elles aient leur propre dortoir séparé les adolescentes ont aussi des relations amoureuses avec les garçons, ouvertement ou subrepticement.

Chez les Naga Konyak, les filles s'assemblent tous les soirs dans le *yo* (dortoir des filles) où les garçons du *morung* viennent leur rendre visite. Peu de filles dorment dans le *yo* car elles préfèrent habituellement se rendre dans les granges avec leurs amoureux...

Selon Verrier Elwin, qui leur consacra une étude demeurée célèbre, « le *ghotul* du Bastar est, dans le monde, celui qui présente le développement le plus achevé et l'organisation la plus élaborée ; il constitue, chez les Muria, le centre de la vie sociale et religieuse » (6).

Thakur m'avait affirmé, lors de notre entretien, que les *ghotul* des villages muria situés autour de Narayanpur continuaient à être fréquentés assidûment par les jeunes des deux sexes, malgré les sarcasmes des enseignants puritains qui considèrent le *ghotul* comme une institution « primitive » et « immorale ». Aujourd'hui, les réponses évasives du chef du *panchayat* et du maître d'école, lorsque je les interroge au sujet du *ghotul* de Binjili, et leur gêne évidente, confirment, s'il en était besoin, les dires de Thakur. Je décide donc de m'y rendre après m'être fait expliquer le chemin.

Le *ghotul* de Binjili, situé à une extrémité du village, est entouré d'une solide palissade de bois. Il se compose de deux bâtiments rectangulaires se faisant face, qui constituent les dortoirs des filles et des garçons. Dans certains villages muria, le *ghotul* ne possède qu'un seul dortoir partagé par les jeunes des deux sexes, et inclut généralement une case pour les réunions et de petits abris utilisés pendant la saison chaude. Dans de nombreux villages, le *ghotul* est utilisé pour héberger des visiteurs de passage : fonctionnaires en tournée ou négociants. Cet arrangement n'est guère apprécié des jeunes Muria, dont la vie est perturbée par ces hôtes indésirables qui tentent parfois de les soudoyer pour obtenir les faveurs de leurs compagnes.

Les *ghotul* ne comportant qu'une seule pièce sont assez malsains en raison de leur exiguïté, et l'air que l'on respire dans cet espace clos et enfumé sent souvent le renfermé. La plupart des *ghotul* encore existants en pays muria sont cependant relativement spacieux et formés de plusieurs bâtiments. La façade est décorée de sculptures sur bois et les murs intérieurs ornés de peintures et de dessins ayant pour thème des motifs sexuels. Les symboles phalliques et les vagins sculptés sur les murs, sur le pilier central ou sur les *kutul* – longues pièces de bois de quelques centimètres de hauteur pouvant être utilisés comme sièges ou oreillers – sont très communs. Mais l'on trouve également des dessins géométriques, des représentations grossières de garçons et de filles, d'arcs et de flèches. Les *kutul* sont creusés à leur base d'un petit tiroir où les filles rangent leurs ornements.

Pendant la journée, le *ghotul* est déserté. Seules les braises d'un feu allumé au centre du dortoir des garçons témoignent de ce qu'il est habité.

Le *ghotul* est interdit en principe aux hommes et femmes mariés des divers clans muria du village, ainsi qu'aux étrangers. Pour être précis, ce dernier terme inclut non seulement les hindous de caste et les intouchables vivant dans le village, mais aussi les membres d'autres groupes ethniques. Les chefs du *ghotul* peuvent cependant parfois admettre des étrangers, mais ces invités ne sauraient avoir de rapports sexuels avec les jeunes Muria. En fait, seuls Verrier Elwin et quelques rares voyageurs ont été ainsi admis à l'intérieur de l'enclos, et y ont observé de plus près le fonctionnement de cette république d'enfants.

Selon von Fürer-Haimendorf, cette institution remonterait à la période néolithique. Les Muria, eux, attribuent sa fondation à Lingo Pen, héros divinisé de la « tribu ». Ils sont persuadés que les enfants dormant sous son toit sont protégés non seulement des hordes de démons hantant la campagne, mais aussi des charmes des sorciers pratiquant la magie noire. Lingo Pen est également censé empêcher les jeunes filles muria de concevoir, la conception à l'intérieur de ce sanctuaire étant jugée sacrilège. Selon cette logique, toute jeune fille qui se trouve enceinte doit donc nécessairement avoir eu des relations « illicites » en dehors du *ghotul*.

Dès leur plus jeune âge, garçons et filles muria sont envoyés au *ghotul*, où ils vivront jusqu'à leur mariage qui a lieu généralement à l'âge de seize ou dix-sept ans.

Selon Verrier Elwin, les parents envoient très tôt leurs enfants au *ghotul* afin de leur éviter d'observer la « scène primitive », terme freudien désignant les rapports sexuels entre parents qui peuvent être traumatisants pour l'enfant. Il cite, pour appuyer cette théorie, des témoignages de Muria qui lui auraient déclaré : « C'est un péché pour les parents que de dormir en présence de leurs enfants... Aussitôt qu'un enfant comprend ce que c'est – les rapports sexuels – nous l'envoyons au *ghotul*. » Donc, dès l'âge de six ou sept ans – âge auquel, selon les Muria, les enfants commencent à comprendre la nature des relations sexuelles –, les enfants sont envoyés dans ces crèches que représentent les *ghotul*, où ils seront pris en charge par leurs aînés.

Ces considérations psychologiques ne constituent pas cependant la raison la plus importante de l'existence du *ghotul*. Celui-ci représente également la « survivance d'une maison commune originelle » où tout le village était rassemblé, comme dans les longues maisons de Bornéo ; et son utilité essentielle reste d'éduquer les adolescents, de regrouper au sein d'une seule organisation les jeunes dont la force de travail est ainsi mise au service de la communauté entière.

Le *ghotul* du Bastar se singularise, selon Elwin, par son « organisation minutieuse de la vie sexuelle, par les relations étroites qu'il autorise, par le fait, aussi, qu'il n'a pas de fonction militaire » (7).

Les parents délèguent la responsabilité d'éduquer leurs enfants aux garçons et aux filles plus âgés, lesquels gèrent le *ghotul* de manière absolument autonome. L'éducation que les enfants reçoivent ainsi est très pratique et fort bien adaptée aux besoins du groupe. Elle est orientée vers les travaux des champs, la cueillette de baies et de racines dans la forêt, mais inclut également la transmission de mythes ou de contes. Selon Neville A. Watts, « les objectifs principaux de ce type d'éducation sont de maintenir la solidarité et la fidélité à l'égard des coutumes et traditions tribales ; d'éveiller chez les enfants le sens de leurs responsabilités sociales et économiques envers la tribu, et de leur permettre de s'adapter aux contraintes de la vie en communauté » (8).

Les dortoirs de filles et de garçons sont administrés par des chefs assistés de nombreux surveillants. Chacun d'entre eux a une tâche spécifique à accomplir et reçoit un titre approprié à sa fonction. Selon la légende, Lingo Pen lui-même distribua des titres et des tâches dans le *ghotul* originel « au toit fait de plumes de paon et à la porte en os d'ogre ». Ces travaux peuvent consister par exemple à nettoyer le dortoir, s'occuper des instruments de musique, recevoir des invités, appliquer les punitions, approvisionner le *ghotul* en bois, etc.

Les enfants sont admis dans le dortoir dès l'âge de six ans. Ils passent la majeure partie de la journée chez leurs parents, où ils prennent leurs repas, mais retournent au *ghotul* pour la nuit. Seuls les enfants malades ou les filles ayant leurs règles sont dispensés de se rendre au *ghotul*.

Les nouveaux venus servent de domestiques et de souffre-douleur aux surveillants qui se chargent de leur éducation. Ces derniers leur enseignent non seulement les règles élémentaires de l'hygiène et les vertus de la discipline, mais également les techniques de la chasse et de la pêche. Ils leur apprennent la musique, le chant, la danse, et leur servent de modèles.

Une fois qu'ils ont reçu une fonction et un titre, les enfants deviennent membres à part entière de la communauté et peuvent avoir un compagnon ou une compagne. Au fur et à mesure de leur croissance, *chelik* (garçons) et *motiari* (filles) sont promus dans la hiérarchie du *ghotul*, et leurs titres changent. La *Belosa* et la *Dulosa*, par exemple, à qui toutes les filles du dortoir sont tenues d'obéir, doivent s'assurer que chacune de leurs subordonnées a accompli sa tâche. Le *Jamedar* doit vérifier que toutes les filles ont leur provision de peignes. Le *Kotwar* surveille la conduite des *motiari*. Les *Tiloka, Niro sa Piosa, Janko* et *Malko* doivent nettoyer le *ghotul* tous les jours, apporter des tasses et des pipes, peigner et masser les garçons. Un adolescent qui n'accomplit pas la corvée prescrite ou refuse de se plier à la discipline du dortoir est puni d'une amende, d'un châtiment corporel ou menacé d'expulsion – punition suprême que *chelik* et *motiari* craignent par-dessus tout, tant le *ghotul* leur est cher.

Verrier Elwin mentionne l' « attachement passionné » des enfants muria envers cette institution. Les années passées au *ghotul* représentent en effet la plus belle période de leur vie, consacrée au plaisir sous toutes ses formes et exempte des soucis propres à la vie adulte. Une chanson muria célèbre cette existence :

« Aussi bonne que le goût du légume *urad*
« Telle était notre vie avec les *chelik*, ma sœur... » (9)

Tous les après-midi les *motiari* se rendent au *ghotul* pour le nettoyer. Après le repas du soir, *chelik* ou *motiari* s'y retrouvent ensemble. Lorsqu'ils sont tous réunis, les enfants les plus jeunes sont envoyés dans leurs dortoirs respectifs. Avant de saluer respectueusement leurs aînés et d'aller se coucher, ils remettent des brindilles et des bûches pour alimenter le feu. Plus tard, tandis que les garçons fument la pipe, les filles bavardent entre elles, massent les garçons et les peignent. Les jeunes Muria écoutent ensuite les contes populaires récités par l'un des leurs, chantent en chœur des chants traditionnels ou se livrent au jeu des devinettes. Parmi les plus populaires, citons-en trois :

« Le paon qui n'a qu'une jambe ? Le parapluie. »

« Elle croît au soleil et meurt à l'ombre ? La sueur. »

« L'étable qui a douze coudées de long mais où deux vaches ne peuvent tenir ensemble ? Les seins que l'on ne peut couvrir avec un vêtement » (10).

Tous les soirs, filles et garçons dansent au son des flûtes et des tambours. Tard dans la nuit, *chelik* et *motiari* se rendent dans leurs dortoirs respectifs ou s'étendent côte à côte, sur des nattes disposées sur le sol. Certains jours de la semaine, filles et garçons passent la nuit ensemble. Les surveillants doivent tenir compte dans leur choix des règles strictes interdisant les rapports entre filles et garçons appartenant au même clan ou apparentés entre eux. Ces relations, considérées comme incestueuses, sont rigoureusement interdites.

Chez les Muria, il existe deux types de *ghotul* dont les règles et les coutumes, surtout dans le domaine sexuel, sont très différentes. Dans le premier type de *ghotul* appelé *jodidar* ou « *ghotul* de l'attelage », les garçons, après avoir été initiés sexuellement par les grandes filles (et les petites filles par les garçons plus âgés), sont mariés à une « épouse de *ghotul* » avec laquelle ils devront vivre pendant toute la durée de leur séjour, mais qu'ils ne pourront pas épouser quand ils seront devenus adultes. Cette liaison peut être dissoute par la mort ou le mariage de l'un des partenaires. Le divorce est éventuellement autorisé mais les infidélités à la compagne — ou au compagnon — temporaire sont sanctionnées.

Dans le second type de *ghotul* (le plus courant parmi les Muria), qui représente un développement ultérieur du *ghotul* originel, les attachements durables entre garçons et filles sont en revanche découragés.

Les règles concernant la discipline à l'intérieur du *ghotul*, la répartition des tâches, les récréations sont les mêmes dans les deux types de *ghotul*. La tradition ancienne du *ghotul jodidar* persistait encore, il y a quelques années, dans les poches muria les plus « primitives » – *parganas* de Chhota Dongar, Dugal et Karangar – mais tend à disparaître, les *ghotul* du second type, considérés comme plus « modernes » par les Muria, devenant de plus en plus populaires.

Lors d'une enquête effectuée en pays muria, il y a maintenant plus d'un quart de siècle, Verrier Elwin découvrit que sur 347 *ghotul* visités, 262 appartenaient au second type. Le processus de transformation s'est depuis lors accéléré. La plupart des *ghotul* encore existants appartiennent aujourd'hui au second type.

Dans ces *ghotul*, les garçons ne peuvent passer plus de trois nuits de suite avec la même *motiari*. Les raisons de telles règles sont complexes. Les Muria estiment que la conception – considérée comme une disgrâce par la famille si elle se produit à l'intérieur du *ghotul* – ne peut avoir lieu si les *motiari* changent souvent de partenaire. Une des règles implicites du dortoir est donc qu'un *chelik* ou une *motiari* ne doit pas tomber amoureux de son partenaire, ni lui témoigner un attachement excessif ou des attentions particulières. Chaque membre du *ghotul*, qu'il soit beau ou laid, normalement constitué ou affligé d'une difformité, doit avoir sa chance. Les intérêts du groupe passent, ici, avant toute espèce de considération individualiste. Chacun doit réprimer en lui son désir de possession. Malgré ces règles strictes, *chelik* et *motiari* tombent souvent amoureux l'un de l'autre et tentent d'établir une relation plus profonde. Mais ces liaisons « illicites » sont vite découvertes, et les coupables punis et menacés d'exclusion s'ils ne rentrent pas dans le droit chemin. Le conditionnement auquel ils ont été soumis dès l'enfance est d'ailleurs tel qu'ils préfèrent généralement rompre plutôt que de quitter le *ghotul*.

La liberté sexuelle dont les adolescents jouissent n'est

cependant pas synonyme de licence. *Chelik* et *motiari* ne peuvent avoir de relations sexuelles que certains jours, lorsque les *motiari* ne sont pas impures (au moment de leurs règles) ou ne risquent pas de concevoir. Du reste, les cas de grossesse sont extrêmement rares à l'intérieur du *ghotul*. Et les jeunes adolescentes muria, qui ne commencent à avoir de véritables relations sexuelles qu'après leurs premières règles, sont généralement stériles entre treize et dix-sept ans.

Ainsi que le soulignait Verrier Elwin, cette existence en apparence si libre n'est pas exempte de contraintes. Les enfants doivent retourner chez eux à l'aube pour aider leurs parents. Après s'être acquittés de diverses tâches, les garçons les plus âgés se rendent en groupes pour pêcher, chasser ou travailler dans les champs. Les filles s'occupent des travaux domestiques, préparent des colliers ou travaillent dans les rizières. Les adolescents doivent en outre participer à toutes les danses du village, qui ont lieu lors des fêtes religieuses ou des mariages.

Les mariages, arrangés par les parents, mettent un terme à cette vie indépendante. Après la cérémonie, hommes et femmes ne sont plus autorisés à pénétrer ensemble dans le *ghotul*. Le mari peut cependant continuer à le fréquenter seul, pendant six mois à un an. Cette coupure brutale avec l'adolescence est très mal vécue par les garçons, et surtout par les filles qui doivent souvent quitter leur village natal pour aller s'établir ailleurs.

« Une jeune Muria est la plus malheureuse des mariées. Plus la date du mariage approche, plus elle devient nerveuse et éplorée, car elle réalise combien il lui sera difficile de s'adapter à son nouveau mode de vie. Son monde s'écroule et elle se trouve complètement désorientée. L'extraordinaire camaraderie du dortoir qu'elle a connue, les jeux, les chansons et les danses ne seront plus, bientôt, qu'un souvenir du passé. Elle doit dire adieu à ses amies et à ses amants du *ghotul*. Elle devra se rendre dans un autre village et vivre avec un étranger, parmi des inconnus. Elle ne sait si elle pourra s'adapter aux besognes fastidieuses qui seront désormais son lot » (11). Une chanson muria, recueillie

par Verrier Elwin, traduit bien ce désespoir de la jeune épousée :
« Du travail au foyer vous ne connaissiez rien,
« Vous vagabondiez dans les champs,
« Semblables à des grues *saru*.
« De bon matin vous vous mettiez en route,
« Et vous deviez le soir entrer à la maison.
« O ! la beauté de ce *ghotul*,
« Tous les jours vous alliez le nettoyer.
« La route était semblable à la queue d'un chacal. (...)
« Vous ne reverrez jamais plus ce royaume,
« Maintenant vous allez à la maison de votre époux.
« Maintenant votre plaisir sera le travail de la maison » (12).

Avant de quitter le pays muria, je vais faire mes adieux à M. Thakur. La conversation s'oriente une nouvelle fois sur les *ghotul*. Thakur semble plutôt pessimiste quant à leur avenir. La campagne sourde menée par les maîtres d'école et les fonctionnaires non adivasi contre les *ghotul* ainsi que l'hindouisation graduelle des « tribus » finiront, selon lui, par avoir raison de cette institution unique. Il estime cependant que les *ghotul* devraient être préservés, car leur disparition pourrait provoquer des bouleversements profonds dans la société muria.

— Si ces dortoirs cessaient d'exister, que pourrions-nous offrir à ces jeunes pour s'amuser ? Que feraient-ils ? Le *gothul* a joué un rôle capital pour préserver l'intégrité de la culture muria et la moralité des jeunes. S'il avait disparu, les jeunes filles muria se seraient sans doute déjà prostituées à des étrangers, comme dans les autres villages sans *ghotul* de Khondagaon ou Jagdalpur.

Pourtant, la plupart des dortoirs, qu'ils soient de type mixte comme les *ghotul* muria ou utilisés uniquement par les garçons (comme les *dumkuria* des Oraon du Chhota Nagpur), sont aujourd'hui en voie de disparition, particulièrement dans les régions en contact étroit avec le monde non adivasi. Dans ces villages, où les dortoirs sont délaissés par les jeunes, les traditions tendent à disparaître et la société « tribale » à se désagréger. Les adolescents adivasi, acculturés par un système éducatif inadapté à leurs besoins ou par la proximité d'une ville, ont perdu leurs facultés créatrices, leur sens artistique, et même leur joie de vivre.

Verrier Elwin écrivit ces lignes, à propos des *ghotul* muria de Narayanpur, en 1942 : « On peut se demander combien de temps encore cette forteresse tribale sera capable de résister, non contre une civilisation véritable, mais contre sa parodie — qui caractérise les villages voisins des non-aborigènes de basse caste » (13).

Près de quarante ans après le passage de l'illustre ethnologue, le *ghotul* de Binjili continue à être fréquenté par *chelik* et *motiari* qui emplissent la nuit de leurs chants, ponctués par le martèlement de leurs pieds et le rythme endiablé des tambours. Sans doute, si le *ghotul* n'était qu'une institution, aurait-il déjà évolué sous la pression des forces extérieures. Mais pour ces adolescents qui se retrouvent tous les soirs dans ce refuge, il est bien plus qu'une institution : il est le symbole même de leur bonheur, fragile et éphémère. Un symbole qui doit être préservé à tout prix.

V. Quarante millions d'aborigènes

Bhil, Santhal et Muria : les trois groupes que nous venons d'évoquer ne représentent pas — tant s'en faut — l'ensemble de la population adivasi. Ils n'en constituent que trois éléments particuliers. Si nous les avons choisis, c'est sans doute parce que leurs cultures nous paraissaient particulièrement fortes, typées. Reste que des différences énormes séparent les adivasi de l'Est et de l'Ouest, ceux des régions himalayennes et ceux du Dekkan, ceux qui ont commencé de s'hindouiser et ceux qui continuent de résister à toute assimilation. Pourquoi, alors, les désigner d'un même terme ? Et pourquoi, surtout, parler d'un « problème adivasi » — qui serait commun à tous, et qui devrait être résolu simultanément pour tous ?

Rien, à première vue, ne nous oblige à adopter un tel point de vue. Même pour l'Occidental qui a beaucoup voyagé en Inde, il n'est pas immédiatement évident que les Toda, les Garo et les Andamanais ont quelque chose en commun. L'ethnologue pourrait donc se contenter de collectionner des monographies, et le touriste des diapositives. Comment se fait-il, alors, que l'Indien voit la situation d'une manière différente ? Comment se fait-il que l'hindou de caste se trompe rarement lorsqu'il appelle « adivasi » cet *autre* Indien, qui parfois est hindou, qui n'est même pas toujours vêtu d'une façon différente, lorsqu'il le croise sur son chemin ?

Bref, qui sont donc les adivasi ? Tenter de répondre à cette question oblige à reprendre les choses de beaucoup plus haut.

Rappelons d'abord quelques faits qui, au fur et à mesure que nous parcourions l'Inde, sont devenus pour nous des évidences. Premier fait : on trouve des adivasi partout, mélangés au reste de la population dans des proportions variables. S'ils sont plus nombreux dans certaines régions – Chhota Nagpur, Nord-Est –, ils ne sont absents d'aucun État... ou presque. Presque – car, déjà, surgissent les exceptions : d'après les *Census of India*, il n'y aurait pas un seul adivasi, aujourd'hui, en Haryana, au Pandjab, dans le « Jammu-et-Cachemire », non plus que dans les territoires de Chandigarh, Delhi, Pondichéry. Mais il s'en trouve, même en proportions infimes, dans toutes les autres régions de l'Union indienne. Seulement ils y paraissent si étroitement imbriqués au reste de la population qu'il est bien difficile de les en distinguer, d'autant qu'ils en partagent souvent l'aspect et les usages. Si l'on s'en tient, par conséquent, à une observation superficielle, les adivasi ne semblent pas toujours très différents du reste des Indiens.

Il y a, bien sûr, des exceptions. Certains groupes d'adivasi vivent encore de chasse et de cueillette, dans des conditions économiques très primitives, et sont, par conséquent, plus faciles à repérer – à condition qu'on s'aventure jusque sur leur territoire. Ainsi, lorsqu'on rencontre, dans la jungle qui recouvre les collines d'Orissa, une petite bande d'hommes presque nus, à la peau sombre, au pagne ajusté, armés d'arcs et de flèches, et rapportant chez eux le gibier qu'ils viennent de tuer, ne peut-on avoir le moindre doute sur leur statut social : ce sont bien des adivasi. Ou, comme disaient les voyageurs de l'époque coloniale – et encore beaucoup de nos contemporains, hélas ! –, des « sauvages ». Sauvages, en effet, quelques adivasi le sont, si l'on veut dire par-là qu'ils ont réussi à échapper aux différentes cultures qui ont déferlé sur le sous-continent depuis les invasions aryennes jusqu'à celle du progrès technique, et que leurs conditions de vie ressemblent fort à celles qu'ont pu connaître leurs ancêtres du Néolithique. Mais ces « primitifs » constituent moins d'un cinquième de la population tribale, et sont eux-mêmes dispersés dans toutes les régions de l'Inde où l'on trouve encore d'épaisses forêts. Il ne faut donc pas se représenter les adivasi comme des Hurons vivant dans la simplicité de l'état de nature ou comme les membres de sectes exotiques aux mœurs étranges et fascinantes : beaucoup d'entre eux ressemblent, à s'y méprendre, aux paysans hindous qui habitent, bien souvent, la maison voisine de la leur...

Pourtant, même ces paysans hindous dont les conditions d'existence ne sont guère plus enviables ont souvent tendance à considérer leur voisin adivasi comme un sauvage ou un être inférieur. Certes, il convient de nuancer : dans certaines régions, les adivasi sont bien assimilés à la société indienne, au sein de laquelle ils constituent un groupe reconnu et jouissant de certains droits non négligeables. Ailleurs, ils peuvent vivre en marge des villages, tout en étant bien vus du reste de la population ; de fait, les conflits ouverts entre hindous et adivasi, donnant lieu à des brutalités de la part des premiers envers les seconds, demeurent exceptionnels. Reste que l'adivasi, même superficiellement hindouisé, n'est pas vraiment intégré à la société indienne. D'une part parce qu'en vertu de son statut social il se situe, comme l'intouchable, en dehors du système des castes (encore que quelques rares fractions d'ethnies aient réussi à se faire accepter au sein de ce système, mais il s'agit toujours d'exceptions). D'autre part parce que, à la différence de l'intouchable, l'adivasi n'est pas un hindou au sens plein du terme, soit qu'il pratique ouvertement une autre religion (sa religion ethnique, ou bien le christianisme), soit qu'il n'ait embrassé l'hindouisme qu'à une époque relativement récente et de manière superficielle. Bref, pour ces deux motifs, l'adivasi, aussi proche soit-il de l'hindou, n'en reste pas moins inférieur à celui-ci.

Les preuves, s'il en fallait, nous les trouverions en abondance dans les diverses façons dont les adivasi ont été, au cours des temps, baptisés. La terminologie utilisée à leur propos reflète en effet, sans équivoque possible, le mépris des hindous, la méfiance du colonisateur anglais, les préjugés de l'homme moderne « civilisé ». Il suffit de repasser, pour s'en convaincre, la série des noms qui leur furent imposés (1).

Les ancêtres de nos actuels adivasi se trouvent mentionnés, pour la première fois, dans la littérature de l'époque védique. Le *Rig Veda*, entre autres, fait référence à ces populations qui occupaient le sous-continent avant les invasions aryennes, et les regroupe sous le terme générique de *Dâsa* ou *Dasyou*, mot qui signifie à la fois ennemi des dieux, impie et barbare (2). Un peu plus tard, le *Mahâbhârata*, les épopées connues sous le nom de *Purana* et d'anciens ouvrages d'astronomie témoignent du fait que l'Inde était toujours occupée par différentes populations que les envahisseurs avaient entrepris de soumettre et de « civiliser » par la force des armes — tels, par exemple, ces *Nishâda* dont Basham dit qu'ils semblent avoir été des forestiers semi-nomades pratiquant une agriculture sur brûlis (3). Ce qui est sûr, c'est que le statut des *Dasyou* — mot qui d'ailleurs a fini par signifier « esclave » — n'était guère estimable puisque quelques *Purana (Bhagawat Purana, Brâhma Vaivarta Purana, Parasara Sanhita)* les présentent comme les descendants des fils maudits de Viswamitra Muni. Le *Bhagawat Purana*, lui, donne une autre version de l'origine des adivasi : il raconte que, à la suite d'une malédiction jetée contre lui par le sage Angira, Raja Bena vit sortir de son bras droit un petit homme à la peau sombre qui devint *Nishâda*, tandis que de son bras gauche sortaient les ancêtres des Mushhar, des Kol et des Bhil (4). Quant au *Ramayana*, il parle aussi des habitants non aryens de l'Inde, parmi lesquels il mentionne les *Vanara*, dont le nom signifie « les singes » — ce qui en dit long sur un certain protoracisme aryen (5)... Enfin, l'un des plus anciens *Brâhamana* nous rapporte la progression d'Agṅi, le dieu du feu, qui se déplace d'ouest en est en brûlant la jungle sur son passage : ne faut-il pas voir là le symbole du processus de colonisation, par lequel la « nature », peu à peu, fait place à la « culture », comme la forêt aux champs, la barbarie à la civilisation (6) ?

Passons rapidement sur l'immense période qui sépare

Ashoka de la conquête britannique : pendant tout ce temps, les adivasi restent invariablement désignés comme « populations primitives » ou comme « ceux qui habitent dans les forêts ». Le grand soulèvement de l'ethnie Kol en 1831-1832, explicitement dirigé contre les Anglais, amena ceux-ci à prendre des mesures d'exception à l'égard des adivasi : mais pour assurer l'efficacité de la répression, il fallait commencer par définir avec précision les populations sur lesquelles elle devait s'exercer. Prudemment, le premier acte britannique visant à isoler les adivasi au point de vue administratif, la *Regulation XIII* de 1833, se borna à décider que le Chhota Nagpur deviendrait *a non-regulated area,* c'est-à-dire que les règlements destinés aux districts plus « avancés » du Bengale et du Bihar ne lui seraient pas applicables. Dans cette région à part, l'administration fut alors confiée à l'armée elle-même. En 1874, le *Scheduled District Act* décida d'étendre le même système à d'autres régions, tout en y nommant des fonctionnaires civils pour en faciliter l'application. D'autres grands actes (*Government of India Act,* 1919 ; *Indian Statutory Commission,* 1928 ; *Government of India Act,* 1935) permirent de préciser la répartition des *excluded* ou *partially excluded areas* : toutefois, à travers cette série de mesures, le critère de l'exclusion reste essentiellement d'ordre administratif ou policier. Les adivasi, ce sont d'abord des sauvages, autrement dit des délinquants en puissance. Le colonisateur ne se préoccupe pas de cerner leur originalité culturelle ; son unique objectif consiste à les couper du reste de la population afin de pouvoir leur appliquer un régime de contrôle plus efficace et plus expéditif. Et, même à l'intérieur de ce régime spécial, certaines communautés se voient imposer un statut doublement spécifique, celui de « tribus criminelles », sur lequel nous reviendrons.

Achevons notre survol sur la période qui s'ouvre avec l'indépendance. Soucieuse de protéger les classes les plus défavorisées de la population indienne, la constitution de 1947 garantit un certain nombre d'avantages spéciaux aux ex-intouchables (puisque l'intouchabilité est officiellement abolie par l'article 17), rebaptisés pour l'occasion *Scheduled Castes* – autrement dit « castes répertoriées » –, ainsi qu'à un ensemble de populations réunies sous le nom de *Scheduled Tribes* – « tribus répertoriées ». Bien que le but officiel de ce nouveau régime soit d'en finir avec la politique d'isolement pratiquée par les Britanniques, les adivasi n'en restent donc pas moins considérés comme des « tribaux », autrement dit des gens attardés dans une forme d'existence *primitive* par rapport à la société moderne.

Naturellement, le terme de *tribu*, avec toutes ses connotations colonialistes, a été vivement critiqué depuis l'Indépendance. Pourtant, ces critiques ne sont pas toujours inspirées par le seul désir de réhabiliter le mode de vie ou la culture adivasi, et l'attitude des anthropologues modernes vis-à-vis des « tribaux » n'est pas exempte d'une certaine ambiguïté. Je n'en donnerai ici qu'un seul exemple : selon l'ethnologue G. S. Ghurye, la frontière entre hindouisme et religions « tribales » est impossible à tracer, la plupart des « tribus » étant hindouisées au moins à un certain degré. Par conséquent, enchaîne Ghurye, les « tribaux » ne doivent pas être considérées comme des populations à part, mais simplement comme des « hindous arriérés » *(backward Hindus)* (7). La thèse a de quoi faire sourire, mais elle pourrait avoir des résonances tragiques : il suffit de penser à l'euphémisme semblable par lequel le régime d'Ankara baptise « Turcs des montagnes » les Kurdes...

La critique est aisée, dira-t-on. Mais que proposer ? Effectivement, le choix d'une terminologie est difficile. Il n'en est aucune qui soit innocente, aucune d'où l'ethnocentrisme soit absent. Pour simplifier, je me bornerai à discuter ici les deux termes qui sont, actuellement, les plus usités dans la littérature ethnologique, celui de *tribu* et celui d'*aborigène*. L'un et l'autre, en effet, peuvent présenter des avantages ; pourtant, ni l'un ni l'autre ne sont exempts d'arrière-pensées.

Aborigène, d'abord. Ce mot nous renvoie au terme d'*adivasi*, forgé en hindi à une époque récente, et qui signifie lui aussi « les habitants *(vasi)* originels *(adi)* ». De fait, un certain nombre de tribus indiennes prétendent être les *premières* occupantes du sol où elles résident. Dans certains cas, le nom même que se donne la tribu signifie : « fils du sol » : c'est ainsi que, dans la région de Bastar, le terme *Muria* désigne non seulement une tribu particulière, mais, en pratique, tous les aborigènes de la région (qui se répartissent entre une bonne quinzaine de groupes) (8). Pourtant, la prétention de nombreux adivasi à être effectivement les aborigènes ou les « autochtones » de leur propre territoire résiste difficilement à l'examen. Il est clair, en effet, que depuis les invasions indo-aryennes (qui se sont échelonnées entre le XVe et le IXe siècle avant l'ère chrétienne), innombrables ont dû être les migrations des peuples vivant dans le sous-continent. Il est donc pratiquement impossible qu'une ethnie occupe actuellement *le même territoire* qu'il y a deux ou trois millénaires. Du reste, ces migrations sont explicitement évoquées à travers les mythes d'origine propres à de nombreuses tribus.

Un exemple, au hasard : celui des Tuti, l'un des sous-groupes composant la « tribu » Munda. Le mythe rapporte que les Tuti vivaient jadis dans le Sutiambe-Korambe, d'où ils émigrèrent à Chutia. De Chutia, ils entreprirent de pousser plus avant en direction de l'est, mais au cours de leur voyage ils durent franchir une rivière à la nage – et l'on était en plein hiver. A peine arrivés de l'autre côté, les premiers passés se mirent à frissonner de froid. Alors, ceux qui n'avaient pas encore plongé, et qui transportaient avec eux quelques charbons ardents, essayèrent de les faire parvenir aux premiers : ils fabriquèrent de petits réceptacles avec les feuilles d'une plante appelée *tuti*, qui poussait sur la rive, placèrent les charbons dans ces réceptacles, les attachèrent à leurs flèches, et les lancèrent, d'un coup d'arc, sur la rive opposée. Leur artifice réussit, les Munda reprirent vie à la chaleur du feu et formèrent le vœu de ne jamais plus couper les feuilles de cette plante, ni de les manger : rite que leurs descendants observent encore, selon K. P. Bahadur (9).

Il n'est pas interdit de penser que de tels récits font référence, de manière indirecte, à des migrations réelles. Celles-ci s'expliquent d'autant mieux que l'Inde – faut-il le rappeler ? – a été constamment traversée, envahie et conquise par toutes sortes de populations depuis les origines de son histoire : il est donc un peu vain de chercher à vérifier les prétentions à l'autochtonie de telle ou telle « tribu ». Les adivasi qui occupent les zones montagneuses du nord-est, où le type mongoloïde est de loin prédominant, viennent très probablement de régions aujourd'hui incluses dans la Chine et la Birmanie. Quant aux Bhil, aux Santhal ou aux Gond – les trois plus grandes « tribus » indiennes –, leur dispersion sur d'immenses territoires suffit d'elle-même à établir que les ancêtres des actuels adivasi, dont beaucoup continuent à nomadiser, ont dû, eux-mêmes, accomplir d'interminables pérégrinations.

Bien entendu, cela n'enlève rien au fait que, dans la plupart des cas, les adivasi restent les plus anciens occupants *connus* des territoires où ils vivent aujourd'hui : les Indo-Aryens, en effet, n'ont conquis que très progressivement l'ensemble du sous-continent, refoulant au fur et à mesure les populations qu'ils rencontraient devant eux. Il n'est donc pas déraisonnable d'accorder aux adivasi une relative priorité, ni de considérer comme légitimes – pour autant que la priorité crée un droit – leurs revendications territoriales. Il est certain, en tout cas, qu'ils n'ont cessé d'être dépossédés, depuis deux millénaires, des terres qu'ils occupaient avant ces invasions qui, dans l'ensemble, ne leur ont pas toujours été bénéfiques. Et c'est pourquoi nous persistons, ici, à les désigner du terme générique d'adivasi qui présente, sur celui d'aborigène, l'avantage de ne pas éveiller, dans l'esprit du lecteur occidental, d'idée trop précise...

Reste que, lorsqu'on les envisage non dans leur ensemble, en tant qu'ils s'opposent globalement au reste de la société indienne, mais dans leurs singularités propres, les adivasi se divisent en une multitude de groupes et de sous-groupes qu'anthropologues et administrateurs désignent, depuis plus d'un siècle, du terme ambigu de *tribu*. Mais qu'est-ce qu'une tribu ? Au sens ancien et nettement colonial, il s'agissait d'un ensemble d'individus vivant dans des régions reculées et dans des conditions très primitives. Définition trop grossière, évidemment, pour qu'on l'accepte telle quelle. Au reste, le problème a fait couler beaucoup d'encre : bornons-nous à en résumer l'essentiel. Dans un article de 1960, André Béteille esquisse une description plus précise de la tribu en tant que « type social » : selon lui, une tribu est une société couvrant un territoire déterminé, rassemblant des individus parlant la même langue, possédant plus ou moins la même culture et liés entre eux par des liens de parenté. En outre, une telle société n'est pas divisée en classes sur la base du processus de production et ignore l'usage de la monnaie (10). Cette nouvelle définition a été reprise par de nombreux chercheurs, comme par exemple P. K. Bhowmick (11) et T. B. Naïk (12).

Malheureusement, elle est beaucoup trop restrictive ! A supposer qu'elle puisse valoir pour certains groupes mélanésiens — et encore —, elle se révèle totalement inapplicable à l'Inde contemporaine. Déjà André Béteille admettait que cette caractérisation demandait à être assouplie. Il est clair, en effet, que dans l'Inde d'aujourd'hui aucune tribu n'est *totalement* isolée par rapport au reste de la société ; qu'aucune n'a de frontière politique séparée (sauf peut-être les Naga du Nagaland) ; que nombre d'entre elles — entre autres les Bhil — n'ont plus de langue propre ; que leurs cultures se sont presque toujours modifiées sous la pression de l'hindouisme — et qu'une certaine stratification sur la base des fonctions économiques a commencé d'apparaître en leur sein, du fait de leur intégration progressive dans l'économie indienne. Ces faits amenaient Béteille à déclarer : on ne trouve plus, dans l'Inde d'aujourd'hui, de « tribu » à l'état pur. Ce qu'on trouve, ce sont des « tribus en transition », autrement dit des groupes qui ont été des tribus dans un passé récent et qui continuent de l'être, tout au moins de façon approximative, par certains de leurs aspects (13).

Conclusion prudente mais raisonnable, et que des travaux plus récents, comme ceux de Fuchs par exemple, confirment. Pour Stephen Fuchs, en effet, les groupes d'adivasi peuvent être appelés *tribus* si l'on entend par là qu'ils se caractérisent par :

– une économie primitive et rudimentaire, combinée avec un certain degré d'instabilité résidentielle ;
– une organisation sociale simple, bien que pas toujours dénuée de classes ;
– et surtout le sentiment de former une unité sociale différente et séparée des grandes communautés majoritaires (hindous, musulmans) peuplant le reste de l'Inde (14).

On voit ici que l'existence d'une solidarité politique et sociale, exprimée par un nom ou un langage commun ainsi que par l'endogamie ou par des traditions communes sociales et religieuses, ne constitue plus, chez Fuchs, un élément essentiel de la définition.

De fait, de telles conceptions ont dû présider – plus ou moins obscurément – aux travaux des rédacteurs de la Constitution indienne. Celle-ci, en effet, oppose fort nettement les *Scheduled Tribes* aux *Scheduled Castes* : les membres de ces dernières partagent la même culture que les hindous ou que les musulmans et ne cherchent pas à se séparer du reste de la société, tandis que les adivasi aspirent en général à l'autosuffisance ou à l'autonomie et, en tout cas, au maintien de leur identité culturelle séparée. Mais si cette différence est claire, il n'en reste pas moins que le critère au nom duquel un groupe social sera considéré, ou non, comme *Scheduled Tribe* est des plus flous ; la législation indienne, sur ce sujet, demeure étrangement muette.

En pratique, les articles 341-342 de la Constitution donnent au président de la République le pouvoir de préparer la liste des *Scheduled Tribes* et au Parlement le droit de modifier cette liste (par inclusion ou exclusion) avant qu'elle ne fasse l'objet d'un décret. L'article 366 ajoute qu'on entendra par *Scheduled Tribes* « les tribus qui sont estimées être des *Scheduled Tribes* en vertu de l'article 342 et pour les besoins de cette Constitution »... Ce qui est une façon de s'exprimer plus prudente que claire ! Il apparaît en effet que la possibilité, pour un groupe donné, d'être inscrit sur la liste officielle des « tribus » – qui donne droit à une série d'avantages économiques et politiques – dépend entièrement d'une décision présidentielle, de même que la possibilité d'être retiré de cette liste. Ainsi voit-on qu'un groupe devient « tribu » ou cesse de l'être par simple décret...

Naturellement les anthropologues ne sont pas satisfaits d'une telle caractérisation. Quelques-uns d'entre eux, comme Kumar Suresh Singh (15), estimant que le concept de « tribu » ne fonctionne tout au plus que comme catégorie administrative ou politique, ont proposé de l'abandonner. Il est certain que dans de nombreux cas ce concept ne correspond plus à aucune réalité sociale ou culturelle. Reste qu'il faut bien utiliser un terme quelconque pour désigner chaque groupe d'adivasi dans sa singularité propre. Celui de tribu évoquant, pour le lecteur occidental, des images trop nettement coloniales, on l'a généralement assorti de guillemets, ou remplacé par celui d'*ethnie*. Sans se cacher, bien sûr, qu'une telle substitution de terme ne suffit sans doute pas, tant s'en faut, à résoudre les difficultés...

Querelles de mots, nous dira-t-on. Pourtant, derrière ces arguties terminologiques se cachent de vrais problèmes. Le mélange ethnique dont est sortie l'Inde contemporaine est d'une redoutable complexité. Ici, les groupes sociaux semblent avoir pris un malin plaisir à multiplier leurs différences. Et l'on ne peut espérer comprendre quoi que ce soit aux problèmes des uns et des autres, si l'on n'entreprend pas, d'abord, de les cerner dans leurs singularités. Entreprise titanesque, malheureusement : pour se limiter aux seuls adivasi — qui constituaient, en 1976, environ 7,5 % de la population indienne —, ils se divisent en plus de quatre cents ethnies, lesquelles sont loin d'être homogènes. On peut même dire que la plus grande diversité les caractérise : diversité géographique, d'abord, mais aussi bien démographique, raciale, linguistique, sociale et culturelle. Sans entrer dans les détails, il nous faut bien, ici, repérer les grands axes autour desquels s'ordonnent ces différences.

DIVERSITÉ GÉOGRAPHIQUE

Du point de vue de leur environnement naturel, les adivasi se répartissent en sept régions (16) :

1) — *Bastar, Orissa et Andhra Pradesh :* zone de forêts, abondant réseau hydrographique, pluies moyennes. Les Gond y constituent l'ethnie majoritaire, et l'agriculture itinérante (sur brûlis) la principale forme d'exploitation du sol.

2) — *Chhota Nagpur et Bengale occidental :* ressources forestières moyennes, grosses ressources minérales, pluies moyennes. C'est dans cette zone que se trouvent la plus importante concentration d'adivasi et, en même temps, l'une des régions industrielles les plus développées de l'Inde.

3) — *Madhya Pradesh, Gujarat, Rajasthan :* ici dominent les Bhil. Au Rajasthan, la forêt a disparu, les terres sont très pauvres et les ressources minérales nulles ; la forêt est de nouveau abondante et la pluviosité plus forte vers le Maharashtra.

4) — *Régions du Nord-Est* : il s'agit d'un pays de collines se rattachant directement au massif himalayen. Les pluies y sont très fortes et les forêts épaisses. On y rencontre une multitude d'ethnies dont aucune n'est de grandes dimensions.

5) — *Uttar Pradesh et Himachal Pradesh :* les adivasi sont, ici, concentrés sur les pentes de l'Himalaya. Ils s'y répartissent entre quelques groupes numériquement peu importants (Jaunsari, Lahuli, Kinnora), au sein desquels la polyandrie est encore pratiquée. Les ressources naturelles sont très limitées.

6) — *Sud de l'Inde :* on y trouve une petite « poche » adivasi à la jonction du Tamil Nadu, du Kerala et du Karnataka. Il s'agit de communautés peu importantes au point de vue démographique et très « arriérées » sur le plan économique (Malayali, Soluga, Kurumba). Zone de collines, pluviosité abondante.

7) — *Les îles :* Andaman, Nicobar, Lakshadweep (17). Ici vivent les plus petits groupes adivasi, sans doute les mieux « préservés » aussi, en raison de leur isolement. L'agriculture y est inconnue ; l'économie repose essentiellement sur la cueillette et sur la pêche.

On voit, d'après ce rapide tableau, que les adivasi habitent dans tous les types possibles d'écosystèmes. Pourtant, la plupart d'entre eux résident dans des zones de collines ou de forêts, c'est-à-dire dans des régions caractérisées par la pauvreté ou l'insuffisance des terres cultivables.

DIVERSITÉ DÉMOGRAPHIQUE

Si trois États et trois territoires ne contiennent aucune *Scheduled Tribe,* en revanche il existe six États et territoires de l'Union indienne dont la population est en *majorité* adivasi : les États d'Arunachal Pradesh, Meghalaya, Mizoram, Nagaland, ainsi que les territoires de Dadra-et-Nagar Haveli et des îles Lakshadweep. Ailleurs, le pourcentage des adivasi par rapport au reste de la population est très variable : relativement fort au Manipur (31, 13 %), au Tripura (28,98 %), au Madhya Pradesh (23,56 %) et en Orissa (23,31 %), il est au contraire faible dans le Kerala (0,90 %), dans le Karnataka (0,89 %), à Goa (0,82 %) et en Uttar Pradesh (0,23 %).

On trouvera à la fin de ce livre des tableaux donnant les principales informations démographiques concernant les adivasi. Celles-ci sont, bien entendu, extraites des *Census* officiels ; toutefois, les opérations de rencensement sont tellement délicates et supposent résolus tellement de problèmes théoriques qui ne le sont pas qu'il faut bien, ici, introduire quelques réserves.

D'abord, si les ethnies adivasi ont toujours été soigneusement distinguées du reste de la population à l'époque britannique, les critères de classification, eux, ont largement varié d'un recensement à l'autre. C'est ainsi que les adivasi ont successivement été désignés comme « populations pratiquant une religion tribale » (1891), « animistes » (1901), « animistes tribaux » (1911), « tribus des collines et des forêts » (1921), « tribus primitives » (1931) et finalement « tribus » tout court en 1941 avant de devenir, au lendemain de l'indépendance « tribus répertoriées »... Naturellement les enquêteurs étaient amenés, chaque fois, à éliminer certains groupes qui n'entraient plus dans la nouvelle définition,ou bien à prendre en considération de nouveaux groupes : ce qui rend très aléatoire toute comparaison entre les résultats des premiers et des derniers recensements.

En outre, certaines parties du territoire indien n'étaient pas accessibles aux enquêteurs durant le XIXᵉ siècle, et ne le sont devenues que tout récemment : or c'est, généralement, dans ces régions que l'on rencontre le plus fort pourcentage de population « tribale ». Inversement, la Partition de 1947 a retiré à l'Inde, pour les donner au Pakistan, quelque sept cent mille adivasi, qui disparaissent ainsi des *Census* ultérieurs.

En troisième lieu, les procédures de recensement ne peuvent pas être d'une rigueur exemplaire : lorsque l'enquêteur demande à un chef de famille le nombre de personnes vivant sous son toit, celui-ci peut avoir tendance à gonfler les effectifs pour paraître plus important, ou à les diminuer pour qu'on le croie plus pauvre...

Enfin, et c'est sans doute le plus grave, la frontière entre les « tribus » proprement dites et des groupes sociaux foncièrement différents mais qui peuvent présenter certains traits apparents de caractère « tribal » a toujours été floue et n'a pas cessé de l'être, même après l'indépendance. On ne peut, ici, que mentionner ce délicat problème — qui a donné lieu à une abondante littérature — à travers deux exemples stratégiques : celui de la frontière entre « tribu » et « caste »,.ainsi qu'entre « tribu adivasi » et « tribu criminelle ».

Frontière entre tribu et caste, d'abord. On ne peut nier que les adivasi, bien qu'ils se soient volontairement tenus à l'écart de la société hindoue, aient fini par être influencés par des institutions étrangères, et en particulier par le système des castes *(jâti).* Situation complexe, à laquelle certains groupes ont réagi en tentant l'impossible : se faire admettre à l'intérieur de ce système, et même à un rang relativement élevé — quitte à devoir, pour cela, se plier à toutes sortes d'interdits religieux proprement hindouistes. On a donc vu certaines ethnies adivasi se scinder en deux, la plus grande partie du groupe conservant son statut marginal, tandis qu'une minorité entreprenait son ascension au sein de la hiérarchie des *jâti*... C'est ainsi que les Binjhwar se sont séparés du reste des Baiga, les Raj-Korku ou Muwasi du reste des Korku, les Raj-Gond du reste des Gond et les Bara Bhilala du reste des Bhil. Comme leur nom l'indique, c'est le statut *Rajpoute* que revendiquent, dans la plupart des cas, ces minorités ascendantes. Il y a à cela une bonne raison : les Rajpoutes, descendants d'une caste de guerriers pratiquement éteinte, ont toujours joui d'une relative liberté de mœurs, à l'intérieur du système des *jâti* et constituent donc la caste la plus accueillante, celle à laquelle il est le plus facile de s'identifier, pour d'ex-adivasi en quête de promotion sociale. Il n'en reste pas moins que ces derniers sont soumis à une hindouisation totale : par exemple, il leur devient impossible de partager la nourriture ou d'échanger des femmes avec les membres de l'autre section de leur ethnie, celle qui est restée « tribale ». Enfin, ils sont tenus de traiter comme « polluants », au même titre que les intouchables, les adivasi qui mangent du bœuf ou d'autres nourritures interdites (le pigeon, par exemple), ainsi que ceux qui exercent traditionnellement des professions dégradantes : danseurs et musiciens, entre autres. On comprend dans ces conditions qu'il devient difficile, au bout d'un certain nombre de générations, de continuer à compter comme adivasi des groupes qui sont en fait devenus des castes (18).

Autre frontière énigmatique : celle qui sépare les authentiques « ethnies aborigènes » de groupes sociaux que l'administration anglaise avait, sans doute à tort, assimilés à celles-ci. Il faut se replacer ici dans le contexte d'une époque agitée, où le colonisateur cherchait tous les moyens possibles pour justifier la répression qu'il exerçait : c'est alors que fut inventée la catégorie de « tribu criminelle ». Le *Criminal Tribes Acte* de 1871 donnait en effet pouvoir aux gouvernements provinciaux, sous réserve de l'autorisation du gouverneur fédéral, de déclarer criminel « tout groupe, tribu ou classe » considéré comme « adonné à la perpétration systématique » de certaines catégories de délits attentatoires aux personnes et aux biens. L'Inde devenait alors, selon le mot de D.N. Majumdar, le seul pays au monde qui considérât le crime comme un trait hérité (9) ! La loi était inique, évidemment, puisqu'elle revenait à poser, sans autre forme de procès, un verdict de culpabilité héréditaire et collective, avant même qu'un délit individuel soit établi. Au reste, elle fut plusieurs fois révisée (1876, 1897, 1911, 1915 et 1924) avant d'être finalement abolie en 1952. Toutefois, certaines de ces ex-tribus criminelles, rebaptisées *Denotified Communities* – ce qui ne change pas grand-chose ! –, continuèrent à rester sous surveillance étroite de la police (comme par exemple les Miana et les Waghri). Quels sont donc les crimes qui justifiaient un tel traitement ? L'assassinat et le vol, bien sûr, mais aussi le nomadisme et la mendicité. En fait, dans la plupart des cas il s'agissait moins de « tribus » ou d'ethnies que de bandes d'individus vivant ensemble parfois depuis plusieurs générations, que la pauvreté réduisait à chercher leurs moyens d'existence par des voies illégales. Il n'y a donc nullement lieu de les confondre avec les authentiques adivasi. C'est pourtant ce que firent les Anglais, sans doute afin de pouvoir appliquer aux uns les mesures répressives qu'ils infligeaient aux autres. Toujours est-il que D.N. Majumdar a fait justice de cette assimilation, en rappelant tout simplement ce fait incontestable : la majorité des tribus ex-criminelles du nord de l'Inde appartient au type indo-aryen, et non à l'un des types entre lesquels se répartissent les différentes ethnies adivasi (20). Conclusion que confirme, de son côté, une étude récente de Jacques Pouchepadass (21).

Ces remarques faites, revenons aux statistiques. Même si les chiffres qu'elles fournissent ne sont pas au-dessus de toute critique, on peut leur accorder une valeur indicative. Ils révèlent, tout au moins, une tendance.

Cette tendance, c'est celle de la population adivasi à augmenter, que ce soit en valeur absolue ou relative. En valeur absolue, elle est passée de quelque vingt-deux millions d'individus au *Census* de 1931 à environ quarante-deux millions aujourd'hui : elle a donc pratiquement doublé en cinquante ans. Dans le même laps de temps, sa place relative au sein de la population indienne a légèrement augmenté, passant de 7 à 7,5 %. Encore faut-il rappeler que la Partition et le processus d'hindouisation de certaines fractions ethniques ont opéré des prélèvements substantiels sur cet ensemble ethnique. La conclusion, c'est que le problème des minorités est appelé à prendre, dans l'Inde de demain, une importance de plus en plus grande.

Ajoutons qu'il y avait, en 1971, deux fois plus d'intouchables que d'adivasi : les *Scheduled Castes* comprenaient près de quatre-vingts millions d'individus, contre trente-huit millions pour les *Scheduled Tribes*. « Tribus et castes répertoriées » regroupaient donc, à elles seules, quelque cent dix-huit millions de personnes, soit plus du cinquième de la population indienne. On voit les difficultés économiques et politiques qui en résultent : que peut encore signifier le mot « minorité », lorsqu'on l'applique à une masse de plus de cent millions de personnes et qui s'accroît sans cesse... ?

Il convient, cependant, d'introduire une nuance. Si la population adivasi croît globalement, toutes les ethnies qui la composent ne voient pas leurs effectifs augmenter dans les mêmes proportions. On enregistre, ici, de sérieuses inégalités de développement. En fait, alors que les groupes numériquement les plus importants sont aussi ceux qui s'accroissent le plus vite, la population des plus petites ethnies tend parfois à décroître. Les Angami Naga, qui étaient cinquante mille en 1921, ne sont plus que trente mille en 1961. Les Toda, qui étaient 2 689 en 1881, descendaient à 807 en 1901 et à 640 en 1931. Enfin, le cas le plus dramatique est sans nul doute celui des Andamanais : de 786 en 1921, ils sont tombés à 27 en 1951, puis à 19 en 1979. Les chiffres, ici, parlent d'eux-mêmes : on ne voit plus quel miracle pourrait empêcher les Andamanais de disparaître bientôt de la surface de la Terre, emportant avec eux, dans le secret de la mort, le trésor de leur langue et de leurs traditions.

A quoi est dû un tel déclin ? D'abord à des causes biologiques : ravages effectués par la malaria, sans doute, mais aussi par l'alcoolisme et les maladies vénériennes, qui sévissent particulièrement dans les zones urbaines où les adivasi sont prolétarisés. Ajoutons-y l'explosion des maladies pulmonaires dans les régions froides, où les Angami Naga, par exemple, ont été obligés de renoncer à leur costume traditionnel pour adopter des vêtements de type occidental, inadéquats à leur environnement. Enfin, il faut tenir compte de la disparité entre les sexes (infériorité, dans certaines ethnies, du nombre des hommes par rapport à celui des femmes (22), et, surtout des causes d'ordre psychologique dont les effets, même s'ils sont difficiles à évaluer numériquement, n'en sont pas moins réels : les contacts prolongés et funestes avec toutes sortes d'étrangers à leurs cultures ont fini par démoraliser les adivasi. Nombreux sont les observateurs qui, dans certaines ethnies, ont été frappés par le climat d'apathie générale, d'indifférence et d'absence d'ambition dans la vie : sentiments qui, eux-mêmes, découlent de la détérioration des conditions socio-économiques. Heureusement, la plupart des groupes « tribaux » témoignent encore d'une vitalité remarquable, malgré les chocs auxquels ils ont été soumis.

DIVERSITÉ ETHNIQUE

Globalement, les adivasi s'opposent, par leurs origines ethniques, au reste de la population indienne. Celle-ci, d'ailleurs, est loin d'être homogène : il est sans doute peu de pays au monde où l'on rencontre une aussi grande variété de types physiques. Pourtant, les frontières séparant ces différents groupes sont des plus floues. En dépit des barrières élevées par la règle d'endogamie — qui ne s'applique pas seulement aux castes proprement dites, mais également aux ethnies adivasi —, les métissages ont été nombreux, au cours des siècles ; des mélanges se sont produits non seulement entre les différents groupes adivasi, mais aussi entre ceux-ci et certaines castes hindoues (en particulier, Rajpoutes). Par conséquent, il serait illusoire d'espérer retrouver aujourd'hui — sauf cas exceptionnels comme celui des fameux

Negritos – des représentants d'un type ethnique « à l'état pur » : on sait d'ailleurs que la race pure, en anthropologie, n'a pas plus de réalité que le corps pur en chimie...

Cela dit, il est incontestable que les adivasi diffèrent, même d'un point de vue strictement physique, de leurs voisins indo-aryens (dans le Nord) ou dravidiens (dans le Sud). On le comprend d'autant plus aisément qu'on accepte la thèse selon laquelle ils constitueraient les descendants des plus anciens habitants connus de l'Inde : peu à peu chassés de leurs terres par les différents peuples qui ont successivement envahi le sous-continent, vaincus à cause de l'infériorité de leurs armes, ils ont été constamment tenus *à part*, d'un bout à l'autre de l'histoire indienne. Ce n'est, sans doute, que depuis 1947 – pour prendre ici un repère symbolique – qu'a commencé le processus de leur intégration : encore celui-ci n'est-il ni rapide ni complet. Les textes sanscrits de l'époque védique cités au début de ce chapitre, et qui opposent radicalement « le peuple à la peau sombre » aux Blancs indo-aryens – ou, si l'on veut, les gens de la forêt, les « gens de l'autre », aux gens des villes et des villages, aux « gens du soi » (Jaulin) –, restent donc, à plus de deux mille ans de distance, substantiellement valides. Deux millénaires n'ont pas suffi pour effacer un clivage qui, jusque dans des détails inattendus, continue d'être visible aujourd'hui : singulière permanence, pour une histoire si mouvementée !

Reste que les adivasi – ceci va compliquer singulièrement le tableau – sont loin d'appartenir à un même type physique ou même à des types voisins. S'ils s'opposent globalement aux Indo-Aryens, ils ne s'en opposent pas moins les uns aux autres ; et plus on cherche à définir les traits particuliers de telle ou telle ethnie, plus ceux-ci semblent s'enfuir. Il n'est de frontière que floue, évanescente, mobile... Les anthropologues modernes, européens puis indiens, ont bien tenté de mettre de l'ordre dans cette diversité physique : ils ne sont jamais parvenus à produire des classements vraiment satisfaisants. Ils y parviendront sans doute de moins en moins au fur et à mesure que les années passent et que les métissages se multiplient : le temps, ici, joue contre la science.

Pour cette raison, on serait tenté de se reporter aux classifications les plus anciennes, qui ont été établies à la fin du siècle dernier ou au début de celui-ci, avec l'idée qu'elles sont peut-être plus nettes que celles qu'on pourrait obtenir aujourd'hui. Hélas, il n'en est rien. Outre qu'elles ont été faites dans un esprit désastreusement colonialiste, pour ne pas dire raciste, elles sont littéralement inutilisables. C'était l'époque où les savants partaient dans la jungle avec, pour tout bagage intellectuel, le désir de prouver la supériorité du type anglais. Pour étayer celle-ci, ils s'affairaient à mesurer, sur quelques dizaines d'individus, la hauteur du front, la longueur du nez, la distance séparant les deux yeux ; ils notaient fébrilement la couleur de la peau de leurs porteurs, sans prendre garde qu'il n'y en avait pas deux pareilles ; ils appréciaient, enfin, de leur haute taille, la stature généralement plus faible des « sauvages ». Puis, rentrés dans le calme de leurs cabinets, ils échafaudaient d'ingénieuses hypothèses sur la dérive des continents et le mouvement des peuples...

Bien entendu, l'anthropologie moderne procède de manière plus sérieuse. Elle ne s'intéresse pas seulement aux mensurations mais également aux groupes sanguins ; ses observations ont davantage de précision, ses hypothèses moins d'audace. Il n'en reste pas moins qu'aucune théorie n'est, à ce jour, parfaitement prouvée. Il n'est donc pas indispensable ici de consacrer une longue place à leur exposé. Bornons-nous à résumer la classification la plus plausible, celle de Stephen Fuchs (23). Fuchs répartit les adivasi entre trois classes principales, auxquelles il donne des noms consacrés par un long usage et néanmoins discutables : Proto-Australoïdes, Mongoloïdes et Negritos.

Classiquement, les Proto-Australoïdes sont caractérisés par leur peau sombre, leur nez écrasé et leur front bas (exemples : les Munda, les Oraon, les Gond). Bien que leur origine réelle ne puisse être établie avec précision, il est permis de les considérer comme apparentés aux aborigènes australiens.

Les Mongoloïdes, appartenant à la race « jaune », viennent sans doute du Tibet, du sud de la Chine ou de la Birmanie. Ils occupent aujourd'hui les pentes himalayennes ainsi que certaines régions du nord-est de l'Inde, où ils se divisent en de très nombreux sous-groupes.

Les Negritos, enfin, constituent un groupe tout à fait minoritaire. Au sens strict du terme, ils n'existent plus, aujourd'hui, qu'aux îles Andaman. Ce qui les caractérise, ce n'est pas seulement leur petite stature, leur peau sombre, leurs cheveux frisés, leur profil « papou » — traits que l'on retrouve, séparément ou tous ensemble, chez d'autres ethnies du sud de l'Inde comme les Kadar, les Irula et les Panyan. C'est aussi leur groupe sanguin, qui diffère de celui des Kadar et interdit, par conséquent, de tenir ces derniers pour descendants des Negritos contrairement à ce que croyaient des anthropologues plus anciens comme Guha (24).

De ces trois catégories, celle des Proto-Australoïdes est la plus problématique. Sans doute maintes ethnies du centre et du sud de l'Inde présentent-elles certains traits en commun (orbites saillantes, nez écrasé), qu'on retrouve de manière plus nettement affirmée chez les aborigènes australiens. Toutefois, de nombreuses ethnies du nord de l'Inde, même si elles sont sans rapport avec les précédentes du point de vue culturel ou linguistique, présentent aussi des traits analogues. La seule classification possible à l'intérieur du groupe proto-australoïde serait donc linguistique, non physique ; faute de pouvoir clairement discriminer les différentes ethnies sur la base de leur apparence, on le ferait en fonction de leur langue. Dès lors, trois sous-groupes se dessineraient.

D'abord, un ensemble d'ethnies qui occupent le nord-est de l'Inde centrale, constituent sans doute les plus anciens habitants de ces régions et parlent, depuis très longtemps, des dialectes aryens empruntés à leurs voisins (on rangera parmi celles-ci les Baiga, les Pardhan et les Asura).

Ensuite, un groupe d'ethnies qui parlent des langues dravidiennes : Maler, Oraon, Gond et Khond pour ne citer que les principales. En tout, sept millions d'individus si l'on s'en tient au *Census* de 1961. Des témoignages culturels tendent à prouver que ces ethnies vécurent originellement dans le sud de l'Inde, qu'elles en furent chassées par une population techniquement supérieure et qu'elles remontèrent alors vers le Centre et le Nord, où elles se fixèrent, vers le Ve siècle avant notre ère, sans pour autant se fondre avec les ethnies munda qui occupaient déjà ces régions.

Reste, enfin, le problème des Munda : doivent-ils être inclus dans la famille proto-australoïde ? C'est ce que pensait Guha, mais Fuchs n'est pas d'accord. Pour ce dernier, les ethnies parlant des langues mundariennes (Munda, Ho, Santal, mais aussi Kol, Birhor, Bhumij, etc.) viennent de l'est de l'Asie. Ce sont des Austro-Asiatiques, linguistiquement apparentés aux Mon-Khmer. Leurs ancêtres seraient arrivés dans le nord-est de l'Inde centrale — déjà occupé par des ethnies parlant des dialectes aryens — vers le VIIIe siècle avant l'ère chrétienne. Enfin, toujours selon Fuchs, le lien entre les Munda d'une part, et les peuples Mon et Khmer de l'autre, serait formé par les Khasi de l'Assam et par les habitants des îles Nicobar, qui, les uns et les autres, parlent des langues austro-asiatiques.

Comme on le voit, l'anthropologie physique n'est pas encore une science exacte. Heureusement, la linguistique vient l'aider à préciser ses méthodes de classement. Et avec l'étude des langues, nous abordons un terrain moins mouvant.

DIVERSITÉ LINGUISTIQUE

Seuls deux grands groupes adivasi ont conservé jusqu'à aujourd'hui leur langue originelle — si l'on met à part, évidemment, les derniers Andamanais, dont la langue, complètement isolée, ne semble pouvoir être rattachée à aucune branche connue. Ces deux groupes sont d'une part les ethnies munda et de l'autre les ethnies sino-tibétaines.

a) *Les langues mundariennes*

Actuellement, les linguistes considèrent que les langues

mundariennes, parlées dans le Bihar, ainsi que le Khasi (Assam) et le Nicobarais, appartiennent à la famille des langues austro-asiatiques. Les langues mon parlées en Birmanie et les langues khmer du Cambodge appartiennent également à cette famille. De toutes les langues mundariennes, la plus importante en Inde est le santhali, parlée par plus de trois millions de personnes.

b) *Les langues sino-tibétaines*

Il s'agit là d'un groupe qui se divise en trois branches principales : tibéto-birmane, thaï et chinoise. La majorité des langues sino-tibétaines de l'Inde sont en fait des langues tibéto-birmanes : par exemple, les langes bodo (koch, kachari, garo, etc.) ou bien naga. N'appartiennent à la branche thaï que l'ahom (aujourd'hui disparu) et un dialecte parlé dans l'est de l'Assam par des immigrants récemment arrivés de Birmanie.

c) Comme on le voit, seulement une minorité de la population adivasi de l'Inde contemporaine parle encore des langues « indigènes » : les autres ethnies ont embrassé les langues – soit dravidiennes, soit indo-aryennes – parlées par leurs voisins hindous.

Du côté indo-aryen, les langues qui se sont le plus diffusées parmi les adivasi sont l'hindi, l'oriya, le bengali, l'assamais, les dialectes bihari et rajasthani. Le bhili, par exemple – langue des Bhil – se divise en plusieurs dialectes régionaux, tels que le vagri ou le magri : parlé au nord d'Udaïpur, le magri se rapproche du marwari, qui n'est lui-même qu'un dialecte rajasthani, tandis que le vagri, parlé dans les districts plus méridionaux de Dungarpur et Banswara, ressemble au gujarati – qui est, par le nombre de locuteurs, la septième langue indienne. On remarque par ailleurs (25) que les différents dialectes bhil comprennent des mots qui se sont pas d'origine aryenne, mais d'origine munda ou dravidienne. Grierson avait, à ce propos, formulé l'hypothèse selon laquelle la langue originelle des Bhil aurait été une langue munda, supplantée par une langue dravidienne, laquelle aurait fini, à son tour, par céder la place à une langue aryenne...

Quant aux langues proprement dravidiennes parlées par les

adivasi, on peut les diviser en quatre principales (tamoul, malayalam, kannada, telougou) et en une foule de langues moins importantes parmi lesquelles figurent le kurukh (parlé par les Oraon), le kandh ou kui, le gondi (parlé par un peu moins de la moitié de l'ethnie gond), le koya, le kota et enfin le toda, parlé par quelques centaines de personnes seulement. Au demeurant, on ne sait toujours pas avec certitude si les langues dravidiennes sont nées dans le sud de l'Inde et se sont diffusées vers le nord à la faveur de migrations de populations ou si elles occupaient toute l'Inde avant l'invasion aryenne, qui les aurait refoulées vers le sud. Il est donc difficile, pour ne pas dire impossible, de dire à quel moment et pour quelles raisons certaines ethnies ont adopté des langues complètement étrangères à leur propre culture.

Ce qui est sûr, c'est que les langues tribales originelles — munda et sino-tibétaines —, connaissent, elles, un net déclin. Là où elles existent encore, elles sont de moins en moins parlées, et peut-être faut-il craindre, avec Fuchs, qu'elles ne soient condamnées à l'extinction finale. En tout cas, ce déclin ne date pas d'hier : il y a fort longtemps qu'il a commencé, de même que l'extension progressive des langues aryennes et dravidiennes. Cette extension est sans doute liée à la supériorité technique, économique et politique de la société hindoue par rapport aux diverses cultures adivasi, ainsi qu'au prosélytisme hindou. Il s'agit là de phénomènes qu'on peut apprécier diversement, mais qui ne sont pas vraiment contestables. En revanche, nous nous séparerons de Fuchs — que nous avons pourtant suivi jusqu'ici d'assez près — lorsqu'il attribue le déclin des langues dites « tribales » à leur pauvreté : ces langues manqueraient, selon lui, de termes abstraits et plus généralement de cette « richesse d'expression » qu'on trouve dans les « langues civilisées » (26) ! Ici, un fait important témoigne contre Fuchs : il existe une très belle littérature orale dans la plupart des ethnies adivasi, et la richesse des mythes, des contes, des poèmes, des dictons et des chants d'origine « tribale » suffit à prouver que les langues qui leur ont donné naissance ne sont ni pauvres ni méprisables. Il est vrai que le sentiment esthétique de Fuchs semble être inférieur à celui d'Elwin qui, lui, appréciait vivement l'art adivasi...

DIVERSITÉ ÉCONOMIQUE

Après avoir rapidement indiqué les différences physiques et linguistiques qui séparent les principales ethnies, venons-en maintenant à la diversité de leurs systèmes économiques et de leurs organisations sociales.

Du point de vue économique, 89,2 % des adivasi sont, d'après le *Census* de 1961, engagés dans des activités de type agricole. Cela signifie que seule une faible minorité — moins de 10 % — continue de tirer l'essentiel de ses ressources de la chasse et de la cueillette. Pourtant il est probable que, dans des temps reculés, les ancêtres des adivasi devaient tous être ce qu'on nomme en anglais des « ramasseurs de nourriture » *(foodgatherers)* — autrement dit des chasseurs-collecteurs. Mais le recul massif de ce type d'organisation fondée sur le nomadisme s'explique assez bien par l'histoire des invasions successives qui se sont produites sur les territoires « tribaux » : peu à peu chassés des grands espaces à l'intérieur desquels ils avaient l'habitude de se déplacer, victimes de la disparition progressive des forêts, refoulés vers des régions inhospitalières, les chasseurs-collecteurs se sont vus contraints d'abandonner leur mode de vie libre et errant. Aujourd'hui, bien que la plupart des ethnies se soient converties à l'agriculture, quelques groupes nomades survivent encore ; ils doivent leur salut au fait qu'ils opèrent dans des régions peu accessibles, peuplées seulement d'adivasi. Les Birhor, les Korwar et les Hill Kharia du Chhota Nagpur, de même que les Chenchu du sud de l'Inde, magistralement étudiés par von Fürer-Haimendorf, représentent les derniers adeptes de cette économie de ramassage. Cependant, leur nombre ne peut aller qu'en diminuant car, les terres cultivables étant toujours insuffisantes pour les besoins de l'Inde, les forêts sont plus que jamais menacées. Il est vrai que toutes sortes de mesures politiques et administratives s'efforcent de donner à ces groupes nomades la protection dont ils ont besoin : nous en reparlerons, sans nous dissimuler pourtant que de telles mesures, si elles permettent de retarder la disparition définitive des *foodgatherers*, ne suffiront sans doute pas à l'empêcher.

Revenons donc aux agriculteurs : ils constituent le gros de la population adivasi. Mais de nouvelles distinctions s'imposent ici, en fonction des types d'agriculture pratiqués. Si l'on se souvient que ces paysans sont presque tous d'anciens nomades, on ne s'étonnera pas que beaucoup d'entre eux continuent à s'adonner à la culture sur brûlis, activité essentiellement itinérante. Bien sûr, ce mode d'exploitation de la terre – baptisé *jhum* – est officiellement découragé par les autorités indiennes, parce qu'il est dommageable aux forêts – dont une exploitation plus « rationnelle » (selon les normes occidentales) pourrait être faite. Les gouvernements régionaux cherchent donc à imposer aux adivasi la pratique d'une agriculture sédentaire : mais cela n'est pas facile, car l'agriculture itinérante n'est pas seulement une technique, c'est aussi une vision du monde. Autrefois, les adivasi vivaient près de la « jungle », ils menaient une existence libre à travers des collines presque inhabitées et méprisaient quelque peu les paysans installés dans les plaines, qui travaillaient plus qu'eux et étaient obligés d'entrer en relations commerciales avec des hindous. En fait, la vision du monde de ces cultivateurs nomades différait totalement de celle des sédentaires. Aussi l'obligation qui a été faite aux premiers de se plier au mode de vie des seconds a-t-elle provoqué, non seulement de vives résistances, mais également, chez ceux qui peu à peu acceptaient de se fixer sur les terres qui leur étaient octroyées, de sérieux troubles dans les bases mêmes de leur organisation sociale et culturelle.

S'ajoute à cela le fait que ces terres chichement concédées aux adivasi ont été, en général, les plus mauvaises. Il faut rappeler ce qu'a été le régime de la propriété foncière en Inde : avant la colonisation, la terre appartenait collectivement à chaque village et, en dernière instance, au *rajah* local – qui ne faisait guère valoir ses droits. Les musulmans de l'époque moghole développèrent un système quelque peu différent, où le *zamindar* – originairement collecteur d'impôts pour le compte du *rajah* – finissait par déposséder le village, s'approprier la terre et faire des villageois ses locataires. Mais c'est surtout à l'époque britannique que l'expropriation des paysans indiens atteignit son paroxysme : à la fin du XIXe siècle, le *British Tenancy Act* ôta aux adivasi les terres qu'ils possédaient encore collectivement, pour les donner ou pour les vendre (contre un prix dérisoire) aux grands propriétaires hindous ou musulmans. Et même l'Indépendance n'a pas résolu tous les problèmes puisque, de 1947 à 1961, le gouvernement a encore exproprié de nombreux territoires « tribaux » pour y installer des industries. Près de quinze mille familles ont été ainsi, selon Fuchs, privées de plus de deux cent quarante mille kilomètres carrés de terres, et réinstallées sur un territoire de seulement trente-deux mille kilomètres carrés (27)...

Il y a peu à dire, ici, des activités non agricoles : l'élevage n'est guère pratiqué par les adivasi (sauf chez les Toda, qui sont pasteurs) ; quant à l'artisanat, il est vivace dans toutes les ethnies, mais constitue plutôt une activité d'appoint qu'une source de revenus, ses produits étant rarement commercialisés.

Enfin, la proportion d'adivasi engagés dans des activités de type industriel ne doit pas faire illusion : il s'agit en général de paysans prolétarisés employés comme manœuvres, et seule une minorité absolument infime a pu, jusqu'ici, s'élever dans l'échelle sociale – que ce soit par le biais d'une spécialisation technique ou par celui des études supérieures. Encore ces résultats n'ont-ils été obtenus que depuis l'Indépendance, et grâce à l'action intensive du gouvernement.

DIVERSITÉ SOCIO-POLITIQUE

Ici aussi, il convient de distinguer entre les ethnies de chasseurs-collecteurs et les ethnies d'agriculteurs. Parmi les premières, l'unité de base est la famille naturelle. Plusieurs familles, unies par des liens de parenté, forment un groupe local ; celui-ci pratique l'exogamie. Les liens du mariage sont lâches et le divorce fréquent. Le chef – en général l'adulte de sexe masculin le plus âgé du groupe – n'a guère d'autorité : il est plutôt un porte-parole ou un arbitre, respecté mais pas nécessairement obéi.

Dans les ethnies d'agriculteurs, l'unité de base n'est plus la famille nucléaire, mais la *joint-family* – c'est-à-dire la famille étendue, où les enfants persistent à habiter avec leurs parents même après leur mariage. Les Bhil, pourtant, bien qu'ils aient été largement hindouisés, continuent d'ignorer le *joint-family-system* si cher aux hindous. Un trait, en revanche, est commun à toutes les ethnies sédentaires : le respect (relatif) de l'exogamie au niveau du village. L'autorité y est exercée par le conseil *(panchayat)* du village. D'autre part, à ce système de villages se superpose parfois – comme chez les Gond – un système de clans liés à des ancêtres communs. Dans les ethnies gond, généralement patrilinéaires, les liens de la communauté villageoise apparaissent plus forts que ceux du clan ; en revanche, dans les communautés qui ont une structure matrilinéaire – comme, par exemple, les Khasi et les Garo du Meghalaya –, la solidarité du clan peut se révéler plus forte. Dans ce cas, un village n'est occupé que par un seul clan, constitué selon la descendance matrilinéaire ; l'autorité y est exercée par la femme la plus âgée ou, en son nom, par son frère ; enfin, un homme ne quitte pas la famille de sa mère : il ne vit donc pas avec celle de sa femme, mais se contente d'aller lui rendre visite à certains intervalles *(visit-marriage)*.

Ajoutons que les clans, dans mainte communauté adivasi, sont des clans totémiques. Le totémisme a peut-être été apporté, à l'origine, par les Proto-Australoïdes. Quoi qu'il en soit, il existe dans les sociétés matrilinéaires comme dans les sociétés patrilinéaires. Il est très répandu dans le nord-est de l'Inde centrale, tandis qu'il est pratiquement inexistant dans le nord proprement dit : la seule forme d'exogamie pratiquée dans cette région est l'exogamie territoriale.

D'une manière générale, on peut dire que l'organisation politique des adivasi se caractérise par son aspect essentiellement démocratique. Face au système hiérarchisé des castes hindoues, face au pouvoir centralisé des *rajah*, face à l'organisation bureaucratique de l'Empire moghol puis britannique, les sociétés « tribales » ont toujours vécu dans une relative égalité qui n'a cessé de frapper les voyageurs et dans une ambiance fraternelle dont on trouverait peu d'exemples dans le reste de l'Inde. Cependant, les progrès de l'occidentalisation et ceux de l'hindouisation ont entraîné, en ce domaine, de profondes transformations.

Pour déterminer ce bref tableau de l'univers adivasi, nous dirons quelques mots des diverses religions entre lesquelles il se partage.

DIVERSITÉ RELIGIEUSE

Il s'agit là, d'ailleurs, d'une diversité qui n'est pas propre aux « tribaux »: l'Inde elle-même, dans sa totalité, en donne l'exemple. Mais s'il semble naturel de trouver, à l'échelle du sous-continent, des représentants de presque toutes les religions, il est plus surprenant de rencontrer une variété analogue au sein d'une population de quarante millions d'individus. En fait, seul l'islam semble ne pas avoir touché les adivasi, sans doute à cause de sa grande rigueur, difficilement compatible avec la fantaisie propre aux sociétés « tribales »...

Mentionnons, pour commencer, les religions traditionnelles encore pratiquées par quelque deux millions d'individus (au *Census* de 1971). On les confond souvent les unes avec les autres en les englobant sous le terme discutable d'*animisme*. Discutable, ce terme l'est pour autant que toutes les religions — y compris le christianisme — contiennent un élément animiste, et que, d'autre part, les religions adivasi ne peuvent pas se définir uniquement par cet élément. Les adivasi, en effet, ne croient pas seulement que certains objets inanimés sont habités par des esprits; ils croient aussi en un être suprême, en un dieu personnel et parfois créateur, qui est souvent identifié à l'esprit du soleil. On l'appelle *Bhagwan* dans de nombreuses ethnies. Toutefois, ce dieu est considéré comme oisif : on l'invoque, mais on ne lui rend guère de culte. D'autres divinités sont jugées plus importantes du point de vue émotif ou du point de vue cérémoniel : la première de celles-ci, pour des peuples d'agriculteurs, est la déesse de la fécondité – qui porte souvent un nom aryen (Pârvatî ou Kali). D'autres dieux hindous (Vishnou, Çiva) jouent un rôle plus ou moins essentiel. En fait, presque toutes les ethnies ont absorbé, à un degré ou à un autre, des éléments hindous : seuls les chasseurs-collecteurs, ici, font exception.

Par ailleurs, tous les adivasi croient à la survie de l'âme. Beaucoup pratiquent certaines formes de culte aux ancêtres. La vision du monde de ces sociétés est encore profondément magique. La sorcellerie est largement répandue. La guérison des maladies est entre les mains de *medicine-men* qui établissent par divination la cause des maux et la nature des remèdes. Il existe aussi des *shaman* adivasi ; ce sont parfois des femmes. Ces *shaman,* à la différence de leurs homologues sibériens, ne prétendent pas que leur esprit va visiter les dieux : ils disent au contraire que ce sont les dieux qui viennent s'emparer de leur esprit. La pratique des rites de possession est très répandue. Pour toutes ces raisons les adivasi ont souvent, en Inde, la réputation de magiciens : pourtant, l'importance de la magie n'est pas moins grande dans les basses castes hindoues que chez les adivasi proprement dits.

Évidemment, au cours des siècles, les systèmes de croyances et de rites composant les religions traditionnelles ont été amenés à s'effriter sous la pression de l'hindouisme d'abord, puis, à partir du XIXe siècle, sous celle du christianisme.

En fait, la majorité des adivasi prétendent aujourd'hui professer l'hindouisme – si l'on met à part les habitants des vallées de Lahul et de Spiti, dans l'Himachal Pradesh, et de certaines vallées himalayennes du Nord-Est, qui sont bouddhistes (d'obédience lamaïste). Ce triomphe de l'hindouisme s'explique d'abord par la pression lente mais constante exercée sur les communautés adivasi par leurs voisins; mais aussi, quelquefois, par la pratique des conversions de masse. On se souvient, par exemple, des soixante-quinze mille Bhil et Dhanka convertis de force par le brahmane vishnouite Viswanath, mort en 1945. A l'époque contemporaine, le mouvement *Bhagat* s'est développé avec quelque succès dans certaines « poches » adivasi : il jouit évidemment de la sympathie des autorités indiennes, peu favorables au christianisme, et joue du désir qu'éprouvent certains adivasi de s'élever dans la hiérarchie des castes, pour leur imposer l'observance des règles hindoues les plus sévères en matière d'hygiène ou d'alimentation. En un sens, on peut dire, avec Fuchs (28), que l'accroissement rapide de la population indienne, le développement des industries dans les régions « tribales », celui des communications et le contrôle toujours plus strict exercé par l'administration favorisent considérablement les progrès de l'hindouisme. Pourtant, ceux du christianisme, qui ne sont guère encouragés, sont encore plus rapides : il y a là un singulier paradoxe...

La première mission chrétienne destinée spécifiquement aux adivasi fut une mission protestante, qui s'installa en Assam en 1841. Par la suite, les missions se multiplièrent et se répandirent dans le Chhota Nagpur, en Orissa, au Rajasthan. Au Nagaland, le christianisme est aujourd'hui la religion de la majorité de la population; d'après le *Census* de 1961, plus d'un million d'adivasi se déclaraient chrétiens dans l'Assam et le Bihar réunis. Du reste, il suffit de lire le tableau des relations indiennes (reproduit à la fin de ce livre) pour observer que le christianisme est, de toutes, celle qui à l'heure actuelle progresse le plus rapidement : les adivasi n'offrent-ils pas un terrain de choix aux conversions ? En embrassant l'une des religions chrétiennes qui leur est proposée (catholique ou protestante, à peu près à égalité), ils parviennent en effet à s'arracher à la condition très basse qui leur est faite dans l'hindouisme : d'une part, parce que les chrétiens ignorent (théoriquement) les castes, de l'autre, parce que la communauté chrétienne, disposant de quelques richesses et d'un certain pouvoir, est considérée avec respect par les hindous, même si elle n'attire pas la sympathie. Enfin, on ne peut nier que les missions – qui sont aujourd'hui composées, dans leur immense majorité, de prêtres indiens, la plupart des missionnaires étrangers ayant dû quitter le pays après l'Indépendance – jouissent d'une grande popularité auprès des pauvres, auxquels elles fournissent gratuitement l'assistance médicale et scolaire, et cela jusque dans les régions les moins accessibles.

Reste que la situation d'un adivasi qui se convertit au christianisme n'est pas toujours des plus faciles : d'abord, parce qu'il cesse par-là même d'être un adivasi « comme les autres », ensuite parce qu'il n'est pas pour autant admis dans la société hindoue. N'appartenant plus à son groupe d'origine, il n'est pas davantage intégré au groupe dominant. Placée dans cet « entre-deux » peu commode, la communauté chrétienne connaît donc de graves problèmes, et a parfois tendance à se refermer sur elle-même. De surcroît, le prosélytisme chrétien et le nationalisme adivasi sont souvent assimilés l'un à l'autre et vaguement accusés de vouloir briser l'unité de l'Inde. Le problème religieux devient donc un problème politique. Ou plus exactement : tous les problèmes religieux, en Inde, ont toujours été en même temps des problèmes politiques – comme le prouve amplement, du reste, la permanence des conflits « communalistes », opposant l'une à l'autre les deux grandes communautés hindoue et musulmane. Mais à ce point, si l'on veut mieux comprendre la nature des problèmes sociaux et culturels qui se posent actuellement aux adivasi, il devient indispensable de retracer, de façon plus détaillée, le cours de leurs vicissitudes passées. Seul ce regard sur les siècles précédents nous permettra de sortir des généralités abstraites et d'entrer, par le biais de son histoire, dans le drame concret vécu depuis des siècles par le « peuple submergé »...

VI. L'ère des révoltes : des messies aux guérilleros.

Habitants des forêts, barbares, hommes noirs ou singes : on l'a vu, les adivasi ont de tout temps reçu des noms péjoratifs, voire franchement méprisants, de la part de leurs voisins hindous. Et il n'est presque aucun texte, depuis les débuts de l'immigration aryenne dans la vallée du Gange, qui ne les décrive comme des sauvages. Malgré cet ostracisme constant, de nombreuses ethnies furent progressivement intégrées à la société hindoue : mais ce fut pour y être reléguées au plus bas de l'échelle sociale.

Toutefois le dédain affiché par les Brahmanes pour les « habitants des forêts » et les phobies de pollution qui l'accompagnent n'empêchent pas certaines œuvres sanskrites de la période classique d'abonder en commentaires témoignant également d'une certaine admiration pour la beauté et les prouesses physiques des adivasi. Le paradoxe n'est qu'apparent. Selon Lannoy, « les hindous d'ascendance aryenne étaient plus attirés par les chasseurs aborigènes que par les paysans hindous intégrés au système des castes, bien que ces derniers soient théoriquement d'un rang social plus élevé et membres des quatre *varna* » (1). L'existence relativement libre des aborigènes vivant de cueillette fut en effet une source d'inspiration pour la culture classique indienne, et fournit le modèle de l'idéal de l'ermitage où tout hindou orthodoxe aspire à se retirer à la fin de sa vie.

On ne sait virtuellement rien sur les adivasi au cours de la période s'étendant du VIIIe siècle av. J.-C. au XIIIe siècle de notre ère. On ignore presque tout de leurs migrations, de leurs luttes intestines et des combats qu'ils durent livrer contre les envahisseurs étrangers. Deux mille ans d'obscurité au cours desquels les « tribus » s'installèrent dans les territoires qu'elles occupent actuellement. Pourtant, bien qu'isolées par les forêts denses et le relief montagneux des régions où elles s'établirent, il est certain qu'elles eurent, tout au long de leur histoire, des contacts avec les populations hindouisées sédentaires, ne serait-ce que par l'intermédiaire des *haat* (foires hebdomadaires).

Ce n'est qu'au XVIe siècle que les adivasi commencent à apparaître sur la scène de l'histoire. Les Bhil du Rajasthan entrèrent alors en conflit avec les souverains moghols. Certains clans furent convertis de force à l'islam, les autres s'enfuirent dans les collines d'où ils poursuivirent leur lutte contre les musulmans. De son côté, le puissant royaume des Raj Gond qui occupait, au centre de l'Inde, un territoire grand comme l'Angleterre, dut se soumettre à l'empereur Akbar et lui payer tribut après la capture de sa capitale, Garha, en 1564 par l'armée impériale. Le *rajah* du Chhota Nagpur, région du sud du Bihar convoitée par les Moghols pour ses riches gisements de minerai de fer, devint, à la fin du XVIe siècle, le vassal de l'empereur Jahangir. Enfin certaines ethnies de l'ouest de l'Inde, comme les Bhil et les Korki, continuèrent à subir jusqu'au XVIIIe siècle les assauts féroces des Rajpoutes, des musulmans puis des Mahrattes qui les dépossédèrent de leurs terres. Les aborigènes qui tentèrent de résister furent traités avec une extrême cruauté.

Mais malgré les incursions des souverains hindous ou musulmans, plus intéressés par le paiement d'un tribut que par le contrôle effectif de régions difficiles d'accès, sous-peuplées et infertiles, les populations aborigènes demeurèrent dans l'ensemble peu affectées par les invasions, les changements dynastiques et les bouleverments politiques. La colonisation britannique allait tout changer.

En effet, la plupart des « tribus » du Centre, de l'Est et du Sud, qui étaient demeurées indépendantes, devaient connaître à partir du XVIIIe siècle une nouvelle force d'agression extérieure qui, pour être moins brutale et prétendre se parer d'un simulacre de légalité, n'en produisit pas moins les mêmes résultats. Dépouillés de leurs biens, écrasés sous un fardeau de dettes transmises de génération en génération, les aborigènes furent réduits en moins d'un siècle à l'état de serfs et d'étrangers sur leurs propres terres.

Tout débuta lorsque les bâtisseurs de l'Empire anglais, persuadés des bienfaits de la *Pax Britannica,* cherchèrent à instaurer une loi, une infrastructure administrative et un régime foncier uniques sur toute l'étendue de leurs possessions, sans se soucier de savoir s'ils étaient compatibles avec les cultures aborigènes. Il est vrai que la conquête britannique était destinée à mettre fin aux raids des « tribus », aux vendettas meurtrières qu'elles se livraient, à la chasse aux têtes (pratiquée par les Naga) et aux sacrifices humains (répandus chez les Khond), autant qu'à accroître les revenus de la Compagnie des Indes. Mais après avoir réduit les ethnies rebelles par la force, développé les routes et implanté une administration, les Anglais ne s'arrêtèrent pas en si bon chemin : ils décidèrent que les régions nouvellement conquises seraient « mises en valeur ». Dans la foulée des colonisateurs, une armée de négociants et d'aventuriers, déterminés à faire fortune par tous les moyens, envahit les territoires « tribaux ». Un verset santhal du XIXe siècle, encore récité dans les veillées, dénonce les pratiques de ces étrangers :

« Vous entrez dans notre pays mince comme une anguille.
« Vous le quittez gros comme un soc de charrue. »

Les *mahajan* (négociants) commencèrent par acheter les surplus de grains des paysans aborigènes qu'ils payaient en nature ou en espèces. Il ne fallut pas longtemps à ces négociants malhonnêtes, profitant de la crédulité des adivasi, pour réduire ces derniers à l'état de serfs. Les *mahajan* encouragèrent les adivasi à emprunter de l'argent à des taux usuraires pour payer leurs achats de sel, de tabac, de tissu ou de grains pendant les périodes de pénurie. Les paysans devaient rendre le double du grain emprunté à l'usurier lorsque la moisson était récoltée. Les taux d'intérêt sur d'autres prêts étaient exorbitants – entre 100 % et 500 %. Le prix des denrées agricoles achetées par les *mahajan* était fixé au plus bas, et leurs marchandises vendues au prix fort. Les négociants utilisaient deux sortes de poids – un pour les achats et un autre pour les ventes. Incapables de rembourser leurs dettes, les paysans étaient contraints de vendre leurs terres, leur bétail, leur maison et enfin leur force de travail à des prix dérisoires à l'usurier qui avait réalisé dix fois la somme empruntée et continuait d'exiger le paiement des intérêts. Dans un district du Chhota Nagpur, 60 % des terres appartenant aux adivasi furent ainsi vendues par ceux-ci pour rembourser leurs dettes.

Les adivasi ont conservé de cette période une haine tenace à l'égard des *dikkou* qui les dépouillèrent avec une impunité totale. Encore aujourd'hui *dikkou* est synonyme de fourbe, d'escroc, et désigne une personne en qui l'on ne peut avoir aucune confiance. Les *dikkou* sont souvent comparés, dans le Chhota Nagpur, à des serpents *(bing)*, à des sorciers *(najom)* ou à des tigres mangeurs d'hommes *(koula)*. Selon un dicton santhal, « un *dikkou* est un usurier, une vieille hyène qui broie même les os desséchés ».

Dans une étude récente (2), S.C. Sinha, étudiant l'extension du concept de *dikkou* parmi les adivasi du Chhota Napgur, observe que le terme s'applique aux « étrangers » mais n'inclut pas les forgerons, les barbiers, et les membres des autres castes inférieures (comme par exemple les Dom) aussi pauvres que les adivasi eux-mêmes. Il apparaît donc que seuls sont considérés comme *dikkou* ceux qui jouissent d'un statut économique supérieur aux aborigènes – en un mot : leurs exploiteurs. D'où la connotation fortement péjorative que le terme a conservée depuis l'époque coloniale chez les Munda, les Ho, les Santhal et les Bhumij : il englobe, dans une même haine, les fonctionnaires, les policiers, les usuriers, les propriétaires terriens et les négociants étrangers au monde adivasi.

Loin de protéger les aborigènes contre les exactions des usuriers – qui étaient leurs coreligionnaires et complices – les fonctionnaires, nommés par les Britanniques pour administrer la justice, contribuèrent activement à leur exploitation. Ignorants, incapables de comprendre ou de maîtriser la complexité de lois étrangères totalement inadaptées à leur milieu, les adivasi ne pouvaient obtenir justice auprès des cours mises en place par la puissance coloniale.

Citons, pour illustrer cette « perversion » du système judiciaire au profit des propriétaires terriens, le témoignage d'un administrateur britannique du XIXe siècle sur les pratiques des *Gujar* (caste dominante) du district de Dhulia, dans l'État du Maharashtra :

« (...) Un Bhil reçoit une avance de vingt à cinquante roupies d'un *Gujar* pour se marier. Il s'engage alors à son service pour une certaine somme, fixée généralement à vingt-quatre roupies par mois. Il doit être en outre nourri, recevoir une paire de chaussures, un vêtement et un turban. Le Gujar fera en sorte que cette dette ne soit jamais remboursée. A la fin de la première année ou même au bout de deux ans, le Bhil demandera un règlement de ses dettes. A ce moment-là le Gujar aura préparé ses comptes de telle manière que le Bhil semblera lui être redevable d'une somme considérable. Afin de calmer sa colère, le Gujar lui donnera quelques roupies et lui fera signer un autre contrat. Le Bhil pourra se considérer heureux si sa dette ne s'élève pas alors à plus de cent roupies bien qu'il n'en doive en réalité pas plus de vingt. Le Bhil se trouvera désormais totalement à la merci de l'usurier. S'il veut rompre son contrat, le Gujar le menace d'emprisonnement pour violation de contrat, et de poursuites devant les tribunaux pour la réalisation de sa créance » (3).

Dans une lettre adressée à Mr. Ashburner, magistrat de Khandesh, le Major Probyn et M. Pritchard décrivent ainsi le fonctionnement de ces tribunaux :

« Nous incluons ci-joint des listes montrant le nombre de procès intentés par des Gujar et des usuriers contre des Bhil devant le tribunal de Nandurbar durant les années 1867, 1868 et 1869. Sur les six cent trente-cinq jugements qui ont fait l'objet de notre étude, six cent douze furent prononcés en faveur des plaignants et vingt-trois seulement en faveur des Bhil. Il est significatif que durant ces trois années les Bhil n'aient intenté aucun procès aux Gujar et aux usuriers pour violation de contrat, pour une répartition équitable du produit des récoltes ou le règlement de leurs comptes, bien qu'au cours de nos tournées dans le pays nous ayons été assaillis par des centaines de Bhil nous implorant d'intervenir pour résoudre de tels litiges » (4).

Ainsi que le soulignait non sans ironie S.D. Kulkarni, « quoique les Britanniques aient aboli l'esclavage en Inde, c'est grâce au Code de Procédure civile que les Gujar réduisirent les Bhil à un état de quasi-esclavage ».

Les témoignages de l'époque et les travaux récents s'accordent à mettre en évidence la responsabilité des Britanniques dans cette oppression systématique des populations « tribales » par une minorité d'exploiteurs. « Dans le Chhota Nagpur, l'établissement de l'autorité britannique eut pour résultat une exploitation plus sévère et plus systématique des aborigènes », reconnaît J.H. Hutton lui-même (5).

Les adivasi ne savaient vers qui se tourner pour obtenir justice. Les administrateurs britanniques de la Compagnie des Indes – connue sous le nom de « Grand Dieu Cupni » par les adivasi – ignoraient tout de la situation réelle. Ils étaient par ailleurs trop éloignés pour corriger les abus les plus flagrants, ou souvent incapables d'intervenir. Un fonctionnaire britannique en poste au Rajasthan confesse ainsi son impuissance à venir en aide aux Bhil, exploités par les Gujar : « Je ne pouvais rien faire pour aider ces pauvres gens. Yeshwantrao Holkar et ses *Pindari* (bandes de pillards sanguinaires) n'auraient pu les dépouiller plus efficacement. Mais cette oppression était effectuée sans déroger aux règles du Code de Procédure civile » (6). La seule voie qui restait aux aborigènes était donc celle de la violence.

En 1945 encore, von Fürer-Haimendorf écrivit ces lignes : « Toute personne qui connaît bien les conditions existant dans ces régions arriérées, l'oppression et l'exploitation féroces dont les adivasi sont victimes de la part des populations plus avancées, ne peut qu'être surprise, non pas par leurs soulèvements, mais par la quasi-absence de réactions violentes de leur part face à l'accaparement de leurs terres ancestrales et à leur asservissement économique... Les tribus du Deccan et de l'Inde centrale sont si pacifiques qu'elles n'osent se faire justice qu'à la suite d'extrêmes provocations » (7).

Les « tribus » du Chhota Nagpur furent parmi les premières à se soulever. Parmi les Munda, les révoltes commencèrent dès la fin du XVIIIe siècle puis jalonnèrent tout le XIXe siècle. Chez les Oraon les dates des soulèvements s'égrènent parallèlement de 1820 à 1914. De même, la rébellion des Kol ainsi que celle des Ho (1832) visaient non seulement les propriétaires terriens et leurs agents — qui s'étaient implantés dans les villages sous la protection des Britanniques — mais aussi les collecteurs d'impôts et les policiers.

Parmi les autres grands mouvements adivasi qui agitèrent le XIXe siècle, on ne peut manquer de citer les révoltes bhil dans le Khandesh (Maharashtra) en 1817, le Dhar (1831) et le Malwa (1846), la révolte des Hill Reddi dans le district de Rampa (Andhra Pradesh) en 1802, suivie d'une agitation pratiquement ininterrompue jusqu'en 1870 ; et enfin les grandes révoltes que connut l'Orissa, celle des Koya (1879-1880), celle des Khond de Phulbani (1850) et celle des Saora, en 1890 puis 1940.

Toutefois, il faut reconnaître que la plus spectaculaire et la plus célèbre, en Inde même, de toutes ces rébellions, fut celle des Santhal en 1855. Il s'agit là d'un des mouvements les plus violents auquel la Compagnie des Indes ait eu à faire face. Ce conflit, qui dura près d'un an, fut exceptionnellement brutal : il coûta la vie à quelque dix mille Santhal.

LA RÉBELLION SANTHAL

Les Santhal, encouragés par la Compagnie des Indes, s'étaient installés dès le début du XIXe siècle dans la région vallonnée du Damin-i-Koh, située sur les rebords orientaux du plateau de Chhota Nagpur, pour échapper aux exactions des usuriers et fonctionnaires bengalis. Mais les *dikkou* les y poursuivirent dès que cette région fut défrichée et mise en valeur par les Santhal. Dans un numéro spécial consacré aux rébellions aborigènes, la revue *Man in India* cite un témoignage d'époque, relaté par un adivasi, Jugia Haram, sur l'exploitation des Santhal :

« Nous avons défriché les collines et les forêts pour ces nouveaux rois (les Britanniques) en empruntant de l'argent aux usuriers. Ces rois nous firent ensuite payer un impôt foncier. Les usuriers ne nous donnent pas grand-chose et nous contraignent à leur emprunter à nouveau. Quelle que soit la somme que nous leur remettons, ils ne sont jamais contents. Si notre récolte annuelle ne les satisfait pas, ils s'emparent de notre bétail. S'ils estiment ensuite que notre dette n'est pas encore réglée, ils nous forcent à travailler chez eux, avec nos femmes et nos enfants, pour l'équivalent de une ou deux *paisas* de riz. Puis la police des *dikkou* est venue. Mais ils ont été achetés par l'argent blanc (8) des gens de leur propre caste (usuriers et négociants hindous), et n'ont pas donné suite à nos plainte. Nous avons bien souffert des exactions commises par ces policiers dans tout le pays » (9).

Une chanson santhal célèbre encore la mémoire des deux frères, Sidou et Kanhou, héros tragiques de cette insurrection massive qui mobilisa des milliers de combattants :

« Sidou, pourquoi es-tu couvert de sang ?

« Kanhou, pourquoi cries-tu *Hul, hul* (10) ?

« C'est pour notre peuple que nous nous sommes couverts de sang,

« Car les négociants bandits nous ont volé nos terres ! »

Ces deux frères, leaders de la révolte, unirent les Santhal en utilisant et en forgeant des mythes, des symboles sacrés, des visions prophétiques propres à capter l'imagination de leurs compatriotes. Ils promirent à ceux-ci le retour à l'âge d'or, à cette époque lointaine où les Santhal étaient libres et où les envahisseurs aryens ne les avaient pas encore chassés de la plaine gangétique. Prétendant être en communication avec les *Bonga* (11), ils créèrent un climat propice à un soulèvement en faisant circuler des nouvelles étranges qui présageaient l'avènement du royaume des Santhal. Une rumeur commença à se répandre.

« Les gens disaient qu'une bufflesse errait dans le pays. Chaque fois qu'elle trouvait de l'herbe devant l'entrée d'une maison, elle s'arrêtait pour la brouter et ne bougeait pas tant que tous les membres de cette famille n'étaient pas morts. Tous les paysans santhal s'empressèrent alors de sarcler l'herbe poussant dans les rues des villages... Un autre bruit courut : " Des gens vont venir pour tuer les *dikkou*. Accrochez une peau de buffle et une flûte au bout de chaque rue de village afin qu'ils sachent que vous êtes santhal, sans cela ils vous tueront tous. " Craignant que cela ne se produise, nous avons alors supendu ces emblèmes dans chaque village » (12).

Avant le début de la rébellion, Sidou et Kanhou envoyèrent de l'huile et de la poudre de vermillon, contenues dans des récipients en feuilles, dans chaque village, afin d'apaiser les *Bonga* et d'obtenir leur support dans la lutte à venir. Ils proclamèrent qu'ils avaient reçu un message de Subha Thakur — la divinité suprême — leur enjoignant de prendre les rênes de la révolte. Ce message fut l'étincelle qui déclencha l'incendie.

Le 30 juin 1855, trente mille guerriers santhal, armés d'arcs et de flèches, s'assemblèrent à Boghnadi sous les ordres de Sidou et Kanhou. Aux cris de *Hul! Hul!*, ils entreprirent leur marche sur Calcutta. La lutte, qui dura un an, fut marquée par des cruautés des deux côtés ; mais l'issue du conflit entre ces hordes d'aborigènes et les troupes régulières de la Compagnie des Indes, mieux armées et plus disciplinées, ne faisait guère de doute. Les Santhal, s'ils ne firent que peu de victimes parmi les forces de l'ordre, massacrèrent nombre d'usuriers et négociants haïs qui ne purent fuir à temps, et pillèrent leurs biens. Finalement l'armée vint à bout des Santhal, qui subirent de lourdes pertes. Après un procès sommaire, les chefs, faits prisonniers, furent pendus.

Cette révolte, malgré son échec, permit aux Britanniques de prendre conscience des erreurs commises. Afin de calmer les esprits, ceux-ci créèrent donc une réserve tribale, le district des *Santhal Parganas,* où les adivasi jouissaient d'une certaine autonomie administrative. Des lois furent votées pour les protéger contre les *dikkou.* Les Britanniques n'estimèrent cependant pas nécessaire de faire bénéficier d'autres ethnies, tout aussi exploitées que les Santhal, de ces mesures protectionnistes.

Les révoltes se poursuivirent d'un bout à l'autre de l'Inde, mais la nature des mouvements « tribaux » évolua. Ceux-ci ne cherchaient plus comme par le passé à renverser ouvertement l'ordre établi, à chasser les étrangers – Britanniques ou hindous – ni à restaurer le *statu quo ante* qui faisait figure d'âge d'or. Ils se déguisaient d'abord sous forme de courants religieux messianiques, mais évoluaient rapidement en confrontations armées avec les autorités coloniales, incapables de mettre fin aux sévices dont les aborigènes continuaient d'être les victimes.

Tout au long de la période s'étendant du milieu du XIXe siècle à la première moitié du XXe apparurent des leaders charismatiques tels que Birsa chez les Munda, Jatra Bhagat chez les Oraon, Budho Bhagat chez les Ho, Ganga Narayan chez les Bhumij. Ces leaders appelés par leurs disciples *Bhagat* (« serviteur de Dieu ») ou *Bhagwan* (« divinité suprême ») étaient censés posséder des pouvoirs surnaturels, grâce auxquels ils délivreraient leur peuple de la misère et de l'oppression des *dikkou.* Ces prophètes inspirés, influencés par le christianisme et l'hindouisme, cherchaient à régénérer leur société en incitant les adivasi à réformer leurs mœurs et à purifier leur religion. Mais les mouvements réformateurs devaient tôt ou tard prendre une orientation politique et se retourner contre les exploiteurs traditionnels du « peuple submergé ».

LE MOUVEMENT DE BIRSA

Birsa, né au cœur du pays munda vers 1870, fut l'un des plus célèbres parmi ces révolutionnaires. Il commença sa carrière politique après avoir reçu une éducation chrétienne. Son but était de libérer les Munda de la tyrannie des *dikkou.* Afin de mobiliser les masses, Birsa se proclama *Dharti Aba* ou « Père du Monde », et par la suite *Bhagwan*. Ayant été arrêté pour ses activités subversives et notamment pour avoir incité ses disciples munda, chrétiens et animistes, à ne pas payer les impôts fonciers, Birsa fut relâché en 1898. Après sa libération, le mouvement commença à prendre de plus en plus d'ampleur. Les grandes famines de 1896-1897 et 1899-1900, qui ravagèrent le plateau du Chhota Nagpur, accrurent son emprise sur les « tribus » réduites à une misère atroce. De nombreux adivasi furent victimes d'épidémies. Bouleversé par les souffrances de son peuple, Birsa prédit alors que le monde allait être détruit par un déluge de feu et de grêle et que seuls ses disciples seraient épargnés. Les aborigènes, préparés psychologiquement à ce soulèvement par leurs souffrances et les discours enflammés de Birsa, furent bientôt mûrs pour la révolte. La veille de Noël 1899, des milliers de disciples de Birsa, armés d'arcs, passèrent à l'action. Plusieurs missionnaires et négociants européens tombèrent sous les flèches des adivasi, qui incendièrent également le poste de police de Khunti. La rébellion se répandit comme une traînée de poudre aux cris de : « Coupez le haricot blanc ! coupez le haricot noir ! » (13). La réaction des autorités face à cette insurrection fut prompte et brutale. Traqués par les forces de police et l'armée dans les jungles denses du district de Singhbum – foyer de la rébellion –, les insurgés affrontèrent leurs poursuivants à Sailrakab, non loin de l'endroit d'où Birsa avait lancé l'appel à la révolte. Persuadés que les balles des soldats se transformeraient en eau à leur contact, les adivasi se lancèrent courageusement à l'assaut et furent tous décimés. Arrêté peu après en compagnie de ses principaux disciples, Birsa devait mourir en prison et son mouvement s'éteindre.

Malgré son échec apparent, cette révolte elle aussi eut des résultats positifs. Les Britanniques comprirent que le système foncier inique en vigueur dans le Chhota Nagpur était à la source de la rébellion. Ils tentèrent de le réformer en votant des lois telles que le *Chhota Nagpur Tenancy Act* de 1908 qui interdisait la vente de terres *koutkatti* (appartenant aux adivasi) à des étrangers. Mais lorsque cette loi fut promulguée, les 9/10e des terres *khoutkatti* du district de Ranchi avaient déjà été transférées...

Le système des corvées *(bethbegari)* fut aboli. De nouvelles divisions administratives furent créées pour permettre aux adivasi d'avoir plus facilement accès aux tribunaux et aux administrations. Des associations tribales et des organismes d'entraide sociale furent fondés. Ils contribuèrent à politiser les « tribus » et à les rendre plus conscientes de leurs droits.

Toutefois l'exploitation des adivasi persista malgré les mesures de protection tardives prises par les Britanniques, et les mouvements, canalisant le ressentiment des aborigènes, se poursuivirent tout au long de l'époque coloniale. La plupart de ceux-ci furent d'ailleurs localisés dans le Chhota Nagpur, qui est la région de l'Inde comptant la plus forte concentration « tribale ».

LES TANA BHAGAT

Parmi les plus importants mouvements réformateurs il faut aussi mentionner celui des *Pae Tana Bhagat* chez les Oraon. En avril 1914, Jatra Oraon proclama qu'un message divin lui avait été révélé. Les Oraon devaient dorénavant abandonner le culte des *Bhut* (esprits), les sacrifices animaux, mener une vie plus pure, renoncer à la viande, aux boissons alcoolisées, aux chants traditionnels et aux parures. Ils ne devaient plus payer de loyer aux propriétaires et refuser de louer leurs services à ces exploiteurs. Jatra Oraon leur apprit des prières et des incantations destinées à éloigner les mauvais esprits. Il proclama également que les étrangers allaient bientôt être chassés de leur territoire, que le royaume oraon allait être instauré et qu'il en serait le premier roi.

Les Anglais eurent tôt fait d'écrouer ce visionnaire qui prêchait la sédition.

D'autres prophètes oraon apparurent, annonçant la venue d'un Messie qui les délivrerait de l'oppression dont ils souffraient. Ces mouvements reflétaient un étonnant syncrétisme : sans doute les éléments hindouistes prédominaient-ils dans l'enseignement des *Bhagat*, mais les réunions de prières et la croyance au Messie avaient été empruntés au christianisme. Les adivasi y avaient ajouté des éléments de leur cru, tels que les tabous à l'égard de tout objet de couleur rouge ou l'utilisation de lances pour repousser les *Bhut*. Afin de chasser les démons, les Oraon se livrèrent, en 1915, à un exorcisme de masse. Des milliers de personnes traversèrent le pays oraon à pied, invoquant toutes les puissances bénéfiques qui leur étaient connues — la lune, les étoiles, des héros légendaires tels que Birsa et le Kaiser Guillaume II — les suppliant de venir à leur aide. Les Oraon croyaient alors fermement à une victoire allemande dans la grande guerre mondiale, et la plupart d'entre eux étaient persuadés, en 1916, qu'ils allaient bientôt être délivrés de la domination anglaise par les envoyés de Dieu, qu'il s'agît de Birsa ou du Kaiser.

Ainsi, dans le district de Palamau, les paysans adivasi attendaient-ils si fermement leurs sauveurs que plusieurs *Tana Bhagat* enlevèrent des rangées de tuiles de leur toit pour faciliter l'entrée du Messie dans leur maison. D'autres tuèrent leur chien afin que ces animaux n'entravent pas la venue du Messie par leurs aboiements. Des *Tana Bhagat* se rendirent en procession au poste de police de Mahuadanr pour demander un exemplaire du *Bahi* (document légal) émanant du Kaiser, les autorisant à gouverner le pays oraon en son nom. D'autres *Thana Bhagat* firent circuler la rumeur selon laquelle le Kaiser était déjà arrivé dans le Chhota Nagpur avec une cargaison d'or pour ses fidèles Oraon...

Il faut ajouter que de nombreuses ethnies demeurèrent totalement à l'écart de ces insurrections et de ces mouvements messianiques. Certaines n'y participèrent pas en raison de leur isolement géographique, telles les « tribus primitives » des Birhor, Korwa, Pajira, Khond, vivant de cueillette et de chasse. D'autres comme les Naga, les Dafla ou les Mizo, vivant dans le Nord-Est, aux confins de l'empire des Indes, jouirent de la protection des autorités coloniales qui interdirent ou limitèrent sévèrement l'accès de ces territoires aux *dikkou*. Enfin certains mouvements comme ceux des Gond du Madhya Pradesh semblent avoir été purement religieux. Leur but était de « purifier » les mœurs des Gond et de les hindouiser afin de leur permettre d'accéder à un statut plus élevé dans la hiérarchie des castes ; ils se prolongèrent jusqu'aux années qui suivirent l'indépendance, en particulier avec le mouvement de Rajmohini Devi, disciple de Gandhi.

Les conflits entre adivasi et *dikkou* furent, en général, la conséquence de la pénétration des étrangers dans les régions « tribales ». Le système foncier introduit par les Britanniques bouleversait en effet les structures économiques existantes. Les usuriers, propriétaires terriens et fonctionnaires qui avaient envahi les territoires nouvellement conquis, mettaient en péril, par leurs exactions, la culture et la société « tribales ». A la suite de ces révoltes, les Britanniques modifièrent leur stratégie et tentèrent timidement de remédier aux abus du système qu'ils avaient introduit. Ainsi la politique de l'administration à l'égard des adivasi, qui avait été activement interventionniste au début de la colonisation – Chhota Nagpur, Maharashtra –, devint par la suite hyper-isolationniste, surtout dans les régions qui n'avaient pas été développées économiquement comme le Nord-Est, l'Orissa et le Madhya Pradesh.

Plus préoccupés par des problèmes de maintien de l'ordre que par des idéaux humanitaires ou des soucis de justice sociale, les administrateurs britanniques choisirent donc de ne pas intervenir dans les affaires tribales. Pour certains d'entre eux, cependant, cette politique de laissez-faire, cautionnée par les anthropologues, était la seule juste, la seule qui pût préserver les sociétés adivasi de la désintégration imminente.

Dans un memorandum rédigé en 1931, Grigson notait à propos de la « tribu » des Hill Maria vivant dans les monts Abujhmar : « Les ingérences dans les affaires de ces tribus, primitives et extrêmement intéressantes, doivent être réduites au minimum. En fait, leur territoire devrait devenir une sorte de réserve aborigène qui serait laissée à elle-même, dans l'intérêt de l'anthropologie. Ce pays est pauvre et ne vaudra jamais la peine qu'on le développe. Il n'y aurait aucun avantage à escompter si l'on tentait de modifier le mode de vie primitif des tribus qui l'habitent. »

Un autre administrateur, J.H. Hutton, écrivit les lignes suivantes à propos du danger représenté par l'hindouisation des adivasi : « Ils pourraient sans doute conserver un semblant de vie tribale, sans les fêtes et les coutumes qui lui donnent tout son sens et son unité, mais tomberaient dans cette espèce d'apathie psychique et de dégénérescence physique qui a décimé tant de communautés tribales dans le Pacifique et d'autres parties du monde » (14).

Hutton développe ensuite son argumentation en faveur d'une politique d'isolement des « tribus » :

« Une tribu vivant dans un isolement relatif s'est généralement adaptée à son environnement d'une manière presque parfaite. Cette adaptation peut avoir demandé des millénaires et sa disparition peut donc provoquer la destruction de la tribu, car les bouleversements provoqués par le contact avec l'extérieur seront, dans la plupart des cas, plus rapides que les changements graduels intervenant dans l'environnement physique ou que le processus encore plus lent d'adaptation à ces changements » (15).

Cette politique suscita de furieuses controverses en Inde et fut sévèrement critiquée par les nationalistes. Mais le gouvernement colonial finit par céder aux pressions des administrateurs et des anthropologues, et formula, en 1935, une politique définie pour l'ensemble des populations « tribales » de l'Inde. Cet acte du gouvernement (articles 52 et 92) envisageait que les régions habitées par les aborigènes seraient, au point de vue administratif, partiellement exclues du régime local et placées sous le contrôle direct du gouverneur de la province.

Toutefois, devant le tollé qu'il suscita, le projet dut être modifié : la superficie des zones proposées comme « réserves tribales » fut considérablement réduite. Dans les Provinces centrales, huit cent trente-trois mille adivasi seulement, sur les trois millions que comptait l'État, purent bénéficier des mesures destinées à les protéger de l'exploitation des *dikkou*. Naturellement les nationalistes indiens virent dans cet Acte « une ruse des anthropologues pour préserver les aborigènes en en faisant des objets de musée afin d'exercer leur science ». Lors de sa session de Faizpur, en 1936, le parti du Congrès dénonça cette politique d'exclusion comme « une tentative de division du peuple indien... ayant pour but de séparer les aborigènes de la nation indienne, afin de mieux les exploiter et de neutraliser ainsi leurs revendications ». Selon les congressistes, les adivasi n'avaient nul besoin de protection contre les autres citoyens indiens, qui étaient leurs propres frères.

L'Indépendance devait provoquer une recrudescence de conflits entre adivasi et non-adivasi, car les nationalistes qui arrivèrent alors au pouvoir étaient fermement décidés à intégrer les « tribus » à la nation indienne.

Dès 1947, le gouvernement indien chargea une des commissions de l'Assemblée constituante d'étudier le problème des minorités et de redéfinir le statut des adivasi dans le nouvel État. La politique de séparation et d'isolement était jugée dangereuse et contraire aux principes mêmes de la solidarité nationale. Mais les auteurs de la Constitution, malgré leur hostilité à cette politique considérée comme un reliquat du colonialisme, conservèrent l'ancienne classification des adivasi en *Scheduled Tribes* (tribus répertoriées).

La politique tribale officielle, inspirée par des idéaux humanitaires, est contenue en germe dans le rapport de la commission de l'Assemblée constituante. Celui-ci précise que les intérêts économiques des populations adivasi doivent être protégés, leur mode de vie sauvegardé et leur développement promu « afin qu'ils puissent occuper la place légitime qui leur revient dans la vie du pays » (16). La commission recommande que des lois soient votées « afin de garantir aux adivasi le droit de jouissance de leurs terres et de sauver leurs coutumes et institutions qui valent la peine de l'être » (17). L'article 46 de la Constitution incorpore ces diverses propositions de loi et s'engage à « promouvoir de son mieux les intérêts économiques et l'éducation des

Scheduled Tribes, et à les protéger des injustices sociales et de l'exploitation sous toutes ses formes ». Comme on s'en doute, de nombreux anthropologues indiens critiquèrent et continuent à critiquer cette politique protectionniste qui aurait pour résultat, selon eux, de retarder l'intégration inéluctable et souhaitable de ces populations « attardées » à la nation indienne.

K.S. Mathur, un auteur indien, se montre particulièrement virulent dans sa dénonciation de l'attitude gouvernementale :

« Pensant bien faire », dit-il, « les auteurs de la Constitution garantirent certains privilèges aux tribus et aux castes répertoriées, dans le domaine des élections, des emplois administratifs, de l'éducation... mais les communautés tribales de l'Inde sont-elles ethniquement et culturellement différentes du reste de la population pour justifier la création d'une catégorie sociale distincte ? Ou bien l'écart qui nous sépare n'est-il qu'un fossé politique créé par la puissance coloniale et qui n'a cessé de se creuser davantage depuis 1947 ? » (18).

Mathur estime cette distinction artificielle. Les aborigènes ne seraient, pour lui comme pour G.S. Ghurye, que des « hindous attardés ». « Sur le plan culturel et linguistique, les adivasi n'ont jamais été fondamentalement différents de leurs voisins non adivasi... Le tribalisme, comme le système des castes et le régionalisme, est désormais le symbole d'un traitement privilégié, de tendances séparatistes, et représente dans certains cas une barrière à l'intégration nationale » (19).

Mais quels sont ces « privilèges » accordés aux adivasi, dont Mathur et d'autres anthropologues et administrateurs indiens semblent faire tant de cas ? De grands progrès furent sans doute réalisés dans les domaines de l'éducation, de la santé et des services sociaux grâce aux efforts de développement. Et de nombreux aborigènes ont pu bénéficier de cette politique. Il n'en demeure pas moins que les conditions de vie de la majorité des adivasi n'ont guère évolué depuis l'Indépendance et se sont même parfois aggravées en dépit des « privilèges » qui leur sont garantis par la Constitution. Citons comme témoignage, pour illustrer ce propos, un texte officiel, rédigé dans un style parfois pompeux et ampoulé, qui dresse un réquisitoire accablant contre la politique gouvernementale :

« Après trois décennies d'indépendance, les tribus et castes répertoriées continuent à être soumises aux décrets du sort plutôt qu'elles ne jouissent des bénéfices de nos lois... Des inégalités sociales, malsaines et amorales, persistent malgré les mesures légales et les efforts des États pour y remédier... Les progrès réalisés dans le domaine de l'éducation parmi les tribus répertoriées sont insignifiants... Il existe de nombreux exemples de communautés tribales où le pourcentage d'alphabétisation avait, lors du recensement de 1971, diminué par rapport à celui de 1961. Dans certaines tribus le pourcentage d'alphabétisation était presque nul. L'exploitation sur une large échelle des castes et tribus répertoriées par les usuriers et négociants continue à être la règle... Durant les deux dernières années, de nombreuses mesures socio-économiques ont été mises en œuvre par le gouvernement central et les gouvernements des États. Mais il est nécessaire de souligner que, pour que ces mesures soient réellement efficaces, doit exister une volonté réelle de les appliquer, au niveau politique et au niveau administratif... Des siècles d'oppression par les usuriers, les négociants et les entrepreneurs ont appauvri les communautés tribales à tel point qu'aucune amélioration durable de leur condition n'est possible, si l'on ne met pas un terme à l'activité des exploiteurs »... (20).

Refusant d'être intégrés au nouvel État, ou désireux de mettre fin à l'exploitation coloniale dont ils continuent à être victimes, les adivasi ont commencé, dès l'Indépendance, à militer dans des mouvements radicaux.

Les anthropologues indiens déplorent souvent l' « étroitesse » des perspectives politiques de ces mouvements adivasi. S.C. Dube, par exemple, écrit : « La nouvelle culture politique tribale est plus orientée vers un modèle régional que national. L'intérêt du pays n'entre pas en ligne de compte dans la recherche d'une solution des problèmes tribaux » (21).

Discutable si l'on prétend lui donner une généralité absolue, cette opinion paraît en revanche relativement fondée lorsqu'on considère certains mouvements comme, par exemple, ceux qui agitent les Naga et les Mizo depuis trente ans.

LE PROBLÈME NAGA

La lutte de guérilla naga est l'un des mouvements ethniques les plus violents et les plus persistants qui aient bouleversé le sous-continent depuis 1947, bien qu'elle soit relativement peu connue à l'extérieur de l'Inde en raison du « rideau de bambou » mis en place par les autorités, qui interdisent l'accès du Nagaland aux étrangers.

Le Nagaland, État minuscule de 7 950 kilomètres carrés, est situé aux confins de l'Inde, du Tibet et de la Birmanie. Il compte environ six cent mille habitants, répartis en quatorze groupes ethniques distincts, parlant quarante dialectes différents. Les Naga sont disséminés des monts Chindwin en Birmanie jusqu'à la vallée du Brahmapoutre. L'ensemble des « tribus » du Nagaland, farouchement indépendantes, n'avait d'ailleurs jamais été soumis, jusqu'à l'époque britannique, à une domination étrangère.

Les Britanniques évitèrent de toucher aux institutions et au système de démocratie « tribale » existant dans les villages. Les conseils tribaux, décrits par un auteur comme la « clef de voûte » de la société naga, étaient constitués par les anciens du village. Ils possédaient des pouvoirs juridiques et exécutifs étendus que les Britanniques accrurent encore par divers décrets. Région frontalière stratégique, le Nagaland était coupé du reste du pays. Les Indiens désireux de se rendre dans le Nord-Est devaient être munis d'un permis spécial, difficilement accordé, pour traverser l'*inner line* — ligne arbitraire séparant les territoires « tribaux » des autres régions de l'Assam.

En dépit de leur isolement, les Naga, conscients des bouleversements que l'Indépendance de l'Inde ne manquerait pas de provoquer dans cette marche lointaine de l'empire, suivirent attentivement les développements politiques mais ne participèrent nullement à la lutte nationaliste. Bien mieux, en 1929, le Naga Club (22) soumit un memorandum à la commission Simon (23), demandant que les changements constitutionnels proposés ne soient pas appliqués aux Naga qui désiraient continuer à être administrés directement par les Britanniques. Les vingt représentants des différentes ethnies qui signèrent ce memorandum réclamèrent des garanties formelles contre une éventuelle domination indienne.

Leurs appréhensions n'étaient pas vaines, car à la veille de l'Indépendance le Parlement britannique vota une loi qui autorisait le nouveau gouvernement indien à administrer le district des Naga Hills. Dès lors, les leaders du *Naga National Council*, créé en 1946, commencèrent à faire campagne pour le droit à l'autodétermination de leur peuple.

Le N.N.C. était formé de vingt-neuf membres, élus à la proportionnelle, issus pour la plupart des conseils tribaux. A cette époque les chefs politiques du mouvement semblent encore indécis sur ses objectifs. Au début, le N.N.C. désirait simplement une certaine forme d'autonomie régionale. Mais, très rapidement, il prit conscience des risques de la modération et fit monter les enjeux.

Phizo (24) et les membres d'un groupe naga déclarèrent à Gandhi, en juillet 1947, qu'ils étaient déterminés à ne pas faire partie de l'Inde. Gandhi les assura que l'emploi de la force contre eux était exclu. Ils seraient libres de demeurer en dehors du nouvel État s'ils le désiraient. Mais les négociations ayant échoué, le N.N.C. écrivit à Nehru, à la fin de l'été 1947, que si les Naga ne pouvaient décider de leur propre avenir « le peuple naga cesserait de faire partie de l'Union Indienne dès le 6 décembre 1947 » (25).

Après cet ultimatum, les positions se durcirent de part et d'autre. Le N.N.C. devint, sous l'impulsion de Phizo, une organisation politique militante déterminée à obtenir l'indépendance. D'ailleurs, les Naga votèrent dans leur immense majorité pour l'indépendance lors du plébiscite organisé par le N.N.C. en 1951, et boycottèrent les premières élections législatives indiennes qui eurent lieu en 1952. Obéissant aux mots d'ordre de Phizo, ils participèrent massivement au mouvement de « désobéissance civile ».

Incapable de noyauter le mouvement ou de contenir cette dissidence, le gouvernement indien décida d'utiliser la force pour mater les rebelles. En 1953, des détachements de police furent envoyés dans les villages pour arrêter les principaux leaders. Cette intervention provoqua le début de la lutte de guérilla, qui devait se poursuivre avec des fortunes diverses pendant plus d'un quart de siècle. Le N.N.C. entra dès lors dans la clandestinité et des milliers de jeunes Naga s'enrôlèrent dans les *Naga Home Guards* – sorte de milice nationale – pour combattre les Indiens. Devant l'ampleur des opérations, l'administration dut faire appel à l'armée pour seconder les forces de police, et procéda à des remaniements territoriaux qui ne résolurent en rien le problème. Les insurgés constituèrent deux ans plus tard (1956) un gouvernement fédéral naga en exil. Bientôt la lutte se développa selon le schéma classique des guerres révolutionnaires dans le tiers monde. L'armée, qui avait carte blanche pour extirper le virus de la rébellion, recourut vainement à l'intimidation pour couper le soutien accordé par la population aux guérilleros. Ces derniers étaient assurés de pouvoir se ravitailler dans les villages et d'y être cachés au cours de leurs opérations en territoire naga, lancées à partir de leurs bases en Birmanie. A partir du conflit sino-indien de 1962, les Naga jouirent en plus du soutien chinois. Des groupes d'insurgés se rendirent au Yunnan pour y être formés militairement et y recevoir des armes.

Afin d'empêcher les villageois d'informer les guérilleros sur les mouvements des troupes et de les ravitailler, l'armée commença, dans les années soixante, à regrouper les villages. Selon un journaliste indien, cette opération avait également pour but de détruire les structures économiques des villages et de saper l'autorité des conseils tribaux.

Les Indiens tentèrent également de discréditer les thèses des nationalistes et de semer la désunion dans leurs rangs. Afin de démontrer que la demande pour l'autodétermination du peuple naga était artificielle, ils s'évertuèrent à établir que les Naga n'avaient ni religion, ni culture, ni langue commune et ne possédaient pas de conscience nationale. Affirmation bien exagérée : s'il est exact que les Naga parlent plus de quarante dialectes différents, qui sont incompréhensibles d'un groupe ethnique à l'autre, les autres allégations sont manifestement fausses. L'historien E.A. Gait a écrit à ce propos :

« Ce qui frappe tout d'abord quiconque effectue des recherches sur les croyances religieuses de ces tribus est l'extraordinaire uniformité des principes fondamentaux sur lesquels elles reposent. Leur religion, qu'il s'agisse de shamanisme, d'animisme ou de culte des *Nat* (esprits), est partout pratiquement la même (26). » La lutte menée durant les trente dernières années a même fini par donner aux Naga une cohésion et une conscience de leur identité que bien peu de nationalités, dans le sous-continent, possèdent.

Sur le plan politique, les Indiens réussirent à gagner les éléments modérés à leur cause en octroyant quelques concessions. Afin de satisfaire les demandes autonomistes, la création d'un État du Nagaland fut décidée en 1961.

Mais les journaux de Delhi et Calcutta font encore aujourd'hui état d'embuscades et de sabotages commis par les insurgés, ou de la capture de groupes armés interceptés par les troupes indiennes lorsqu'ils franchissent la frontière indo-birmane.

Cependant le N.N.C., en dépit de ses activités de guérilla, semble prêt désormais à un compromis. Les leaders, qui ont vieilli dans la clandestinité, comprennent que trente années d'occupation par les forces indiennes ont modifié la situation et opéré des changements irréversibles. La population est lasse de la guerre, les structures sociales ont été bouleversées, l'économie traditionnelle perturbée et intégrée étroitement à l'Inde. Les militants sont isolés et un nombre croissant de modérés semble prêt à coopérer avec les Indiens.

Récemment, la formation d'un *All Nagaland Communist*

Party, regroupant des communistes et sympathisants Naga des deux côtés de la frontière, a inquiété les autorités indiennes et birmanes. L'objectif de ce parti révolutionnaire est de créer un État socialiste du « Grand Nagaland » qui engloberait tous les groupes ethniques naga. Cet ultime développement incitera-t-il Delhi à négocier avec Phizo afin de désamorcer une situation potentiellement dangereuse et d'empêcher les communistes de prendre la direction du mouvement ? C'est là tout le problème.

LA RÉBELLION MIZO

Agartala, 10 novembre 1979 : selon l'agence P.T.I., trois personnes dont deux gardes-frontière et un civil, ont été tuées par des insurgés mizo lors d'un raid sur le camp des C.R.P.F. (C.R.S. indiens) d'Ananda Bazar. Les deux victimes ont été abattues lorsque les rebelles attaquèrent le camp à l'aide de mitrailleuses légères et de mortiers. Un autre groupe de rebelles, qui comprenait quatre-vingts à quatre-vingt-dix personnes, a attaqué simultanément le marché d'un village voisin *(Times of India)*.

Depuis le début de l'insurrection mizo en 1966, de telles dépêches apparaissent fréquemment en première page des journaux indiens. Malgré la présence de onze bataillons de l'armée indienne au Mizoram, les guérilleros continuent à lancer des opérations dans ce territoire et dans l'État voisin du Tripura à partir de leurs bases birmanes. L'armée arrête parfois des membres du *Mizo National Front*, qui n'éprouve cependant aucune difficulté à trouver de nouvelles recrues. Les mesures répressives adoptées par le gouvernement indien, qui lui ont aliéné l'ensemble de la population, autant que la nature accidentée du terrain et la proximité de la frontière avec la Birmanie, expliquent sans doute l'insuccès des militaires à maîtriser l'insurrection.

Qu'est-ce donc que le Mizoram ? Une langue de territoire montagneux située à l'extrême est de l'Inde, entre le Bangladesh et la Birmanie. Les Mizo y forment l'ethnie dominante, avec environ quatre cent mille habitants. Les adivasi — qui incluent, outre les Mizo, les Lakher, les Pawi et les Chakma — représentaient, au recensement de 1971, 94 % de la population de ce territoire de l'Union indienne. La région montagneuse des Lushai Hills (appelée aujourd'hui Mizo Hills ou Mizoram) fut conquise durant la seconde moitié du XIXe siècle par les Britanniques, et rattachée à la province de l'Assam. Ce territoire devint, comme le Nagaland, une *excluded area* (zone interdite) où les Indiens ne pouvaient pénétrer que munis de permis. Les missionnaires européens étaient libres, en revanche, de s'y rendre à leur guise et d'y établir des missions. Leurs efforts évangélisateurs furent couronnés de succès : 90 % des Mizo sont aujourd'hui chrétiens. Cette conversion en masse, à une religion « étrangère », d'adivasi déjà isolés du reste du pays par l'administration, a creusé davantage le fossé qui les séparait des Indiens vivant dans les plaines de l'Assam. Après l'Indépendance, les tendances séparatistes des Mizo et d'autres ethnies des Lushai Hills s'accentuèrent. Les Mizo, les Garo, les Khasi et les autres ethnies des montagnes de l'Assam s'unirent pour réclamer la création d'un État séparé. La commission de réorganisation des États rejeta cette demande en 1953. Un parti politique militant pour la formation d'un État séparé, le *Hill People's State Party*, fut donc fondé en 1959. Lors des élections législatives de 1962, 72 % des Mizo votèrent en faveur d'un État séparé. Tandis que les Garo et les Khasi adoptaient des méthodes constitutionnelles pour être séparés de l'Assam (le Meghalaya fut créé en 1970 pour regrouper ces deux ethnies), certains éléments mizo, de plus en plus impatients de se libérer du contrôle des Assamais, choisirent la voie de l'insurrection armée.

A partir de 1959, Laldenga, le chef du *Mizo National Front*, commença une campagne de propagande en faveur d'un Mizoram indépendant. De jeunes Mizo, qui constituèrent les premiers cadres de l'armée secrète, reçurent une formation militaire et des armes venues de Chine et de Birmanie. En 1966, les guérilleros du M.N.F. passèrent à l'action. La banque d'État d'Aizawl (la capitale du territoire) fut prise d'assaut par des groupes armés. Les autorités indiennes, débordées, durent faire appel à l'armée et à l'aviation. Le pays mizo fut alors déclaré « zone insurrectionnelle » et l'armée indienne fut chargée de l'administrer. Diverses lois d'exception, déjà appliquées au Nagaland au début des années cinquante, furent imposées dans les Mizo Hills et la population entière soumise à l'arbitraire du pouvoir militaire.

Sur le plan juridique, les militaires chargés de venir à bout des insurgés avaient à leur disposition un arsenal impressionnant de lois destinées à contrôler l'habitat rural et à renforcer les mesures de surveillance policière. Pendant près de sept ans, un couvre-feu virtuel fut imposé sur l'ensemble du Mizoram, du crépuscule à l'aube. Toute personne découverte à l'extérieur durant le couvre-feu était passible d'une peine de prison de cinq ans et d'une forte amende. Les allées et venues des villageois, munis de cartes d'identité, étaient vérifiées, matin et soir, par la police et l'armée. Ces vérifications pouvaient parfois demander plusieurs heures. Enfin les « villages regroupés », surveillés par la police, durent être entourés d'une barrière d'épineux de deux mètres de haut afin d'empêcher les guérilleros d'y pénétrer. Toutes ces mesures étaient destinées non seulement à couper les rebelles de leurs sources d'approvisionnement, mais également à affamer la population pour la contraindre à cesser de soutenir l'insurrection. Les terres cultivables et la production agricole furent donc considérablement réduites. Entre 1967 et 1972, le Mizoram, qui se suffisait à lui-même avant l'application des mesures répressives, ne produisit que trente-cinq mille tonnes de céréales par an en moyenne, alors que ses besoins étaient de soixante-quinze mille tonnes. De nombreux Mizo moururent de faim. Amritha Rangasami cite plusieurs témoignages de paysans interviewés dans les villages regroupés. Ainsi, des paysans du village de Zobawk lui déclarèrent-ils :

« Pendant trois ans nous avons enterré deux personnes par jour, huit mois sur douze. De nombreux villageois furent atteints de béribéri. Le gouvernement ne nous donnait que du maïs avarié et nous interdisait de nous rendre dans la forêt pour y cueillir des plantes (27). » Soumis à l'arbitraire des lois d'exception, les Mizo pouvaient être arrêtés sous le moindre prétexte. L'armée et la police pouvaient également fouiller toutes les maisons sans le moindre mandat de perquisition. Et les Mizo n'avaient évidemment aucune possibilité de chercher protection auprès des tribunaux.

Le pire est que, loin de mettre fin à l'insurrection, ces mesures répressives semblent avoir eu pour effet de souder encore plus étroitement le peuple mizo dans sa haine de l' « occupant » indien. Le M.N.F., fort du support de la population, continua à multiplier les coups de main, à attaquer des objectifs militaires ou civils, à éliminer les « traîtres ».

Aussi le gouvernement indien tenta-t-il, à partir de 1975, de suivre une politique plus libérale. Le Mizoram, séparé de l'Assam, devint un territoire de l'Union, et des responsabilités accrues furent confiées à l'administration locale. Le gouvernement promit aux rebelles qui déposeraient les armes de ne pas les poursuivre. Sur le plan économique, l'Inde intensifia ses efforts de développement. Comprenant que les villages regroupés n'étaient pas viables économiquement et constituaient un obstacle à l'amélioration de ses rapports avec la population, l'administration permit aux villageois de les quitter pour s'installer ailleurs. Comme au Nagaland, cette politique de libéralisation permit au gouvernement d'acquérir le support des éléments modérés. Cédant au désir de paix de la population mizo, les leaders du M.N.F., jusqu'alors partisans de l'Indépendance, se déclarèrent prêts à cesser les combats si une autonomie réelle était accordée au Mizoram.

Mais la politique du gouvernement à l'égard du M.N.F. continua à osciller entre la conciliation et l'intransigeance. Delhi accepta de discuter une solution négociée du problème mizo avec Laldenga, à qui un sauf-conduit fut promis, mais le fit arrêter peu après l'échec des négociations Desai-Laldenga en 1977. Bien que convaincus de l'impossibilité d'une solution militaire, les dirigeants indiens n'ont donc pas fini d'utiliser le langage de la force à l'égard du M.N.F., avec qui ils devront cependant négocier s'ils désirent rétablir la paix dans cette région. Négociations d'autant plus nécessaires que d'autres foyers d'insurrection se sont allumés récemment dans la zone adivasi du Nord-Est – au Manipur, dans le Tripura, et dans l'Arunachal Pradesh, État possédant une longue frontière commune avec la Chine. Et que, dans ces zones éminemment stratégiques, le moindre faux-pas peut avoir des conséquences politiques incalculables...

LE MOUVEMENT DU JHARKHAND

Le Chhota Nagpur, qui fut le théâtre aux XVIIIe et XIXe siècles de tant de conflits sanglants entre les aborigènes et les autorités coloniales, est aujourd'hui un autre point chaud sur la carte de l'Inde « tribale ». Divers groupes ethniques y militent activement pour la création d'un État adivasi regroupant les diverses ethnies de la région : le Jharkhand. Le mouvement n'a pas encore pris la forme violente des luttes armées du passé, ni celle des insurrections naga ou mizo ; toutefois, la situation semble se détériorer rapidement.

Des dirigeants politiques adivasi ont mis en garde, en 1978, la commission indienne des finances : « Si le gouvernement continue à négliger les problèmes des aborigènes, le Chhota Nagpur deviendra un autre Vietnam » (28). Paroles prophétiques ou vaines rodomontades ?

La plupart des leaders des divers partis politiques militant pour le Jharkhand n'ont pas l'étoffe d'un Phizo ou d'un Laldenga, mais les jeunes sans emploi et les paysans sans terre qui forment la base du mouvement, las des méthodes démocratiques prônées par leurs aînés, semblent prêts à avoir recours à des moyens plus radicaux pour parvenir à leurs fins. Cette politisation inquiète les autorités, qui tentent de la contenir en ayant recours simultanément à la répression et à la conciliation.

Le Jharkhand signifie littéralement « le pays de la forêt ». Il comprenait autrefois l'ensemble du plateau du Chhota Nagpur lorsque ce dernier était recouvert de jungles denses. Cette région forma une entité économique, politique et culturelle distincte tout au long de son histoire. Elle ne fut intégrée au Bihar qu'en 1912, lorsque Bihar et Orissa furent séparés du Bengale. Les autorités coloniales estimèrent alors que le plateau du Chhota Nagpur, comprenant un fort pourcentage de populations « tribales », traditionnellement autonomes, devait être traité différemment des autres régions du Bihar. Mais la demande d'un État séparé, bien que formulée dès 1939 par l'*Adivasi Mahasabha*, n'acquit de support populaire qu'en 1950, après la formation du *Jharkhand Party* par Jaipal Singh, dont le double objectif était la création du Jharkhand et la protection des aborigènes contre l'exploitation économique.

Jaipal Singh fut un leader charismatique, adulé par les aborigènes qui le surnommèrent *Marang Gomke* (grand chef). Lors des premières élections législatives du Bihar en 1952, le Jharkhand Party remporta vingt-quatre sièges et devint le principal parti d'opposition.

En 1953, le parti soumit au gouvernement central un memorandum en faveur de la création du Jharkhand. Les membres du *State Reorganisation Committee* rejetèrent cette demande sous le prétexte que l'économie des deux zones principales du Bihar était complémentaire. Le Nord, essentiellement agricole, avait besoin du Sud industrialisé. En fait, les intérêts en jeu étaient trop puissants pour que le Jharkhand Party, opérant dans le cadre du système démocratique, puisse obtenir gain de cause. Le Chhota Nagpur possède en effet 40 % des réserves minérales de toute l'Inde et fournit 75 % des revenus du Bihar. Depuis l'Indépendance, de nombreuses industries s'y sont installées. Enfin, les Bihari du Nord, qui dominent l'économie de la région, n'allaient pas volontairement renoncer au pouvoir politique qu'ils avaient exercé depuis deux siècles.

Cédant aux pressions des politiciens locaux et aux requêtes de Nehru, Jaipal Singh accepta même, en 1963, d'intégrer son parti à celui du Congrès. Plusieurs dirigeants adivasi refusèrent alors d'accepter ce sabordage du mouvement et continuèrent à militer pour la cause du Jharkhand. Le parti, divisé en une multitude de factions rivales, se mit à végéter pendant quelques années.

Ce fut vers 1970 qu'une nouvelle phase s'ouvrit dans l'histoire du mouvement. Les chefs des différentes factions tentèrent de s'unir et de définir un programme d'action commun. Le mouvement se radicalisa et sa base populaire s'élargit. Les leaders livrèrent bataille à la fois sur les plans politique, économique et social. Un *Front uni du Jharkhand, l'Alag Jharkhand Rajya Samyukta Morcha*, regroupant une douzaine de partis créés avant la scission du Jharkhand Party de Jaipal Singh, fut alors formé. Tous ces partis, de tendances politiques très diverses, allant de la droite à l'extrême gauche, soutenaient la création d'un État du Jharkhand. Mais les opinions différaient — et diffèrent encore — sur les limites territoriales exactes de cet État. Le Jharkhand envisagé par certains n'inclurait que les sept districts du Sud du Bihar. Les partisans d'un « Grand Jharkhand », comme N.E. Horo, estiment en revanche que cet État devrait comprendre non seulement les sept districts du sud du Bihar mais également quatre districts de l'Orissa, trois districts du Bengale occidental et deux districts du Madhya Pradesh. Selon les irrédentistes adivasi, ces districts, situés dans des États contigus au Bihar, ont toujours fait partie du Jharkhand, géographiquement, historiquement et culturellement.

Les adversaires du Jharkhand ne manquent pas de souligner que la population « tribale » des seize districts qui seraient inclus dans le futur État ne représenterait que 40 % de sa population totale.

Quant aux communistes, au pouvoir dans l'État voisin du Bengale, ils sont opposés au Jharkhand. Selon eux, la création d'un tel État ne bénéficierait qu'aux hommes d'affaires qui contrôlent l'économie de la région, ainsi qu'aux politiciens et aux notables adivasi avides de pouvoir. S'il est exact que la plupart des partis militant pour le Jharkhand sont financés par les négociants et industriels du Chhota Nagpur, qui toucheraient de riches dividendes si le nouvel État était créé, cette analyse n'en demeure pas moins schématique car la lutte actuelle ne se situe pas seulement au niveau politique.

En fait, ainsi que l'a souligné Arun Sinha dans un récent article, « le mouvement dans sa seconde phase a deux dimensions — lutte politique pour un État séparé et guerre économique contre les exploiteurs. De nombreux partis ont déjà organisé des luttes sur le front économique et social dans les territoires où ils exercent une influence » (29). A la liste déjà longue des exploiteurs traditionnels est en effet venue s'ajouter, depuis 1947, une autre catégorie d'oppresseurs : les industriels et bureaucrates des entreprises d'État qui ont mis en valeur le sud du Bihar. Le plateau du Chhota Nagpur renferme de très riches gisements de charbon, de minerai de fer, de mica, de kaolin, de cuivre et d'uranium. De vastes complexes industriels ont été établis dans cette Ruhr indienne, à Ranchi, la capitale du Nihar du Sud, ainsi qu'à Bokaro, Dhanbad et Jamshedpur. Les adivasi, installés depuis des générations sur ces terres, en ont été expulsés après avoir reçu une compensation dérisoire. Six cent mille adivasi auraient ainsi été « déplacés » en moins d'un quart de siècle par le gouvernement. Et seul un infime pourcentage d'entre eux a pu être absorbé par les entreprises qui ont bouleversé les structures socio-économiques de la région. Cinq mille employés seulement sur les cent trente-cinq mille que compte l'aciérie de Bokaro sont originaires du Chhota Nagpur. La plupart de ces employés sont d'ailleurs des manœuvres. Le développement industriel et l'enrichissement de la région n'ont donc profité qu'aux *dikkou* qui contrôlent l'économie et monopolisent tous les emplois lucratifs.

Depuis 1977, les adivasi ont été activement mobilisés par les partis formant le Front uni du Jharkhand, pour lutter contre les exploiteurs et la politique gouvernementale dans le Chhota Nagpur. Les campagnes de protestation, menées souvent indépendamment par chaque parti sur son territoire particulier, ont connu des fortunes diverses. Les partis, incapables de coordonner leurs efforts, sont vulnérables aux attaques des *dikkou* soutenus par la police et l'administration. Les succès initiaux n'ont donc pas toujours été exploités, et les terres arrachées aux usuriers une année leur ont souvent été rendues l'année suivante.

La campagne la plus importante fut menée dans les Santhal Parganas par Sibu Soren, le leader charismatique du *Jharkhand Mukti Morcha*, le parti aborigène le plus militant, et le seul également qui possède une réelle base populaire. Des milliers de paysans adivasi et intouchables moissonnèrent à leur profit les récoltes de riz sur les terres accaparées par les *dikkou*. Cette campagne, baptisée *Dhankatni Andolan* (campagne pour la moisson du riz), provoqua, comme on s'en doute, de violents conflits entre les propriétaires terriens et les paysans sans terre. Et cette agitation, liée au militantisme croissant des organisations politiques adivasi, contraignit les autorités à intervenir. Afin de rallier les éléments modérés au sein de l'intelligentsia « tribale », le gouvernement provincial du Bihar annonça alors un ensemble de réformes administratives.

Le Bihar, qui tire les trois quarts de ses revenus du Chhota Nagpur, n'en investit cependant qu'un cinquième pour le développement de cette région. Sur les sept cent cinquante millions de roupies allouées en 1978-1979 pour le développement des adivasi, seuls deux cents millions ont été effectivement dépensés. Les adivasi reprochent au gouvernement du Bihar d'ignorer leurs problèmes. L'administration locale est, selon N. E. Horo, de « type colonial, féodal ». Afin de réfuter ces critiques, trois organismes ont donc été mis en place pour le développement du Chhota Nagpur et des Santhal Parganas, ainsi qu'un mini-secrétariat, établi à Ranchi. Mais selon N. E. Horo, ces organisations autonomes n'ont aucun pouvoir et ne sont qu'un leurre. Un an après la décision ministérielle annonçant leur création, elles n'ont même pas encore ouvert leurs portes...

Incapable de réaliser les réformes nécessaires afin d'apaiser les esprits, le gouvernement du Bihar a donc de plus en plus recours à la répression pour étouffer le mécontentement croissant. Comme au XIXe siècle, la police soutient la cause des possédants. Les brutalités sont monnaie courante. Des villages adivasi sont attaqués, les paysans rossés et emprisonnés sous le moindre prétexte, leurs biens pillés et détruits. En 1978-1979, la police a fait feu à dix reprises sur des rassemblements d'adivasi, tuant plusieurs personnes et en blessant un grand nombre. Mais pas plus que les promesses illusoires de vagues réformes, cette répression sauvage n'est parvenue à enrayer le mouvement. Les adivasi semblent déterminés à obtenir leur État, quels que soient les obstacles dressés sur leur chemin (30).

LES INSURRECTIONS MAOÏSTES

L'influence croissante des maoïstes et des organisations paysannes affiliées ou proches du *Communist Party of India (Marxist)* (31) n'est pas confinée au Chhota Nagpur. Les guérilleros maoïstes de Naxalbari au Bengale et de Srikakulam en Andhra Pradesh, pour ne citer que les deux plus importants foyers révolutionnaires des années soixante, furent recrutés essentiellement parmi les paysans adivasi.

Bien que ces mouvements aient été écrasés par la force, les conditions économiques qui créèrent un terrain favorable à la propagande communiste persistent. N.Y. Naidu a décrit dans un article récent l'exploitation dont souffrent les ethnies Gadaha et Koya du district de Srikakulam : « L'adivasi ignorant, incapable de se défendre contre les usuriers retors, doit vendre ses terres pour régler ses dettes. De cette manière, 40 à 50 % des terres tribales ont changé de mains dans le district... » (32).

Quant à Sharad Patil, il évoque ainsi la condition des adivasi du *taluka* de Sakri, au Maharashtra :

« Les aborigènes constituent la frange la plus exploitée de la population. En 1972-1973, les dépenses mensuelles par tête d'habitant de ces adivasi étaient seulement de 8,5 roupies (5 F). Ce chiffre représentait le quart du minimum requis pour assurer la simple survie d'un individu. La plupart des ouvriers agricoles adivasi ne trouvent du travail que pendant la durée de la saison agricole et pour des salaires de misère. A la fin de la saison, le prolétariat rural émigre en masse vers le Gujarat. Ceux qui demeurent sur place survivent au moyen d'expédients. En attendant que les moissons mûrissent dans leurs minuscules lopins de terre, ils doivent se nourrir de racines, de fleurs et de feuilles » (33).

Peut-on s'étonner, dès lors, que ces adivasi, vivant dans un tel dénuement, exploités économiquement, brutalisés par la police, incapables d'obtenir gain de cause auprès d'une administration corrompue, soient sensibles aux arguments des leaders communistes qui leur prêchent la violence ?

N.Y. Naidu décrit ainsi la genèse de l'implantation communiste parmi les paysans adivasi du district de Srikakulam :

« Des membres d'un parti communiste extrémiste entrèrent dans l'agence de Parvatipuram il y a dix ans comme instituteurs. Leur but était de développer la conscience politique de la population afin d'y établir une base révolutionnaire et de mener une lutte de guérilla en même temps qu'un combat politique... L'un d'entre eux, V. Satyanarayana, réussit à obtenir le support des adivasi en organisant des manifestations culturelles qui le rendirent très populaire. En tant que maître d'école, il entra en contact avec les adivasi et s'identifia à leur sort misérable. Il vivait très simplement, mangeait leur nourriture, apprit leur langue et discutait de leurs problèmes avec patience et intérêt. Après ses mariages avec des femmes tribales appartenant aux ethnies Savara et Jatapu, il fut complètement intégré à la communauté tribale. Il fonda alors un mouvement qui avait pour objectif d'obtenir des salaires plus élevés et des paiements en espèces pour les adivasi. Il réussit, il tint des réunions secrètes au cours desquelles il évoqua les injustices perpétrées par les fonctionnaires des eaux et forêts, les usuriers et les propriétaires terriens. Il organisa les paysans et les encouragea à se rebeller. Les adivasi se révoltèrent pour la première fois en 1964. Ils abattirent des arbres et se saisirent des terres appartenant à l'État... La répression organisée par la police et les propriétaires terriens eut pour seul résultat d'intensifier la lutte. Les communistes développèrent leurs activités d'une manière plus systématique. Ils incitèrent les adivasi, qui ne pouvaient obtenir justice auprès de l'administration, à prendre les armes et à éliminer les " ennemis de classe " » (34).

En 1969, des centaines de maisons furent pillées et trente-cinq non-adivasi massacrés. D'importants contingents de police furent envoyés dans la région. L'ordre ne put être rétabli qu'après la mort des leaders communistes abattus par la police.

N.Y. Naidu complétait son article par ces mots : « Le danger d'une résurgence de la révolte tribale ne peut être écarté. Tant que les adivasi seront privés de leurs terres et seront soumis à un esclavage barbare, la poudrière peut exploser à tout moment » (35).

D'autres mouvements adivasi s'inspirant des méthodes des insurgés de Naxalbari et Srikakulam se sont développés dans différentes régions, malgré les mesures répressives adoptées contre eux par les divers gouvernements provinciaux. A l'heure actuelle, le *Shramik Sanghatana* dans le Maharashtra et le *Jharkhand Mukti Morcha* dans le Chhota Nagpur tentent de mobiliser les masses rurales en occupant les terres ou en moissonnant de force les récoltes des propriétaires terriens.

Mais en dépit des quelques succès qui s'inscrivent à leur actif, les stratèges communistes qui dirigent ces organisations ont conscience des limites de leur action. Les adivasi occupent une position marginale dans la société et sont virtuellement isolés. Leurs mouvements, quoique possédant une force explosive, risquent donc de demeurer confinés à l'intérieur de « poches tribales » que les forces de l'ordre peuvent réduire l'une après l'autre lorsque ces mouvements deviennent violents.

Le *Jharkhand Mukti Morcha*, par exemple, ne fait aucun effort pour tenter de mobiliser les paysans intouchables du Chhota Nagpur, encore plus misérables et plus exploités que les adivasi. Les leaders communistes préconisent donc que la base de ces mouvements soit élargie dans chaque région, et inclue les intouchables et les ouvriers afin d'accroître leur impact.

Face à cette vague de rébellions, le gouvernement indien n'a pas encore trouvé la réponse adéquate. Son seul souci semble d'éteindre les foyers d'incendie sans trop se soucier ni des nombreuses bavures que de telles opérations impliquent, ni de faire disparaître les causes du conflit. Les confrontations sanglantes, de plus en plus fréquentes, entre les paysans – adivasi et intouchables – sans terre et les propriétaires terriens soutenus par l'administration témoignent d'un nouveau militantisme.

Les dirigeants des adivasi et des intouchables (qui représentent le cinquième de la population indienne) finiront-ils par oublier leurs différences et par s'unir contre leur ennemi commun ? Les sociologues et anthropologues indiens soulignent bien le caractère illusoire d'une telle union, en raison des contradictions réelles qui séparent ces deux groupes d'opprimés, mais mettent fréquemment en garde le gouvernement sur les dangers représentés par le maintien du statu quo. Le gouvernement saura-t-il mettre en œuvre les réformes nécessaires ? Saura-t-il protéger les adivasi pour désamorcer une situation potentiellement dangereuse ou bien persistera-t-il dans sa politique du maintien de l'ordre à tout prix ?

VII. Un monde déchiré

Au terme de ce voyage, le monde adivasi nous apparaît, plus que jamais, comme un monde déchiré. Déchiré entre tradition et modernité, passé et futur.

Jadis, selon B. D. Sharma, l'adivasi était pratiquement autarcique. Il se sentait merveilleusement à l'aise dans ce milieu si dur : la jungle. Il savait tout des plantes et de leurs usages. Rien de ce qui concernait les mœurs des animaux ne lui était inconnu. Il s'entendait à la chasse comme à la pêche. Il savait bâtir sa maison de ses propres mains, avec des matériaux trouvés sur place. Il excellait à manier la hache, à tailler le bois, à construire ses outils, à sculpter. Même l'art de faire de l'huile, celui de préserver les peaux ou de couper les vêtements lui étaient familiers. Bref, il savait parfaitement se mouvoir dans le monde qui était le sien, et il tirait de cette aisance une légitime fierté (1).

Aujourd'hui, cette situation est en train de se dégrader. L'économie de subsistance cède la place à une économie de marché. Les adivasi s'engagent, ici ou là, dans des métiers spécialisés. Ils quittent la terre, ou bien se voient privés de celle qu'ils cultivaient. Forcés de louer leurs services, ils ne sont plus à même de subvenir tout seuls à leurs besoins et commencent à dépendre, pour leur survie, d'un « monde extérieur » qui n'est pas fait pour eux. Certes, le gouvernement les aide ; mais l'aide elle-même, nous y reviendrons, est à double tranchant. Conclusion : aux traditionnelles difficultés économiques s'ajoutent maintenant des problèmes psychologiques, sociaux et politiques d'un genre nouveau.

La preuve ? S'il en fallait une, on la trouverait sans peine dans la façon dont l'image que les adivasi avaient d'eux-mêmes est en train de changer. Nous avons souligné plus haut à quelles difficultés on se heurtait lorsqu'on tentait de préciser le contenu du mot « tribu » ou même du mot « ethnie ». Au terme de cette enquête, il nous paraît justifié de dire au moins ceci : une « tribu » est une « tribu » pourvu que ses membres aient le sentiment d'appartenir à une « tribu » — et elle le reste aussi longtemps que ce sentiment dure. Mais le problème, aujourd'hui, est justement que les adivasi ont de moins en moins envie d'être considérés comme tels. Jadis fiers de leur singularité et relativement indifférents à l'univers hindou, nombre d'entre eux cherchent maintenant à s'intégrer à ce système de castes pour lequel ils n'avaient éprouvé, longtemps, qu'une méfiance prudente.

Sanskritisation : tel est le nom donné, par les anthropologues indiens, à ce curieux processus. De nombreuses études lui ont déjà été consacrées. Sahay, par exemple, en a examiné les effets dans quelques villages oraon du Chhota Nagpur (2). Il y a constaté que beaucoup d'adivasi préfèrent se dire eux-mêmes hindous, qu'ils ont adopté les divinités et les pratiques religieuses propres aux hindous, qu'ils utilisent les services d'un Brahmane pour accomplir les « rites de passage », qu'ils ont renoncé à manger du bœuf, qu'ils ne partagent plus leurs repas avec ceux qui ne font pas comme eux, bref qu'ils se considèrent non seulement comme supérieurs mais surtout comme *étrangers* aux autres membres de leur « tribu ». Peut-on encore, dans ces conditions, parler d'une « société oraon » distincte et homogène ?

Sans doute ce processus de dé-tribalisation n'est-il pas très récent. Surajit Sinha, sur la base de son étude historique de la société Bhumij, a pu montrer que la diffusion des modèles Rajpoutes parmi les adivasi de l'Inde centrale a commencé il y a fort longtemps (3). Il n'en reste pas moins qu'une accélération brutale s'est déclarée dans la seconde moitié du XXe siècle : du coup, une transformation qui aurait pu être bénéfique si elle s'était déroulée lentement a pris l'allure d'un mouvement agressif, destructeur et funeste pour la conscience « tribale ». Que, dans ces conditions, les adivasi restés fiers de leur identité éprouvent un ressentiment nouveau envers la société hindoue, et qu'ils aient le désir de donner une expression politique à ce ressentiment, voilà un phénomène qui ne nous étonnera pas. Pourtant, comme les catégories de la politique moderne sont, elles aussi, étrangères à l'univers adivasi, la formation d'un mouvement nationaliste n'est-elle pas empêtrée dans de redoutables contradictions ? Et si ce mouvement est dans l'impasse, de quel côté peut-on, alors, chercher la solution aux problèmes du « peuple submergé » ?

Telles sont quelques-unes des questions que ce dernier chapitre voudrait au moins soulever.

Mais commençons par fixer nos repères. On a parlé de « problèmes », de « drame », voire de « décadence » pour peindre la situation actuelle des adivasi. Afin que ces mots n'aient pas l'air de sonner creux, il nous faut faire ici un bref récapitulatif de leurs difficultés économiques, sociales et culturelles. Non pas revenir sur les exemples déjà donnés ; mais, au contraire, en dégager les lignes de force.

Difficultés économiques, d'abord. Réduits à vivre sur les plus mauvaises terres, les adivasi se voient encore parfois privés de leurs droits de propriété ou — ce qui revient au même — incapables de les défendre. « L'exploitation sans merci du tribal par l'usurier est si connue, écrit A.B. Bardhan, qu'il n'est pas besoin de l'expliquer ici... En fait, l'endettement a fini par être regardé comme un aspect normal de l'existence tribale. Très souvent, la dette du père est héritée par le fils et reste liée à différentes formes de travail forcé ou de servage, existant, sous différents noms, dans différentes régions de l'Inde » (4). En outre, la superficie moyenne des exploitations reste trop réduite, et les techniques agricoles trop primitives, pour permettre aux adivasi d'assurer leur subsistance: problème non négligeable si l'on considère que 68,15 % de ceux-ci — contre une moyenne nationale de 52,80 % — tirent de l'agriculture la totalité de leurs revenus.

Quant à l'agriculture itinérante *(jhum)*, autrefois caractéristique des économies « tribales », elle a été officiellement interdite en 1867 par les Britanniques. Reprenant la politique forestière de ces derniers, le gouvernement indien a continué de défendre la « jungle » contre les aborigènes : le *jhum* n'est aujourd'hui autorisé que dans quelques zones très circonscrites (à Abujh Mar, dans le Bastar, par exemple) ; et s'il reste pratiqué — illégalement — dans quelques autres régions (en Orissa, en particulier), il n'assure plus de manière efficace la survie des adivasi.

Ceux que l'agriculture ne nourrit plus ont donc été conduits à rechercher d'autres types de travaux. L'existence de ressources minérales considérables dans les districts du Chhota Nagpur, favorisant le développement d'une industrie locale, a entraîné la prolétarisation d'une fraction des aborigènes bihari. Aujourd'hui, les ouvriers des mines de charbon du Manbhum, des aciéries du Singhbum, des industries du cuivre à Mosaboni et Mubhandar, et même ceux des fabriques de jute à Calcutta — sont en majorité adivasi. Dans d'autres ethnies les hommes, ne trouvant pas chez eux de travail rémunéré, sont obligés d'aller en chercher dans les « jardins à thé » de l'Assam, où ils émigrent de façon temporaire (5). De toute manière, qu'ils travaillent dans leur pays ou loin de chez eux, qu'ils soient employés dans le secteur agricole ou dans le secteur industriel, les adivasi « prolétarisés » sont automatiquement coupés de leur société et de leur culture. Ils ne peuvent que se « dé-tribaliser » — dans les pires conditions qui soient.

Mais la dé-tribalisation se fait aussi sentir là où les conditions économiques n'ont que peu ou pas changé. La construction de routes, le développement des villes et des transports, celui des communications (radio, télégraphe), l'industrialisation de certaines zones, les progrès de l'emprise administrative sur la vie quotidienne, le travail des partis politiques, sans parler de la propagande chrétienne ou des œuvres sociales hindoues — tous ces facteurs concourent, chacun à sa façon, à transformer la société « tribale », sans parvenir à vaincre sa misère endémique. Sur les routes circulent désormais d'un bout à l'autre de l'Inde des fonctionnaires, des missionnaires, des vendeurs ambulants, des recruteurs de main-d'œuvre, des équipes sanitaires... Avec eux se sont répandues les « idées modernes » – tout aussi bien que les préjugés les plus réactionnaires. Les adivasi se sont découvert de nouveaux « besoins » : celui de porter des vêtements, de boire du thé, d'acheter de l'alcool (puisqu'on leur a interdit d'en fabriquer) ; ils se retrouvent donc dans l'obligation de s'endetter pour les satisfaire. Simultanément, ils se sont vus contraints à abandonner certaines de leurs occupations traditionnelles (pourtant lucratives, mais considérées comme impures selon les normes hindoues) et à cesser de manger du porc (alors que cet animal proliférait dans les villages « tribaux »). D'un autre côté, l'abandon des fêtes traditionnelles, supplantées par des marchés où les adivasi se ruinent, et le remplacement des institutions politiques propres à la communauté par les circuits administratifs modernes, n'ont pas peu contribué à accroître leurs difficultés. Enfin le développement, dans les régions où ils vivaient jadis pratiquement isolés, de maladies importées par les « étrangers » et contre lesquelles la pharmacopée indigène est impuissante, a frappé physiquement, et de façon parfois très dure, certaines ethnies.

Naturellement, les avantages du « progrès » ne se sont pas fait sentir avec la même vigueur que ses inconvénients. L'essor de l'hygiène demeure lent, le contrôle médical reste insuffisant et l'éducation ne se développe qu'à petits pas. Les chiffres, encore une fois, parlent d'eux-mêmes : alors que l'Inde connaît un taux d'alphabétisation déjà relativement faible – 29,45 % –, celui des adivasi est presque trois fois plus bas : environ 11 %, selon le *Census* de 1971. Encore ce chiffre ne représente-t-il qu'une moyenne : si dans quelques ethnies du Nord-Est (Khasi, Naga) le taux d'alphabétisation est, en partie grâce à l'œuvre des missions chrétiennes, nettement plus élevé, en revanche il avoisine zéro pour certaines ethnies du Madhya Pradesh. Naturellement, celles-ci subissent une exploitation – et vivent dans un environnement socio-économique — bien pires que celles-là : d'où l'on pourra conclure, une fois de plus, que la sous-éducation est en effet l'une des clefs fondamentales du sous-développement.

Arrêtons là cette liste, d'ailleurs non limitative, des causes profondes de la misère adivasi. Un terme permet de les résumer : celui d'*acculturation*. On ne reviendra pas ici sur les discussions soulevées par la définition de ce concept (6). On se bornera à rappeler que le contact entre deux cultures différentes, lorsque celles-ci sont placées d'emblée dans un rapport d'inégalité socio-économique, entraîne nécessairement la destruction de la plus faible des deux. En Inde, la désagrégation de l'identité « tribale » est déjà sérieusement engagée ; et s'il demeure toujours possible de la retarder, certaines de ses conséquences resteront probablement irréversibles. Citons, parmi celles-ci, le développement de l'alcoolisme et de la criminalité, la recrudescence de la sorcellerie, des mouvements messianiques et de l'agitation politico-religieuse, pour ne rien dire de cette « fuite en avant » que représente, dans bien des cas, la conversion au christianisme. Diversement appréciables, ces phénomènes n'en restent pas moins dangereux pour la survie d'une conscience spécifiquement « adivasi ».

L'alcoolisme, par exemple, a pris des formes aiguës depuis l'Indépendance. A l'alcoolisme « rituel » — consommation intensive de liqueur lors de cérémonies religieuses — qui existait depuis des siècles, a succédé un alcoolisme généralisé qui représente plutôt une forme de refus de la réalité — tout au moins d'une réalité devenue trop dure ou trop insupportable. Naturellement l'interdiction faite aux adivasi de fabriquer eux-mêmes leur propre alcool n'a fait qu'aggraver le processus : au lieu de leur bière traditionnelle — bière de riz, de millet, de *mahua*, d'une teneur relativement faible —, ceux-ci boivent maintenant l'alcool vendu dans les magasins autorisés, qui est nettement plus fort... On peut dire que, dans certaines ethnies, la situation a atteint un point de non-retour. B.R. Rizvi, par exemple, étudiant les Korwa du Madhya Pradesh, note que « pour eux la vie sans alcool est inimaginable ». Malgré diverses tentatives, il a été impossible de les transformer en *Bhagat* : « Si je donnais ma fille à un *Bhagat*, a déclaré un Korwa, horrifié, elle mourrait de soif... » Du reste, ceux qui seraient tentés d'abandonner la boisson sont menacés et persécutés par les distilleurs, qui sont souvent les plus riches commerçants de la région.

Rizvi raconte à ce propos quelques anecdotes significatives. Durant le séjour qu'il effectuait dans le village de Rakaiya, le chef de ce dernier vint lui demander deux roupies : cette modeste somme était nécessaire au chef pour récupérer son turban rouge — symbole de son autorité —, qu'il avait mis en gage afin de pouvoir s'acheter un litre d'alcool... Autre cas : un Korwa, Koka, tua sa mère parce qu'elle refusait de lui donner de l'argent pour boire. Il se mit à terroriser le village, à battre les gens. Finalement les villageois, au cours d'une partie de chasse, emmenèrent Koka en pleine forêt et le tuèrent. Son frère plus jeune le vengea de la façon suivante : il offrit à boire aux assassins jusqu'à les saouler (un Korwa ne sait pas dire non à un verre) ; puis, lorsque ceux-ci eurent complètement perdu conscience, il tua et blessa plusieurs d'entre eux... Rizvi conclut en prônant le retour à une semi-prohibition, qui consisterait à interdire la vente d'alcool dans le commerce, tout en favorisant le retour à la bière domestique, tout compte fait moins novice. Il n'en reste pas moins que l'alcoolisme ne disparaîtra vraiment que si s'élève le degré d'éducation et s'améliorent les conditions socio-économiques des Korwa (7).

Sur le problème de la criminalité — dont le développement est d'ailleurs lié à celui de l'alcoolisme —, nous ne disposons pas d'étude suffisamment récente et précise ; pourtant, la situation n'a fait que s'aggraver depuis le livre célèbre d'Elwin sur le meurtre chez les Maria (8). En fait, les conclusions d'Elwin demeurent valables pour l'essentiel : jadis, les seules formes de criminalité vraiment significatives que l'on rencontrait chez les adivasi étaient d'ordre rituel : sacrifices humains chez les Kond, infanticide chez les Toda, chasse aux têtes chez les Naga, suicide rituel chez les Lepcha ou les Lhota Naga. Avec l'œuvre pacificatrice accomplie par les Britanniques, ces pratiques ont considérablement reculé, pour ne pas dire disparu. En revanche, la dégradation de leurs conditions d'existence a entraîné nombre d'adivasi vers des formes de criminalité plus « banales », dictées par la misère ou par la faim. La réputation de « tribu criminelle » que s'étaient attirés, au XIXe siècle, les Bhil et quelques autres ethnies, ne s'explique pas autrement. P.K. Bhowmick l'a bien montré, entre autres, dans le cas des Lodha du Bengale occidental (9) : c'est la misère, et elle seule, qui les poussait occasionnellement au crime. Enfin la recrudescence des suicides – phénomène pratiquement inconnu ou très exceptionnel il y a un siècle – est liée, elle aussi, aux conséquences funestes d'une acculturation hâtive : E.H. Man, cité par Elwin, a même pu écrire que le suicide ne s'était développé chez les Andamanais qu'après leurs premiers contacts avec les hindous, puis les Européens.

Considérée également comme un crime – ou comme une source de crimes –, la sorcellerie n'en a pas moins fourni, aux adivasi victimes d'une dégradation rapide de leurs conditions d'existence, une forme symbolique de résistance au « progrès ». En fait, plutôt que de « sorcellerie » proprement dite, il s'agit d'un attachement d'ordre affectif aux formes traditionnelles de divination et de thérapeutique. Là aussi, nous manquons d'études d'ensemble, mais nous disposons de quelques bonnes analyses de cas. Les Santhal, par exemple, résistent vigoureusement à la diffusion de la médecine moderne sur leur territoire : celle-ci est perçue comme dangereuse, à la fois parce qu'elle vient des « étrangers » et parce qu'elle entre en concurrence avec l'activité traditionnelle du *medicine-man,* appelé *Ojha.*

Les Santhal, en effet, considèrent que toutes les maladies ont des causes surnaturelles, et qu'elles sont envoyées par des esprits mauvais « manipulés » par les sorcières. Seuls l'*Ojha,* par conséquent, peut les soigner. La cure est de type shamanistique : resté en tête à tête avec le malade, l'*Ojha* fait brûler certaines herbes, chante des *mantra* (formules magiques) et entre en transe. Il peut alors battre le patient avec un bâton, jusqu'à ce que le mauvais esprit sorte du corps. Selon Kanak Mital, qui a effectué une étude très récente sur le terrain (10), les Santhal sont de plus en plus pénétrés de la croyance selon laquelle un homme, s'il va se faire soigner par un médecin de type moderne au lieu d'aller consulter l'*Ojha,* mourra certainement. Pour eux, la médecine officielle est incapable de lutter contre la cause spirituelle ou surnaturelle des maladies. Au reste, les exemples concrets ne manquent pas, qui semblent leur donner entière raison : Kanak Mital cite, entre autres, celui d'un malade que l'*Ojha* avait soigné et qui commençait à aller mieux ; à ce moment, un médecin moderne intervint de force pour le conduire à l'hôpital – où le malade fit une rechute et mourut... Alors, pour protester contre l'intrusion de la « science » occidentale, tous les Santhal du village, pour la plupart ouvriers agricoles, se mirent en grève. Les conflits de ce genre ne sont pas rares. Il est probable qu'avec un peu plus de temps et de prudence de la part des « étrangers » ils auraient pu être évités. Malheureusement, la brutalité du contact ente les Santhal et la culture moderne ne pouvait entraîner chez ceux-ci que des réactions explosives, où l'irrationnel tient une large part.

Irrationnels aussi, les messianismes et autres mouvements politico-religieux qui n'ont cessé d'animer, depuis le XIXe siècle, le monde adivasi. Enfin, deux autres phénomènes, dont on a déjà largement parlé, peuvent être rattachés aux effets de l'acculturation : c'est pour échapper au statut inférieur qui leur est fait dans le système des castes que les adivasi se convertissent au christianisme ; c'est pour la même raison que se développe parmi eux un fort courant nationaliste, politiquement organisé. Naturellement, ces processus ne peuvent pas être mis sur le même plan que la recrudescence de l'alcoolisme ou de la criminalité – encore qu'ils soient aussi mal vus par certains hindous. Toutefois, la diffusion du christianisme ou la constitution de partis politiques sont des phénomènes ambigus : s'ils témoignent bien de l'acculturation à laquelle les adivasi ont été soumis, ils ne font par ailleurs que l'accroître. Un adivasi baptisé n'est plus vraiment adivasi... Et même si le mouvement nationaliste fait du retour à la conscience tribale l'un de ses *leit-motive*, il n'en est pas moins clair qu'il a dû, pour se développer, adopter une structure et des moyens d'action empruntés à l'adversaire. On est bien proche, ici, du moment où l'acculturation pourrait devenir aliénation. Mais comment l'éviter ?

Face à de telles contradictions, apparemment insurmontables, il est difficile de rester objectif... Tentons de l'être, pourtant, et de dégager les grandes options entre lesquelles il semble possible de se prononcer.

Pour le dire vite, les solutions sont au nombre de trois. Trois voies, que l'on désigne déjà par des noms consacrés : *intégration, isolation* ou *assimilation.*

Nous commencerons par cette dernière.

Il est clair que la thèse « assimilationniste » — faire des adivasi des hindous « comme les autres » — peut s'appuyer sur des tendances très anciennement présentes dans l'histoire de l'Inde. Quel qu'ait été leur degré d'isolement, en effet, les adivasi n'ont jamais été, même aux époques les plus reculées, totalement coupés de la société hindoue. Les interactions entre « tribaux » et « non-tribaux » ont toujours existé, et il y a des siècles que l'acculturation a commencé, tout au moins sur le plan matériel (emprunt par les adivasi d'objets, de techniques, de modes de logement ou de vêtement introduits par les hindous). Officiellement, la majorité des aborigènes déclarent aujourd'hui professer l'hindouisme ; et certaines ethnies ont même fini par connaître une stratification semblable à celle qu'engendre le système des castes.

Certes, la différence entre « caste » et « tribu » n'est pas toujours facile à faire dans la pratique : car, bien qu'en théorie la caste soit un groupe *fonctionnel* et la tribu un groupe *territorial,* les deux aspects se recouvrent fréquemment. Toutefois, il reste assez d'exemples suffisamment clairs pour attester du passage de la « tribu » vers la « caste », c'est-à-dire de la « sanskritisation » des aborigènes. Une fraction de l'ethnie gond, pour rappeler le cas le plus célèbre, se considère elle-même comme Rajpoute, et porte d'ailleurs le nom de Raj-Gond. Sur son territoire, de nombreuses castes purement hindoues lui sont effectivement inférieures. Les Raj-Gond, par ailleurs, considèrent également les membres de l'ethnie Pardhan comme « polluants », et n'utilisent leurs services que comme généalogistes ou ménestrels. Dans le Bastar, les Hill Maria, tout en reconnaissant que de nombreuses castes hindoues leur sont supérieures, estiment former eux-mêmes une caste de rang non négligeable dans la hiérarchie globale : ils sont regardés comme les égaux des Gond. En Andhra Pradesh, les Reddi, qui ont renoncé à manger du bœuf, se considèrent comme une caste supérieure aux Koya — qui n'ont pas le même respect pour le bœuf mais qui, à leur tour, tiennent les Kammar pour inférieurs... Et même dans les Nilgiri Hills, restés longtemps coupés du monde, une sorte de stratification a fini par apparaître, puisque, aujourd'hui, les Toda y sont considérés comme supérieurs aux Kota et aux Badaga.

Mais c'est sans doute dans le Chhota Nagpur ainsi que dans l'ouest de l'Inde que les interactions ont été le plus nombreuses et le plus longues. Ici, adivasi et non-adivasi cohabitent depuis des siècles dans les mêmes villages. Les premiers y jouent donc un rôle essentiel dans le *jajmani system,* ce réseau d'échanges de prestations en nature entre les différentes castes qui a constitué, pendant des millénaires, l'armature de la société paysanne hindoue. Tantôt les aborigènes ont pour charge de surveiller les champs ; ailleurs ils sont forgerons, danseurs ou musiciens. Évidemment ce système s'est considérablement détérioré, dans toute l'Inde, avec le développement de l'économie monétaire. Mais les contacts entre adivasi et hindous ont été si forts, les emprunts dans un sens ou dans l'autre si nombreux (même les mariages mixtes ont été moins rares qu'on ne le dit parfois), que dans bien des endroits il est difficile de considérer le groupe « aborigène » comme autre chose qu'une caste.

C'est en se fondant sur ces constatations que les hindous les plus traditionalistes, convaincus de la supériorité de leur système de valeurs, exigent l'abolition de toute mesure visant à protéger les adivasi ou à les mettre à part du reste de la société indienne. Thèse extrémiste, comme on le voit ! Il est naturel que les anthropologues, plus avertis de la complexité des choses et plus soucieux de la diversité des cultures, ne l'aient guère embrassée. Quelques-uns d'entre eux, pourtant, ne la considèrent pas avec autant d'hostilité que la thèse de l'isolation, que nous examinerons ensuite. Quant aux fonctionnaires, administrateurs et bureaucrates, dans la mesure où ils sont eux-mêmes hindous, ils ont quelque peine à ne pas l'adopter jusqu'au bout : l'intégrité du territoire national n'est-elle pas, selon eux, menacée par le particularisme « tribal » ? Motifs religieux et raisons politiques se retrouvent donc mêlées dans l'argumentation des assimilationnistes hindous ; ils le sont également, d'ailleurs, ou du moins ils l'étaient dans le discours des missionnaires occidentaux. Car ceux-ci aussi ont souhaité transformer les adivasi en « véritables » chrétiens sur le modèle européen, le changement de religion devant s'accompagner d'un changement de coutumes et quelquefois d'opinions politiques... Toutefois, la position officielle de l'Église a, sur ce point, considérablement évolué depuis l'Indépendance, et le nouveau clergé indien est, officiellement, beaucoup plus respectueux des cultures adivasi.

Reste, par conséquent, l'assimilationnisme hindou. On peut lui adresser plusieurs critiques. Tout d'abord, n'est-il pas paradoxal que les traits de la culture brahmanique que certains veulent imposer aux aborigènes soient ceux-là mêmes que les hindous « occidentalisés » des villes commencent à rejeter : mariage des enfants, intouchabilité, tabous alimentaires, célibat pour les veuves et restriction de la liberté des femmes ? Sur tous ces points — comme l'a fait remarquer Christoph von Fürer-Haimendorf —, la société adivasi traditionnelle était plus proche de l'Occident moderne que de l'hindouisme classique, puisqu'elle rejetait les distinctions de caste et affirmait l'égalité des sexes, la liberté de se remarier pour les femmes divorcées et veuves, l'indépendance de la famille nucléaire par rapport à la famille étendue et une nette préférence pour que le mariage ne soit pas décidé avant l'âge adulte (11). Il serait donc regrettable qu'une fraction de la société hindoue reste intolérante au point de vouloir détruire les cultures « tribales », dont les valeurs méritent pourtant autant de respect que les siennes. De surcroît, s'il est légitime, du point de vue de l'État, d'interdire la chasse aux têtes, il ne saurait l'être de vouloir imposer un code déterminé en matière sexuelle ou alimentaire – puisqu'il s'agit là d'affaires strictement privées...

Souhaitons donc que l'esprit de tolérance culturelle, conforme d'ailleurs à la véritable tradition de l'hindouisme, amène les derniers partisans de l'assimilation à reconnaître enfin la légitimité des traditions adivasi.

Deuxième thèse: l'isolationnisme. Les Anglais l'appellent: politique du « *Leave them alone* » (« laissez-les seuls » ou, mieux encore: « laissez-les tranquilles »). Il s'agit, là aussi, d'une attitude dont l'origine remonte fort loin. C'est au XVIIIe siècle que se développa, parmi les partisans du « bon sauvage », l'idée que les populations dites primitives devaient être soigneusement tenues à l'écart de tout contact avec la « civilisation ». Une conception très romantique de la vie primitive – simple et heureuse, proche de la nature, affectivement riche – devait donner son cadre à cette idée: puisque la culture pervertit la nature, le plus grand bien qu'on pouvait faire aux sauvages était, croyait-on, de les protéger contre nous-mêmes. C'est ainsi que naquit l'idée de *réserve* – appelée, comme on sait, à une certaine fortune en Amérique.

En Inde même, les Britanniques s'inspirèrent plus ou moins consciemment de cette idéologie dès 1857. Désireux d'intégrer administrativement les adivasi à leur empire, ils se gardèrent bien, en effet, de les intégrer économiquement ou culturellement. Le « régime spécial » appliqué aux aborigènes, la procédure des *excluded areas* correspondait donc parfaitement à leurs objectifs:

contrôler les territoires tribaux tout en laissant les « indigènes » à l'écart du progrès. On a vu également que la Constitution indienne, bien qu'elle ait manifesté fermement le désir d'intégrer ces derniers, n'avait pu tout à fait rompre avec la politique du « régime spécial ». Et cela, malgré la vive protestation de nombreux politiciens, fortement sourcilleux sur le chapitre de l'unité nationale, qui ne se sont pas privés de taxer les anthropologues de « séparatisme » : à en croire ces farouches adversaires de la thèse isolationniste, ce seraient les savants qui voudraient tenir les primitifs à l'écart, afin de pouvoir les étudier plus tranquillement, comme des objets de musée...

Accusation bien excessive. Sans doute quelques chercheurs, perdus dans leurs paradis théoriques, la méritent-ils ; mais les meilleurs anthropologues, qu'ils soient indiens ou étrangers, n'ont jamais soutenu un point de vue aussi égoïste. Du reste ne sont-ils pas les mieux placés pour savoir que toute culture ne vit que d'emprunts, que l'isolement absolu est un mythe suicidaire, qu'il serait de toute façon irréalisable dans la pratique ? Enfin, est-il un seul anthropologue pour nier que les processus de changement sont un « objet d'étude » plus riche et plus intéressant que les systèmes immobiles ? Il serait donc presque inutile de défendre l'ethnologie contre les politiciens si certains propos d'Elwin n'avaient pu, malgré tout, prêter à équivoque.

Elwin lui-même l'a reconnu – ou, plus exactement, Ghurye l'a obligé à le reconnaître. On sait que dans son ouvrage de 1943, intitulé *The Aborigines So-Called and their Future* (12), Ghurye exprime l'idée selon laquelle les adivasi ne constitueraient pas un groupe racial ou culturel à part, mais seulement l'une des communautés composant, avec d'autres, les « classes arriérées » *(backward classes)* de la société indienne. Il en conclut que l'intégration est la seule solution viable, et critique âprement les vues d'Elwin et de certains administrateurs britanniques comme J.H. Hutton. Dans le *Census* de 1931, dont il avait été le principal rédacteur, Hutton se prononçait en effet pour la ségrégation totale des adivasi ; toutefois, il ne refusait pas une certaine évolution de la culture « tribale », à condition qu'elle vînt de l'intérieur de cette culture elle-même. Quant à Elwin, il avait proposé, en 1939, la création d'un parc national pour protéger les Baiga, groupe rattaché à la famille des ethnies gond (13). Du coup, Ghurye a beau jeu de dénoncer, en Elwin, un esprit encore plus immobiliste que celui de Hutton : Elwin serait, selon Ghurye, opposé à *toute* forme de changement, et partisan d'une résurgence pure et simple des vieilles coutumes « tribales »... Quelques années plus tard, en 1953, un jésuite qui avait passé la plus grande partie de sa vie parmi les adivasi, E. de Meulder, fit les mêmes objections au grand anthropologue anglais qui avait pris, entre-temps, la nationalité indienne (14). C'est pourquoi Elwin fut amené à préciser sa position. Il le fit plusieurs fois (15), et avec une énergie qui ne laisse subsister aucun doute sur sa sincérité. Tout d'abord, Elwin demande qu'on replace son livre sur les Baiga dans le contexte dans lequel il a été écrit, c'est-à-dire dans l'ambiance de la colonisation britannique. A cette époque, les Baiga sont cruellement exploités par les étrangers installés sur leur territoire, connaissent une misère effroyable et sont pratiquement menacés de disparition. L'idée de créer un parc national ne vise donc pas à les tenir à l'écart du progrès, mais à leur épargner la mort. Par ailleurs, Elwin reconnaît parfaitement qu'il a revendiqué isolement et protection pour les plus « primitifs » des adivasi, c'est-à-dire pour les semi-nomades qui, au moment de la Seconde Guerre mondiale, vivaient encore de chasse et de cueillette – soit cinq millions d'individus, environ le quart de la population « tribale » à cette époque. Mais, ajoute-t-il, cette protection n'était destinée qu'à leur permettre de survivre ; d'autre part, elle ne pouvait être que temporaire. Dans son esprit, elle devait être levée dès que le gouvernement serait à même de « civiliser » les adivasi sans les détruire. Enfin, Elwin précise que pour le reste des aborigènes, paysans sédentaires déjà engagés dans un processus multiséculaire d'acculturation, il ne peut que souhaiter un développement rapide : dans ce cas, le problème des adivasi ne se distingue pas de celui des autres paysans hindous.

Mais ce problème a-t-il vraiment une solution... ? Et entre l'assimilation et l'isolation, y a-t-il place pour une authentique troisième voie ?

« Il y a une voie. Ce n'est pas une voie facile, mais je crois qu'elle s'identifie à ce chemin – intermédiaire entre une intervention excessive et une intervention insuffisante – sur lequel le génie de notre Premier ministre, M. Jawaharlal Nehru, a engagé nos pas... » (16).

C'est par ces mots flatteurs qu'Elwin caractérise la troisième voie : celle de l'intégration. Et cette solution dont il s'est fait, dans de nombreux ouvrages, le théoricien, Nehru en aurait été, selon lui, le premier praticien. Exposer les arguments qui militent pour son adoption revient donc, en somme, à exposer les grands principes dont se réclame l'action du gouvernement indien en faveur des adivasi. Bref, il suffit de rappeler le programme du parti du Congrès – qui a gouverné l'Inde sans interruption de 1947 à 1977 –, quitte à se demander, ensuite, dans quelle mesure ces principes ont réellement inspiré les réalisations officielles...

L'idée fondamentale, explicitée par Elwin lui-même tout au long de *A Philosophy for N.E.F.A.*, est la suivante : il s'agit d'encourager le développement économique et social des adivasi, tout en respectant la spécificité de leur culture et leur désir d'autonomie. Une telle politique vise à les moderniser, non à les brutaliser. Ou, comme le dit encore Elwin : « elle ne doit pas ignorer le passé, mais se fonder sur lui. Elle doit apporter aux tribus ce qu'il y a de meilleur dans le monde moderne, tout en s'efforçant de ne pas détruire leur façon de vivre traditionnelle, mais d'activer et de développer ce qu'il y a de bon en elle (17) ».

Ces exigences paraissent, à première vue, contradictoires ou, tout au moins, difficilement conciliables autrement qu'en paroles. Pourtant, Nehru lui-même, qui manifestait un intérêt réel pour l'univers adivasi, éprouva le besoin de les développer en un programme-slogan ; et ce programme, qui comprend cinq principes fondamentaux (d'où son nom hindi: *Panch Sila*), fut énoncé pour la première fois dans la préface, datée du 9 octobre 1958, que Nehru écrivit pour la deuxième édition de *A Philosophy for N.E.F.A*. Par bien des égards, ce programme « date »; pourtant, en raison de son importance historique, on ne peut faire autrement que de le citer ici:

« Le développement (des régions " tribales ") doit être assuré de toutes les manières possibles: communications, équipements sanitaires, éducation, agriculture. Mais il convient que les grandes lignes de ce développement s'inscrivent dans le cadre général défini par les cinq principes fondamentaux suivants:

(1) Les tribus doivent se développer conformément à leur propre génie, et nous devons éviter de leur imposer quoi que ce soit. Nous devons essayer d'encourager par tous les moyens leur culture et leurs arts traditionnels.

(2) Les droits des tribus sur la terre et sur les forêts doivent être respectés.

(3) Nous devons essayer d'entraîner et de former des équipes issues des tribus elles-mêmes pour y effectuer le travail d'administration et de développement. Sans doute faudra-t-il recourir, tout au moins au début, à du personnel technique venu de l'extérieur. Mais nous devons éviter d'introduire un trop grand nombre d'étrangers sur les territoires tribaux.

(4) Nous ne devons pas sur-administrer *(over-administer)* ces régions, ni les submerger sous une multiplicité de projets. Nous devons utiliser, pour notre travail, leurs propres institutions sociales et culturelles, plutôt que d'entrer en concurrence avec celles-ci.

(5) Nous devons apprécier les résultats, non d'après les statistiques ou la quantité d'argent dépensée, mais en fonction de la qualité humaine qui s'y trouve développée... » (18).

Ces nobles principes, où transparaît l'idéalisme propre à Nehru, ont déjà une longue histoire. Depuis qu'ils ont été formulés, ils ont donné lieu à tellement d'exégèses qu'on pourrait leur consacrer une thèse entière. La plupart des anthropologues les ont repris à leur compte — alors même qu'ils n'approuvent pas nécessairement l'œuvre scientifique d'Elwin, jugée parfois trop romantique. Enfin, les communistes ont fait, sur ce point tout au moins, front commun avec le Congrès. D'ailleurs, dès 1945, Ajoy Ghosh (qui devait devenir secrétaire général du C.P.I.) avait déclaré (19) que le développement social des adivasi devait s'effectuer dans le respect total de leur identité culturelle séparée, et que leur éducation devait être assurée dans leur propre langue, non en hindi. Reprenant ces idées en 1976, dans un livre qui exprime le point de vue officiel du C.P.I., A.B. Bardhan ajoute que c'est encore là, selon lui, la meilleure attitude possible vis-à-vis du problème adivasi.

Bref, unanimité parfaite. Sur le chemin à suivre, tout le monde se trouve d'accord. Reste à savoir dans quelle mesure ces pieux idéaux ont été effectivement appliqués. Dans quelle mesure les projets de développement ont été effectivement réalisés. Dans quelle mesure, enfin, la politique de « réservation des postes » a été conciliable avec l'idéal d'intégration ; et comment les adivasi ont réagi, globalement, aux tentatives faites par le gouvernement pour les aider à devenir citoyens à part entière dans la nouvelle Union indienne.

Impossible de répondre à toutes ces questions sans revenir, une fois encore, sur le double aspect, juridique et économique, de l'action gouvernementale.

Tout d'abord, il est incontestable que les autorités indiennes ont fait de gros efforts, sinon pour rendre aux adivasi l'ensemble des terres qui leur ont été prises depuis plus d'un siècle, tout au moins pour rendre illégal tout nouveau transfert de terre d'un adivasi vers un non-adivasi. Au Rajasthan, les transferts de ce type ont été interdits dès le *Tenancy Act* de 1955. Au Bihar, un acte législatif du même ordre fut finalement voté en 1969, mais ses conséquences sont discutées : entre 1969 et 1975, seuls quatre mille trois cents hectares de terre ont pu être restitués à onze mille cinq cent quatre-vingts adivasi — ce qui est très peu. Par ailleurs, de nombreux transferts de terre à des non-aborigènes ont continué de s'effectuer, en violation de la loi et, parfois, avec l'accord des adivasi eux-mêmes : ceux-ci sont en effet perpétuellement à la recherche d'argent liquide, et l'usurier est toujours prêt à en fournir contre des terres... En outre, il est très difficile d'arriver à prouver – lorsque c'est le cas – qu'un transfert a été accompli dans des conditions frauduleuses : la procédure est compliquée, et les témoins se taisent par peur des représailles.

Enfin, il ne suffit pas d'interdire les transferts à des non-adivasi (comme cela a été fait, maintenant, dans la plupart des États de l'Inde) ; il faudrait finir par interdire *tout* transfert – que ce soit à des aborigènes ou à des non-aborigènes ! Faute d'une telle précaution, en effet, il peut se créer une nouvelle stratification à l'intérieur même des populations « tribales », les adivasi les plus riches accaparant les terres des autres. C'est ce qui est en train de se passer, par exemple, au Bihar – où les aborigènes les plus pauvres n'ont plus aucune protection légale contre l'exploitation que font d'eux des membres de leur propre ethnie. Malheureusement, des mesures restrictives suffisamment draconiennes n'ont été prises, jusqu'ici, que dans peu d'États – la plus sévère étant le *Scheduled Areas Land Transfer Regulation* passée dès 1970 en Andhra Pradesh, qui interdit *tout* transfert de terre « tribale » à quelque acheteur que ce soit.

Venons-en aux mesures à caractère économique. Adoptée en janvier 1950, la Constitution indienne commença par accorder des avantages spéciaux aux populations « tribales » (réservation de postes dans l'administration et dans les entreprises) pour une période de dix ans : on estimait celle-ci suffisante pour permettre l'intégration définitive des adivasi au reste de la population indienne. En fait, il fallut déchanter : au fur et à mesure que la société rurale indienne se développait, le monde adivasi se développait lui aussi – mais moins vite... Au lieu de diminuer, l'écart se creusait. On dut donc prolonger la période de « protection spéciale » : une première fois en 1960, une deuxième en 1970 et... une troisième au début de 1980. Pendant ce temps, la liste des ethnies qui devaient être appelées à jouir de ces privilèges fut plusieurs fois remaniée : en 1950 et 1956, d'abord, puis de nouveau en 1976 (à la suite de rectifications de frontières entre États indiens, environ trois cent mille personnes furent ajoutées à la liste des *Scheduled Tribes*). Passons sur les conflits politiques que des enjeux aussi énormes soulevèrent : la question principale reste de savoir si les projets de développement profitèrent réellement aux intéressés. Or on ne peut l'aborder sans distinguer au moins deux périodes : avant et après 1954.

Les projets initiaux, en effet, ne faisaient aucune distinction entre les adivasi et les autres Indiens : tel fut le cas, par exemple, des *Community Development Projects* lancés, en 1952, dans le cadre du premier plan quinquennal. Au reste ces projets, couvrant des régions trop vastes, furent remplacés dès 1953 par des *Community Development Blocks* de dimensions plus modestes. Puis on tarda encore un peu à se rendre compte que les régions adivasi, souvent très arriérées sur le plan proprement économique, méritaient un traitement séparé, et ce n'est qu'en 1954 qu'on se décida à créer quarante-trois *Special Multi Purpose Tribal Development Blocks*. Bientôt ceux-ci, jugés encore trop vastes, furent à leur tour remplacés par des *Tribal Development Blocks*, plus petits, qui finirent par atteindre le nombre de cinq cents vers la fin du troisième plan (1967).

Durant le quatrième plan, on s'aperçut que les T.D.B. étaient d'une efficacité limitée, et qu'ils servaient surtout à enrichir les sections les plus riches de la population adivasi. On commença alors à s'orienter vers l'idée que l'aide devait être apportée à des familles ou à des *petits groupes* qui la méritaient particulièrement – plutôt qu'à des régions, toujours trop vastes, où elle se perdait souvent avant d'atteindre son but.

Ensuite, dans le cadre du cinquième plan, des *Tribal Sub-Plans* – applicables aux seules régions où les adivasi représentent plus de 50 % de la population totale – ont été mis en chantier. Un groupe de quelques T.D.B. (couvrant généralement la superficie d'un *tahsil*) est devenu la nouvelle unité de base dans le cadre de ces sub-plans. Mais cette unité a encore pris un nouveau nom, celui d'*Integrated Tribal Development Project* (I.T.D.P.). Et on finit par en créer même dans des régions où les adivasi n'atteignaient pas les 50 % réglementaires : au début de 1978, il y en avait environ 180 dans toute l'Inde. Ce nombre peut paraître faible — d'autant que, dans environ un tiers des cas, l'I.T.D.P. ne couvre qu'un seul T.D.B. Il convient donc de préciser qu'aucun I.T.D.P. n'a été créé dans les six États et territoires ayant une population en majorité « tribale », puisque dans ceux-ci les programmes normaux de développement s'appliquent déjà, par définition, aux adivasi.

Quant à ces derniers, il est probable que les subtilités administratives des découpages auxquels ils ont été soumis ne les ont guère intéressés. Ce qu'ils attendent de l'État, concrètement, c'est un secours financier ; ce qu'ils recherchent, ce sont les moyens de lutter contre la misère qui les entoure. Peut-on dire, de ce point de vue, que le gouvernement les a aidés ? Oui, sans doute, si l'on s'en tient aux chiffres. Voici en effet une estimation officielle des sommes qui ont été consacrées au développement des zones « tribales » depuis l'Indépendance :

Période	*Budget total du Plan*	*Budget alloué au développement des adivasi*
1er Plan	19 600	174
2e Plan	46 720	401
3e Plan	85 770	510
Période 1966/1969	67 560	353
4e Plan	161 600	842

(En millions de roupies) (20)

On voit que ces sommes augmentent d'année en année. Pourtant, on note aussi que le pourcentage du budget « tribal » par rapport au budget total diminue régulièrement : de 1 % dans le premier plan, il passe à 0,5 % dans le quatrième... Certes,

Nehru avait dit que le développement n'est pas seulement une question de chiffres : il n'en reste pas moins qu'une politique doit se juger sur ses résultats plutôt que sur ses intentions. Or, en pratique, l'Inde a dépensé des sommes énormes pour le mieux-être des adivasi – même si ces sommes paraissent encore insuffisantes. Et l'on ne peut que se demander : comment se fait-il que des dépenses si lourdes n'aient amené qu'un si mince résultat ? Et qu'avec tant d'argent, si peu de choses aient réellement été faites ? La misère des adivasi est-elle donc invincible ?

Pour être tout à fait juste, le gouvernement indien s'est déjà, par la voix de ses experts, posé ces questions embarrassantes. Et les réponses fournies ont été nombreuses. On a incriminé, d'abord, la corruption des fonctionnaires ; ensuite, la taille des I.T.D.P. Certains d'entre eux couvrent des ensembles d'un million d'habitants : les complications administratives sont alors trop grandes pour qu'un emploi immédiatement efficace de l'argent puisse être fait. Mais la réduction de la surface moyenne des I.T.D.P., de même que la multiplication des « programmes légers », spécifiques et limités, au détriment des programmes trop vastes et trop difficilement réalisables, ne suffiront sans doute pas à résoudre tous les problèmes. Et, déjà, d'autres causes d'échec sont mises en avant. Selon certains experts, l'action de l'administration n'a pas été suffisamment sincère : les fonctionnaires ne se sont pas assez dévoués à leur tâche, ils n'ont pas su gagner la confiance des adivasi (qui ont de solides raisons de se méfier de tout ce qui vient de l'extérieur), ils n'ont même pas appris à les connaître ou, tout au moins, à les traiter en amis. Dans la plupart des cas, ils ont exigé d'eux, en contrepartie de l'aide gouvernementale, une certaine allégeance à la culture hindoue – dont les aspects puritains n'ont rien qui soit de nature à attirer l'adivasi. Enfin, le manque de coordination entre les différents programmes de développement, l'excès de bureaucratie, l'abus de centralisation et l'ignorance des réalités locales par les fonctionnaires « centraux » sont des fléaux unanimement dénoncés à l'intérieur même de l'administration indienne – comme, d'ailleurs, dans la plupart des administrations du monde. Et sans doute est-il vrai qu'ils expliquent, pour une part, l'insuffisance des résultats. Pourtant, les vrais problèmes ne sont pas là. Ils sont peut-être plus profonds, plus difficiles à éliminer...

Tout d'abord, on ne peut s'empêcher de penser que le développement socio-économique des zones adivasi heurte de puissants intérêts : ceux des non-adivasi qui habitent les mêmes régions, et tirent de substantiels profits de l'exploitation des aborigènes. Or les non-adivasi occupent, en général, les postes clefs ; ce sont eux les notables, les commerçants, les usuriers. Pendant des décennies, ils ont construit leur fortune sur la misère des autres : ils sont donc fermement opposés aux progrès de la justice. Certes, le gouvernement peut les contraindre à respecter la loi — mais il y a mille manières de tourner une loi sans l'enfeindre pour de bon, et il y a mille moyens d'empêcher l'adivasi de se plaindre. Dans un pays aussi grand que l'Inde, où les communications posent tant de problèmes, le pouvoir des notables locaux ne peut pas être facilement réduit. Rien d'étonnant, dès lors, si tant d'heureuses initiatives de la part du gouvernement n'aboutissent, sur le terrain, qu'à de si piètres résultats...

Mais il y a plus. Victimes d'une exploitation très ancienne, les adivasi eux-mêmes ont fini par perdre l'espoir de voir leur condition s'améliorer. Dans de nombreuses ethnies, le goût de l'initiative individuelle, de l'effort, du travail, semble avoir disparu. Un pessimisme généralisé, pour ne pas dire un fatalisme profond, s'est emparé de ces hommes et de ces femmes dont l'existence a toujours été sombre. Et l'on devine en quoi de tels sentiments ne peuvent que contribuer à la stagnation des aborigènes. Certains d'entre eux ne sont plus capables de lutter pour survivre ; les autres, renonçant à prendre leur salut en main, n'attendent plus rien que les secours du gouvernement : ils finissent par adopter une mentalité d' « assistés permanents ». Et souvent, lorsque l'aide leur parvient, ils la gaspillent immédiatement au lieu de la faire servir à des entreprises constructives, qui demanderaient persévérance et énergie...

La politique dite de « réservation des postes » ne fait, évidemment, qu'encourager ce processus. Dans l'administration, un certain pourcentage de postes est réservé aux membres des *Scheduled Castes and Tribes :* vieille de trente ans, cette mesure – régulièrement contestée – n'a certainement pas atteint son objectif, qui était de permettre l'ascension sociale de l'ensemble des adivasi. Tout au plus a-t-elle permis la formation d'une classe moyenne – composée, évidemment, des fils des paysans adivasi les plus riches ; mais cette classe n'a, finalement, que des dimensions réduites et une position fort précaire. Elle pourrait très bien, demain, se trouver ruinée par l'inflation et « prolétarisée », surtout si elle reste isolée comme elle l'est actuellement, privée de contact (toujours les vieux tabous liés à l' « intouchabilité » des adivasi !) avec l'ensemble des classes moyennes de l'Inde (21). Les adivasi « urbanisés » et acculturés ne sont plus des adivasi, mais pas encore des hindous : leur position n'est pas facile.

De surcroît, l'ensemble des ethnies continue de former, par le caractère ségrégatif de la législation et des mesures économiques qui les concernent, un monde à part au sein du monde indien. Mais on ne voit pas très bien comment briser leur isolement et assurer leur intégration sans rompre, au préalable, avec la politique protectionniste et le principe de la réservation – ce qui soulèverait une vive opposition chez les adivasi eux-mêmes. Ainsi qu'il a été maintes fois observé, dans aucun autre pays du monde une minorité si vaste et si défavorisée ne bénéficie d'un traitement séparé aussi favorable : on comprend donc qu'elle ne soit guère disposée à y renoncer. Pourtant, des études récentes, portant sur la réservation de sièges en faveur des *Scheduled Castes and Tribes* à l'intérieur du *Lok Sabha* (Chambre basse de l'Union indienne), ont montré que ce principe ne favorisait pas, en fait, une bonne représentation des intouchables et des adivasi : au contraire, en plaçant les députés ainsi élus dans une position de gratitude vis-à-vis du système en vigueur, il tend à annihiler leur énergie revendicatrice, voire à obscurcir leur perception des intérêts réels qu'ils sont censés défendre (22).

Un dernier obstacle, enfin, s'oppose à ce que le « peuple submergé » prenne collectivement conscience de sa situation et des points sur lesquels il doit faire porter ses efforts. Et il s'agit d'un obstacle grave, puisqu'on le retrouve à travers toute l'Inde, « à la base » même de la vie paysanne : il s'agit de la destruction de l'ancienne démocratie « tribale » et de son remplacement par des *panchayat* institués, où les adivasi se sentent peu concernés et où le pouvoir réel appartient aux notables hindous — ce qui nous ramène aux problèmes déjà signalés. Ces nouveaux *panchayat* fonctionnent selon le principe de la majorité, alors que les anciens conseils « tribaux » fonctionnaient selon le principe du consensus, qui implique l'unanimité ou le compromis : les adivasi ne comprennent donc pas les règles de la démocratie qu'on leur impose. Leur sentiment de frustration, leur isolement ne s'en aggravent que plus. Et l'on arrive à cette situation tragique : ou bien ils s'installent dans une apathie qui interdit tout progrès ; ou bien ils cherchent refuge dans une agitation politique parfois violente et souvent illusoire.

Apathie ou violence : tels semblent être, aujourd'hui, les deux termes de la seule alternative possible. Il reste peu de place, comme on le voit, pour l'optimisme. Sans doute les différents partis politiques en compétition pour le pouvoir promettent-ils d'innombrables réformes lors de chaque campagne électorale : les adivasi ne représentent-ils pas une masse électorale fort importante et relativement facile à manœuvrer ? Traditionnellement attachés au parti du Congrès — parti laïque, qui s'est toujours présenté comme le défenseur des minorités (adivasi, intouchables, musulmans et chrétiens) —, ils ont tout intérêt, semble-t-il, à ce que celui-ci se maintienne au gouvernement ; et le retour de Mme Gandhi sur la scène politique — consécutif aux élections de janvier 1980, dont les échos viennent de nous parvenir alors que nous terminons ce livre — renouvelle les espoirs d'une fraction des opprimés (23). Pourtant, Indira Gandhi a déjà été plus de dix ans au pouvoir ; et depuis qu'elle en a été écartée (en 1977), la situation n'a cessé de se détériorer.

La situation économique, d'abord : l'inflation ravage l'Inde, le prix des denrées de base monte sans arrêt et la sécheresse catastrophique de l'été 1979 laisse présager une difficile soudure au printemps 80. Mais la situation politique, elle aussi, a empiré : il ne se passe pas de jour, ou presque, que la presse ne signale des éclats de violence : non seulement entre hindous et musulmans, mais aussi entre propriétaires terriens et paysans adivasi sans terre. Poussés par la faim, ces derniers se révoltent de plus en plus souvent : ils marchent sur une ville, assiègent les bureaux d'un fonctionnaire, pillent des magasins. Ceux d'entre eux qui ont eu la chance de recevoir quelque éducation se tournent résolument vers l'action politique : ils deviennent militants d'un groupe autonomiste ou d'extrême gauche. Leur action reste, d'ailleurs, sans conséquences pratiques : comme le gouvernement ne peut que demeurer sourd à toute revendication risquant de menacer l'unité de l'Inde, les organisations séparatistes n'ont guère de chance de se faire entendre. Il est vrai que tous les adivasi n'en sont pas parvenus au même degré de misère, au même seuil de révolte. Beaucoup d'entre eux continuent d'entretenir, dans le respect héréditaire des hiérarchies, un sentiment tranquille de la fatalité. Certains sont même relativement heureux de l'évolution actuelle : soit qu'ils profitent de l'aide publique, soit qu'ils aient la chance de vivre dans une région favorisée par la nature ou par l'histoire. Du point de vue démographique, maintes ethnies progressent avec une régularité harmonieuse qui donne à penser que leur niveau de vie va, lui aussi, en s'améliorant. Et si, parfois, le bonheur était possible ? S'il existait des adivasi heureux... On ne pourrait que s'en réjouir, bien que les exemples, en fait, soient toujours discutables. Tout n'est-il pas affaire, qu'on le veuille ou non, de situation locale, de variété géographique ? Toute règle, en ce domaine, n'est-elle pas vouée à l'exception ? Et toute affirmation trop générale à la remise en cause... ?

Mais déjà l'Inde s'éloigne. Et les adivasi ne sont plus, dans nos têtes, qu'un souvenir... Leur voix ne parvient guère à couvrir les rumeurs que font, d'un bout à l'autre de la planète, tant d'autres tragédies, tellement plus spectaculaires. Et l'opinion publique a d'autres chats à fouetter. Oui, vraiment, l'Inde est loin. Très loin.

Monde étrange, refermé sur lui-même — par peur ou par calcul, qui peut savoir ? Monde ignoré, abandonné depuis des millénaires, par l'Occident superficiel, aux vaches sacrées et aux gourou... Alors, que peuvent peser, dans nos soucis du jour, quarante millions d'adivasi ?

Tentons pourtant, une dernière fois, de retirer nos mains de nos oreilles. Et d'extraire, des récits qui précèdent, quelque morale pratique.

Contrairement aux apparences, le problème adivasi n'est pas d'abord un problème politique. A l'heure actuelle, seule une minorité est réellement politisée, et le nombre des autonomistes demeure encore réduit. En fait, la plupart des aborigènes ne demandent pas mieux que de s'intégrer à l'Union indienne ; on voit mal, d'ailleurs, comment ils pourraient subsister hors d'elle.

Le problème principal n'est pas non plus économique. Techniquement, l'Inde est en mesure de nourrir les Indiens. Les difficultés, ici, tiennent beaucoup plus à des questions d'organisation sociale — domaine où le progrès reste possible — qu'à une fatalité proprement naturelle.

Serait-il donc racial ou culturel, le problème clef ?

Pas davantage. Certes, les petites annonces publiées par la compagnie *Air India* pour recruter des hôtesses de l'air précisent-elles que les jeunes postulantes doivent avoir le teint clair : mais le mépris pour les peaux sombres est lié au système des castes, et l'on peut espérer qu'il reculera parallèlement à celui-ci. Quant aux cultures adivasi, elles sont de plus en plus étudiées, de mieux en mieux connues. Il y a aujourd'hui, dans toute l'Inde, de nombreux Instituts de Recherche tribale, patronnés par les pouvoirs publics ; les musées se multiplient, ainsi que les publications et les enregistrements de musique. De plus en plus, les historiens des religions reconnaissent l'importance du fond spirituel préaryen à l'intérieur de l'hindouisme. Mais cette valorisation du patrimoine adivasi par les intellectuels est-elle vraiment suffisante ?

Non. Et c'est sans doute là que réside, selon nous, le manque le plus aigu. Plus que d'attention scientifique, les adivasi ont besoin de respect, d'amitié ; bref de reconnaissance. Et surtout, ils ont besoin que cette reconnaissance soit permanente, massive, sans arrière-pensée.

Pendant des siècles, ils ont eu peur, non sans raison. Aujourd'hui, ils voudraient être reconnus pour ce qu'ils sont. Pourquoi n'auraient-ils pas le droit d'y parvenir ? Souvenons-nous qu'eux aussi ils font partie de l'Inde. Qu'eux aussi sont Indiens. Et que c'est d'Inde que nous vient la plus ancienne civilisation que l'univers connaisse — une civilisation dont ils forment, de plein droit, une partie essentielle.

Notes

CHAPITRE I

(1) Et non pas *dans le sens des aiguilles d'une montre,* malgré ce qu'écrivent Chauhan et Chelawat dans l'article cité à la note (7).

(2) Sur les fonctions du *bhopa, cf.* S.L. Doshi, *Bhils : Between Societal Self-Awareness and Cultural Synthesis,* Sterling Publishers, Delhi, 1971, pp. 142-146.

(3) Sur les *hijra, cf.* Gérard Busquet et Cariss Beaune, *les Hermaphrodites,* éd. Jean-Claude Simoën, 1978, ch. VII à XII.

(4) Sur les *Banjâra, cf. The Tribes and Castes of the North-Western India,* par W. Crooke, vol. I, 1896, réimp. à Delhi, Cosmo publications, 1974, pp. 149-167, ainsi que *The Tribes and Castes of the Central Provinces of India,* par R.V. Russell, vol. 2, 1916, réimp. à Oosterhout, Anthropological publications, 1969, pp. 162-192.

(5) Kesariya Nath : saint jaïn vénéré également par les Bhil, et dont la statue se trouve dans le sanctuaire de Rishabdeo, au sud d'Udaïpur. *Cf.* à ce sujet le chap. VII.

(6) Il faut noter ici que, dans chaque représentation du Gaurî, les scènes peuvent être jouées dans un ordre différent. Il n'y a pas d'ordre fixe, certaines scènes pouvant même être supprimées si les acteurs n'ont pas envie de les jouer. L'ensemble des épisodes que je viens de rapporter ne constitue donc nullement un « scénario » fixe – encore que chaque épisode, lui, ait une forme immuable.

(7) B.R. Chauhan et D.S. Chelawat, « Bhil Gaurî », *in Rajasthan Bhils,* ouvrage collectif, Tribal Research and Training Institute, Udaïpur, 1978, pp. 123-143.

(8) Et, le lendemain, dans un village situé au nord du village de départ et lié à celui-ci par des relations d'échange rituel. *Cf.* Chauhan et Chelawat, art. cité, p. 139.

(9) Ce mythe – dont il existe d'autres versions – est rapporté tel quel par R.S. Mann dans son article « Bhil Economy and its Problems », *in Rajasthan Bhils, op. cit.,* p. 71.

CHAPITRE II

(1) D'après l'article de N.N. Vyas, « Trends of Change among the Bhils of Rajasthan », *in Tribe,* vol. III, n° 1, octobre 1966.

(2) Effectivement, les élections de janvier 1980 virent le triomphe du Congrès-I, le parti d'Indira Gandhi.

(3) Encore faudrait-il nuancer : dans les régions où les paysans sont particulièrement endettés et pratiquement réduits au servage, plusieurs frères peuvent être amenés à demeurer ensemble pour subvenir en commun aux besoins de leurs familles.

(4) Les Bhil étaient jadis d'excellents archers ; selon certaines étymologies, leur nom viendrait d'un terme dravidien désignant, justement, l' « arc » (R.S. Mann, « Bhils in Historical Perspective », *in Rajasthan Bhils,* Udaïpur, 1978). Selon d'autres, il s'agirait d'une corruption du mot sanskrit *Bhilla,* désignant les sauvages habitant les forêts (D.N. Chaturvedi, « Bhils of Rajasthan through Ages », *in Tribe,* vol. V, n° 3, décembre 1968).

(5) S.L. Doshi, *Bhils : Between Societal Self-Awareness and Cultural Synthesis,* Sterling Publishers, Delhi, 1971, pp. 153-166.

(6) R.S. Mann, « Bhils and Culture Contact : Case of Social Grouping », *in Rajasthan Bhils, op. cit.,* p. 66.

(7) Même les *Bhagat,* par exemple, ne sont pas véritablement considérés comme des hindous par les brahmanes – qui refusent d'accepter d'eux la nourriture ou l'eau.

(8) *Rajasthan Bhils,* Udaïpur, 1978, Introduction des éditeurs, p. V.

(9) *Tribe,* vol. V, n° 1, juin 1968.

(10) N.N. Vyas et D. Chandhary, « Sagri : an Economic Institution among the Bhils of Rajasthan », *in Rajasthan Bhils, op. cit.,* p. 90.

(11) R.S. Mann, « Bhil Economy and its Problems », *in Rajasthan Bhils, op. cit.,* p. 81.

CHAPITRE III

(1) Bien qu'ils soient plus importants, numériquement, que les Santhal, les Gond et les Bhil sont loin d'être aussi homogènes : en fait, on rassemble sous chacun de ces deux noms des groupes ethniques souvent assez divers.

(2) *Cf.* chapitre VI.

(3) H.G. Hrach, « The Dialectics of Detribalisation : the Case of the Santals », *in Asie du Sud : Tradition et Changements,* éd. du C.N.R.S., Paris, 1979.

(4) *Ibidem.*

(5) *Ibidem.*

(6) Mildred Archer, « The Folk-Tale in Santhal Society », *in Man in India,* vol. 24, décembre 1944, n° 4.

(7) W.G. Archer, *The Hill of Flutes,* Chand and Co, Delhi, 1974, p. 26.

(8) *Ibidem,* pp. 282-283.

(9) *Ibidem,* p. 30.

(10) *Ibidem,* p. 30.

(11) *Bel :* Variété de pommier sauvage.

(12) W.G. Archer, *op. cit.,* p. 255.

(13) *Ibidem,* pp. 225-226.

(14) Toutes les chansons santhal que nous reproduisons ici, et qui ne comprennent généralement que dix à douze versets, sont extraites du livre cité de W.G. Archer. Un grand nombre de ces chansons ont été publiées en santhali dans différents recueils. *Hor Seren* (Dumka, 1943) comprend 1 676 chansons chantées lors des fêtes religieuses ; *Don Seren* (Dumka, 1943) rassemble 1 824 chansons de mariage. Enfin les *Bir Seren* (« chansons des forêts ») sont chantées par les jeunes amants dans la forêt ou lors des chasses annuelles. Elles incluent des chants d'amour qui témoignent d'une grande poésie aussi bien que des chansons paillardes caractérisées par l'emploi de termes sexuels dont l'usage est normalement interdit dans les villages.

CHAPITRE IV

(1) Compagnie de chemin de fer qui dessert l'est de l'Inde.

(2) *Panchayat :* institution caractéristique de tout village indien, jouant à la fois le rôle de conseil des notables et de tribunal d'arbitrage. Il comprenait à l'origine cinq membres – comme son nom l'indique (*panch* = cinq).

(3) Hutton Webster, *Primitive Secret Societies* », New York, 1908.

(4) Von Fürer-Haimendorf (Ch.), « Through the Unexplored Mountains of the Assam Burma Border », *The Geographical Journal,* vol. XCI, 1938.

(5) J.P. Mills, *The Lhota Nagas,* Londres, 1922.

(6) Verrier Elwin, *Maisons des jeunes chez les Muria,* trad. fr., coll. « Tel », Gallimard, 1959, p. 29.

(7) *Ibidem.*

(8) Neville A. Watts, *The Half Clad Tribals of Eastern India*, Orient Longmans, 1970, p. 108.

(9) Verrier Elwin, *op. cit.*, p. 32.

(10) *Ibidem*, p. 341.

(11) Neville A. Watts, *op. cit.*, p. 112.

(12) Verrier Elwin, *op. cit.*, p. 362.

(13) *Ibidem*, p. 436.

CHAPITRE V

(1) Il faut noter ici que bon nombre de groupes adivasi se désignaient jadis eux-mêmes – et se désignent souvent encore – d'un terme qui signifie tout simplement « les hommes » ou « les humains ». On trouvera de nombreux exemples de ce fait dans la littérature ethnographique.

(2) *Cf. A Sanskrit-English Dictionary* par Sir Monier-Williams, éd. de 1963, art. *Dasyu.*

(3) Arthur L. Basham, *la Civilisation de l'Inde ancienne*, Arthaud, 1976, p. 58.

(4) *Bhagawat Purana*, Livre IV, ch. XIV. *Cf.* L.P. Vidyarthi et B.K. Raï, *The Tribal Culture of India*, Concept Publishing Company, Delhi, 1977, p. 27.

(5) *Ibidem*, pp. 27-28.

(6) A.L. Basham, *op. cit.*, p. 59.

(7) G.S. Ghurye, *The Scheduled Tribes*, 3e éd., Bombay, The Popular Prakashan, 1963, p. 20. Une première édition, sensiblement différente, de ce livre avait été publiée en 1943 sous le titre *The So-Called Aborigines and their Future.*

(8) Verrier Elwin, *Maisons des jeunes chez les Muria*, Gallimard, coll. « Tel », p. 51.

(9) K.P. Bahadur, *Caste, Tribes and Culture of India*, vol. III, 1977, pp. 12-13.

(10) André Béteille, « The Definition of Tribe », *in Seminar*, n° 14, octobre 1960.

(11) P.K. Bhowmick, *Tribal India : a Profile in Indian Ethnology*, Calcutta, 1971, p. 216.

(12) T.B. Naïk, « What is a Tribe ? Conflicting Definitions », *in* L.P. Vidyarthi ed., *Applied Anthropology*, Allahabad, 1968, pp. 84-97.

(13) A. Béteille, art. cité, p. 14.

(14) Stephen Fuchs, *The Aboriginal Tribes of India,* Macmillan, Londres, 1977, p. 24.

(15) Kumar Suresh Singh ed., *Tribal Situation in India : Proceedings of a Seminar,* Simla, Indian Institute of Advanced Study, 1972.

(16) Je suis ici la classification proposée par B.D. Sharma, « Tribal Development : a Brief Review », *in Symposium on Anthropology and the Challenges of Development,* Bhopal, 1978.

(17) Les îles Lakshadweep : Laccadive, Amindivi et Minicoy.

(18) *Cf.* sur ce point S. Fuchs, *op. cit.*, pp. 61-63. Il est à remarquer que nombre de castes de rang inférieur ont sans doute une origine « tribale ». On a même avancé l'hypothèse selon laquelle les Shoudra, dans leur ensemble, descendraient de populations aborigènes soumises par les envahisseurs indo-aryens dès les premiers temps de leur arrivée (*cf.* Louis Dumont, *Homo hierarchicus,* Gallimard, 1966, p. 95).

(19) D.N. Majumdar, *Races and Cultures of India,* Asia Publishing House, 3e éd., 1958, p. 354.

(20) *Ibidem,* ch. XIX.

(21) Jacques Pouchepadass, « les Tribus criminelles dans l'Inde britannique », *in les Marginaux et les Exclus dans l'histoire,* U.G.E./10-18, 1979.

(22) *Cf.* C.B. Mamoria, « Growth and Strength of Tribal Population in India », *in Tribe,* vol. IV, nº 2, septembre 1967.

(23) S. Fuchs, *op. cit.*, ch. II.

(24) B.S. Guha, « The Racial Affinities of the Peoples of India », in *Census of India,* 1931, et *The Tribes of India,* 2 vol., Delhi, 1951-1952.

(25) G.A. Grierson, *Linguistic Survey of India,* 1927 ; réimp. à Delhi, Motilal Banarsidas, 1967, vol. IX, Part III : « Bhil Languages ».

(26) S. Fuchs, *op. cit.*, p. 43.

(27) *Ibidem,* p. 50.

(28) *Ibidem,* p. 68.

CHAPITRE VI

(1) R. Lannoy, *The Speaking Tree,* Oxford University Press, 1971.

(2) S.C. Sinha, J. Sen et S. Panchabi, « The Concept of *Dikku* among the Tribes of Chhota Nagpur », in *Man in India,* vol. 49, nº 2, 1969.

(3) Rapport du Major Probyn, *Deccan Riots Commission Report,* Appendix B, 1875.

(4) *Ibidem.*

(5) J.H. Hutton, « Primitive Tribes », *in Modern India and the West,* Londres, Oxford University Press, 1941.

(6) Rapport de M. Ashburner, *Deccan Riots Commission Report.*

(7) C. von Fürer-Haimendorf, « Aboriginal Rebellions in the Deccan », *in Man in India,* vol. 25, n° 4, 1945.

(8) Cette expression fait sans doute référence aux roupies d'argent utilisées dans les transactions monétaires.

(9) *Man In India,* vol. 25, n° 4, 1945.

(10) *Hul* signifie « rébellion » en santhali.

(11) *Bonga :* « esprits », dans le panthéon santhal.

(12) Kolean Haram, *Horkoren Mare Hapramko Reakkatha.*

(13) Cette expression fait sans doute référence aux missionnaires et administrateurs européens ainsi qu'aux négociants et usuriers hindous.

(14) J.H. Hutton, *Census of India,* 1931, vol. I, part I.

(15) *Ibidem.*

(16) Commentaire de A.V. Thakkar, cité dans le livre de Verrier Elwin, *A Philosophy for N.E.F.A.,* Shillong, 1960.

(17) *Ibidem.*

(18) K.S. Mathur, « Tribe in India : a Problem of Identification and Integration », *in Tribal Situation in India,* Indian Institute of Advanced Studies, Simla, 1972.

(19) *Ibidem.*

(20) *Report of the Commissionner for Scheduled Castes & Scheduled Tribes,* 1975-1976 et 1976-1977, Government of India Press, Delhi.

(21) S.C. Dube, « Inaugural Address », *in Tribal Situation in India, op. cit.*

(22) Organisation politique fondée en 1918, regroupant des Naga éduqués appartenant à divers groupes ethniques.

(23) Mission britannique qui se rendit en Inde en 1929 pour examiner et proposer des projets de réforme politique et administrative.

(24) Après avoir combattu durant la Seconde Guerre mondiale dans les rangs de l'*Indian National Army* (formée de volontaires et de déserteurs de l'armée britannique,

encadrés par les Japonais) et avoir été emprisonné par les Britanniques à Rangoon, Angami Zapu Phizo, né en 1900 dans le village de Khonoma, rejoignit le Nagaland en 1946. Il fut élu président du N.N.C. en 1949 et demeura le chef incontesté du mouvement depuis cette période. Phizo vit en exil en Angleterre depuis 1957.

(25) Yusoso Yuno, *The Rising Nagas*, Vivek Publishing House.

(26) E.A. Gait, *Census of India*, 1891, Assam, vol. I, p. 93.

(27) Cité par Amritha Rangasami, « Mizoram, a Tragedy of our Own Making », *in Economic and Political Weekly*, 15 avril 1978.

(28) Farzand Ahmed, « Tribal Power », *in India Today*, 16-28 février 1979.

(29) Arun Sinha, « Containing the Jharkhand Movement », *in Economic and Political Weekly*, 1979.

(30) Un article récent de Darryl D'Monte illustre bien cette situation : « The Jharkhand Movement», *Times of India*, 12 et 13 mars 1979.

(31) L'un des trois partis communistes indiens. Bien qu'étant plutôt de tendance prochinoise, il reste indépendant de Pékin comme de Moscou.

(32) N.Y. Naidu, « Tribal Revolt in Parvatipuram Agency », *in Economic and Political Weekly*, 25 novembre 1972.

(33) Sharad Patil, « Government's War on Adivasis », *in Economic and Political Weekly*, 26 octobre 1974.

(34) N.Y. Naidu, « Tribal Revolt in Parvatipuram Agency », art. cité.

(35) *Ibidem.*

CHAPITRE VII

(1) B.D. Sharma, « Tribal Development : a Brief Review », *in Symposium on Anthropology and the Challenges of Development*, Bhopal, 1978.

(2) K.N. Sahay, « Trends of Sanskritization among the Oraons », *in Bulletin of the Bihar Tribal Research Institute*, Ranchi, 1962.

(3) Surajit Sinha, « State Formation and Rajput Myth in Tribal Central India », *in Man in India*, vol. 42, nº 1, 1962.

(4) A.B. Bardhan, *The Tribal Problem of India*, C.P.I. Publications, Delhi, 1976.

(5) *Cf.* sur ce point le numéro spécial de la revue *L'Ethnographie* (1978).

(6) Sur ce point, *cf.* M.J. Herskovits, *Acculturation : the Study of Culture Contact*, New York, 1938 et, dans une autre perspective, Christian Delacampagne, « Violence et Acculturation », *in la Violence*, ouvrage collectif, U.G.E./10-18, 1978.

(7) B.R. Rizvi, « The Korwas and Alcoholism : a Case Study », *in Tribe,* vol. VII, n° 4, 1971.

(8) Verrier Elwin, *Maria Murder and Suicide,* Oxford University Press, 1943.

(9) P.K. Bhowmick, *The Lodhas of West Bengal,* Calcutta, 1963.

(10) Kanak Mital, « Modern Medicine and Sorcery among the Santals », *in Tribe,* vol. X, n°s 1 et 2, juin-septembre 1977.

(11) Christoph von Fürer-Haimendorf, « Tribal Problems in India » in *Seminar,* n° 14, octobre 1960 ; repris in *Tribe, Caste and Religion,* edited by Romesh Thapar, Macmillan, 1977.

(12) Les critiques adressées à Elwin sont résumées dans le chapitre VI, qui fut repris sans changement dans la réédition de l'ouvrage, vingt ans plus tard, sous le titre : *The Scheduled Tribes,* Bombay, The Popular Prakashan, 1963.

(13) Verrier Elwin, *The Baiga,* Londres, John Murray, 1939.

(14) E. de Meulder, *Tribal India speaks,* Poona, 1953, pp. 30-31.

(15) *Cf.* entre autres V. Elwin, « Issues in Tribal Policy Making », *in Seminar,* n° 14, octobre 1960 ; repris *in Tribe, Caste and Religion, op. cit.*

(16) V. Elwin, *A philosophy for N.E.F.A.*, Government of Assam Publications, Shillong, 1957, p. 54. Nombreuses rééditions, dont une en 1960.

(17) *Ibidem,* p. 54.

(18) *Ibidem,* rééd. de 1960, p. XIII.

(19) Dans un article intitulé : « A Note on Chhota Nagpur and his People », cité *in* A.B. Bardhan, *The Tribal Problem of India, op. cit.*

(20) Source : B.D. Sharma, « Tribal Development : a Brief Review », art. cit.

(21) On ne peut que suivre, ici, l'analyse de N.K. Bose, « India's Eastern Tribes », *in Tribe, Caste and Religion, op. cit.*

(22) Marc Galanter, « Compensatory Discrimination in Political Representation : a Preliminary Assessment », *in Economic and Political Weekly,* vol. 14, n° 7 et 8 (numéro spécial), mars 1979.

(23) A l'issue des élections législatives de janvier 1980, le *Congress I,* formation dirigée par Indira Gandhi, a remporté 79 des 116 sièges réservés aux représentants des *Scheduled Castes and Tribes.*

Annexes

STATISTIQUES GÉNÉRALES :

Scheduled Castes (total) :	80 005 398	hab.
Scheduled Tribes (total) :	38 015 162	hab.
Fraction rurale de la population « tribale » :	36 720 681	hab.
Fraction urbanisée :	1 294 481	hab.

(Source : Census of India, *1971.)*

ÉVOLUTION DE LA POPULATION « TRIBALE »

Population totale de l'Inde	Taux de croissance de la population totale de l'Inde	Population « tribale »	Taux de croissance de la population « tribale »	% de la population « tribale » par rapport à la population totale
1921 251 239 492	–	16 000 000 (2)	–	6,3
1931 278 867 430	11 %	22 400 000 (2)	40 %	8,03
1941 318 539 060	14,2 %	24 700 000 (2)	10,2 %	7,75
1951 360 950 365	13,3 %	19 116 498	– 22,6 %	5,3
1961 439 072 582	21,5 %	29 879 249	56,3 %	6,8
1971 547 949 809	24,8 %	38 015 162	27 %	6,9
1976 548 160 000 (1)	–	41 096 000 (1)	–	7,5 (1)

(1) Estimation approximative. (2) Estimation rectifiée. Autres chiffres : Census *officiels.*

(1)	État ou territoire (2)	Population totale (*Census*, 1971) (3)	Population « tribale » (*Census*, 1971) (4)
1	Andhra Pradesh	43 503 000	1 658 000
2	Assam	14 625 000	1 607 000
3	Bihar	56 353 000	4 933 000
4	Gujarat	26 697 000	3 734 000
5	Himachal Pradesh	3 460 000	142 000
6	Karnataka	29 299 000	231 000
7	Kerala	21 347 000	269 000
8	Madhya Pradesh	41 654 000	8 387 000
9	Maharashtra	50 412 000	2 954 000
10	Manipur	1 073 000	334 000
11	Meghalaya	1 012 000	814 000
12	Nagaland	516 000	458 000
13	Orissa	21 945 000	5 072 000
14	Rajasthan	25 766 000	3 126 000
15	Tamil Nadu	41 200 000	312 000
16	Tripura	1 556 000	451 000
17	Uttar Pradesh	88 341 000	199 000
18	West Bengal	44 312 000	2 533 000
19	Iles Andaman et Nicobar	115 000	18 000
20	Arunachal Pradesh	468 000	369 000
21	Dadra et Nagar	74 000	64 000
22	Goa, Daman, Diu	858 000	7 000
23	Lakshadweep	32 000	30 000
24	Mizoram	332 000	313 000
TOTAL :	Inde	514 950 000	38 015 000

Note : *les nombres d'habitants ont été arrondis au millier supérieur.*
Sources : *Census officiels.*

E LA POPULATION « TRIBALE » :

Pourcentage (4)/(3) (5)	Population « tribale » après la réforme de 1976 (6)	Pourcentage (6)/(3) (7)
3,81	2 726 000	5,12
10,99	1 607 000	10,99
8,75	4 933 000	8,75
13,99	3 757 000	14,07
4,10	142 000	4,10
0,79	262 000	0,89
1,26	193 000	0,90
20,13	9 815 000	23,56
5,86	3 841 000	7,62
31,13	334 000	31,13
80,43	814 000	80,43
88,76	458 000	88,76
23,11	5 075 000	23,31
12,13	3 135 000	12,17
0,76	450 000	1,09
28,98	451 000	28,98
0,23	199 000	0,23
5,72	2 603 000	5,87
15,65	18 000	15,65
78,85	369 000	78,85
86,49	64 000	86,49
0,82	7 000	0,82
93,75	30 000	93,75
94,28	313 000	94,28
7,38	41 596 000	8,1

CROISSANCE DE LA POPULATION BHIL ENTRE 1911 ET 1961 :

Année du recensement	Population bhil	Variation décennale	Croissance (en %)	Croissance de la population indienne (en %)
1911	1 067 792	–	–	–
1921	1 795 808	728 016	40,54	0,31
1931	2 013 177	217 369	10,80	11,00
1941	2 248 152	234 975	10,45	14,23
1951	2 338 278	82 126	3,52	13,34
1961	3 833 251	1 503 053	39,21	21,49

(D'après les Census *officiels.)*

RÉPARTITION DE LA POPULATION BHIL EN INDE :

État	Population « tribale » totale	Population bhil
Madhya Pradesh	6 678 410	1 224 890
Gujarat	2 754 446	1 124 282
Rajasthan	2 309 447	908 688
Maharashtra	2 397 159	575 022
Mysore	192 096	217
Andhra Pradesh	1 324 368	83
Tripura	360 070	69
INDE	29 879 249	3 833 251

(D'après le Census *de 1961.)*

COMPOSITION DE LA POPULATION « TRIBALE » DU RAJASTHAN :

Ethnie	*Census* 1961	*Census* 1971
Bhil	908 688	1 402 943
Mina	1 156 620	1 532 331
Autres ethnies (Garasia, Sahariya, Damor, Bhil-Mina)	246 122	190 232
TOTAL	2 311 430	3 125 506

(D'après les Census *de 1961 et 1971.)*

POPULATIONS « TRIBALES » DU RAJASTHAN COUVERTES PAR LE « TRIBAL SUB-PLAN » :

District ou *Tahsil*	Nombre de *Tahsil*	Population totale	Population « tribale »	Pourcentage de la pop. « tribale » par rapport à la pop. totale
1. Banswara	5	654 586	477 369	72,93
2. Dungarpur	3	530 258	337 480	65,64
3. Udaïpur	7	708 961	439 039	61,93
3-1. Phalasiya	1	87 239	55 573	63,70
3-2. Kherwara	1	121 266	85 770	70,73
3-3. Kotra	1	76 699	65 314	85,16
3-4. Sarada	1	113 363	60 319	43,21
3-5. Salumber	1	108 855	49 591	45,65
3-6. Lasadiya	1	94 657	71 580	75,62
3-7. Girwa	1	106 882	50 892	47,62
4. Chittorgarh				
4-1. Pratapgarh	1	150 250	78 895	52,51
5. Sirohi				
5-1. Abu Road	1	48 953	32 469	66,33
TOTAL	24	2 801 969	1 804 291	64,39

(D'après le Census *de 1971.)*

TABLEAU DES RELIGIONS INDIENNES

	Census 1961		*Census* 1971	
Communauté religieuse	Population	% par rapport à la pop. totale	Population	% par rap. à la pop. totale
Hindous	366 393 102	83,51	453 292 086	82,72
Musulmans	46 938 584	10,70	61 417 934	11,21
Chrétiens	10 723 560	2,44	14 223 382	2,60
Sikhs	7 845 098	1,79	10 378 797	1,89
Bouddhistes	3 200 333	0,73	3 812 325	0,70
Jaïns	2 027 248	0,46	2 604 646	0,47
Autres (1)	1 608 099	0,37	2 220 639	0,41
TOTAL	438 736 024	100,00	547 949 809	100,00

(1) « Autres », c'est-à-dire : juifs, parsis, athées et « religions tribales ». Ce dernier constituant est évidemment le plus important.

TABLEAU MONTRANT LA PROGRESSION RELATIVE DES DIFFÉRENTES RELIGIONS :

Communauté « religieuse »	Pourcentage d'accroissement de 1961 à 1971
Hindous	23,69
Musulmans	30,85
Chrétiens	32,60
Sikhs	32,28
Bouddhistes	17,20
Jaïns	28,48
Autres	19,59

Bibliographie

La littérature concernant les adivasi est si abondante qu'il est impossible d'en dresser un tableau exhaustif. Mais il faut ajouter qu'elle est composée presque exclusivement de livres en langue anglaise, dont la plus grande partie est devenue difficile à trouver hors des bibliothèques. Enfin, nombre de ces livres se bornent à en répéter d'autres... Pour toutes ces raisons, on ne trouvera ici qu'un choix d'ouvrages ou d'articles qui nous ont paru particulièrement importants.

I – OUVRAGES GÉNÉRAUX

(I) *Census of India.* Recensements officiels, effectués tous les dix ans de 1891 à 1971.

(2) GRIERSON (G.A.) , *Linguistic Survey of India,* 1904-1927 (11 vol.). Réimp. à Delhi, Motilal Banarsidas, 1968.

(3) *L'Ethnographie,* numéro spécial sur les migrations en Asie du Sud, n° 77-78, Paris, éd. Gabalda, 1978.

(4) *Asie du Sud : Traditions et Changements,* colloque international du C.N.R.S., Paris, éd. du C.N.R.S., 1979.

II – OUVRAGES CONCERNANT LES ADIVASI EN GÉNÉRAL

(5) AMBEDKAR (B.R.), *States and Minorities, what are their Rights in the Constitution of Free India,* Bombay, 1947.

(6) BAHADUR (K.P.), *Caste, Tribes and Culture of India,* Delhi, Ess Ess Publications, 1977-1978 (5 vol.).

(7) BARDHAN (A.B.), *The Tribal Problem of India,* Delhi, C.P.I. Publications, 1976.

(8) BHOWMICK (P.K.), *Tribal India : a Profile in Indian Ethnology,* Calcutta, The World Press, 1971.

(9) BOSE (N.K.), *Tribal Life in India,* Delhi, National Book Trust, 1971.

(10) CROOKE (W.), *The Tribes and Castes of the North-Western India,* Calcutta, 1896. Réimp. à Delhi, Cosmo Publications, 1974 (4 vol.).

(11) Dube (S.C.), editor, *Tribal Heritage of India*, Delhi, Vikas Publishing House (I vol. paru, 1977 ; 3 vol. à paraître).

(12) Elwin (V.), *A Philosophy for N.E.F.A.*, Shillong, 1957.

(13) Elwin (V.), *The Tribal World of Verrier Elwin*, London, 1964. Trad. fr. sous le titre *Une vie tribale*, Fayard, 1973.

(14) Fuchs (S.), *The Aboriginal Tribes of India*, London, Macmillan, 1977.

(15) von Fürer-Haimendorf (E.), *An Anthropological Bibliography of South Asia*, Paris, Mouton, 1958-1970 (3 vol.).

(16) Ghurye (G.S.), *Caste and Class in India*, Bombay, Popular Book Depot, 1957.

(17) Ghurye (G.S.), *The Scheduled Tribes*, Bombay, Popular Prakashan, 1963.

(18) Majumdar (D.N.), *Races and Cultures of India*, Lucknow, Universal Publishers, 1944 ; 4e éd. revue et augm., Asia Publishing House, 1961.

(19) Majumdar (D.N.), *The Affairs of a Tribe : a Study in Tribal Dynamics*, Lucknow, Universal Publishers, 1950.

(20) Russell (R.V.) et Hira Lal (R.B.), *The Tribes and Castes of the Central Provinces of India*, London, 1916. Réimp. à Oosterhout (Pays-Bas), Anthropological Publications, 1969.

(21) Sharma (B.D.), *Tribal Development*, Delhi, Prachi Prakashan, 1978.

(22) Singh (K.S.), editor, *Tribal Situation in India*, Simla, Indian Institute of Advanced Study, 1972.

(23) Sinha (S.), « State Formation and Rajput Myth in Tribal Central India », *Man in India*, vol. 42, n° 1, 1962.

(24) Thapar (R.), editor, *Tribe, Caste and Religion*, London, Macmillan, 1977 (recueil d'articles primitivement publiés dans la revue *Seminar*).

(25) *Tribe*, bulletin de l'institut de Recherche tribale d'Udaïpur (Rajasthan). Publication quadriannuelle depuis 1966.

(26) Vidyarthi (L.P.) et Rai (B.K.), *The Tribal Culture of India*, Delhi, Concept Publishing Company, 1977.

III – OUVRAGES CONCERNANT CERTAINES ETHNIES PARTICULIÈRES

(a) Iles Andaman

(27) Radcliffe-Brown (A.R.), *The Andaman Islanders*, Glencoe, Illinois Free Press, 1948.

(b) Bhil

(28) Doshi (J.K.), *Social Structure and Cultural Change in a Bhil Village*, Delhi, New Heights, 1974.

(29) Doshi (S.L.), *Bhils : between Societal Self-Awareness and Cultural Synthesis*, Delhi, Sterling Publishers, 1971.

(30) Koppers (W.), *Die Bhil in Zentralindien,* Horn-Wien, Ferdinand Berger-Verlag, 1948.

(31) Naik (T.B.), *The Bhil : a Study,* Delhi, Bharatiya Adimjati Sevak Sangh, 1958.

(32) Nath (Y.V.S.), *Bhils of Ratanmal : an Analysis of the Social Structure of a Western Indian Community,* Baroda, The M. S. University of Baroda, 1960 (préface de Ch. von Fürer-Haimendorf).

(33) Singh (B.), « Bhil Ethnography through Years », in *Tribe,* vol. X, n° 4, mars 1978.

(34) Vyas (N.N.), editor, *Rajasthan Bhils,* Udaïpur, Tribal Research Institute, 1978.

(c) Ethnies du Bihar

(35) Sachchidanand, *Profiles of Tribal Cultures in Bihar,* Calcutta, Firma K.L. Mukhopadhyaya, 1965.

(36) Sachchidanand, *The Tribal Village in Bihar,* Delhi, Munshiram Manoharlal, 1968.

(37) Vidyarthi (L.P.), *Cultural Contours of Tribal Bihar,* Calcutta, Punthi Pustak, 1964.

(38) Vidyarthi (L.P.), *Cultural Configuration of Ranchi,* Calcutta, Bookland, 1969.

(d) Chenchu

(39) Von Fürer-Haimendorf (Ch.), *The Chenchu : Jungle Folk of the Deccan,* London, Macmillan, 1943.

(e) Munda

(40) Roy (S.C.), *The Munda and their Country,* Ranchi, City Bar Library, 1912.

(f) Muria

(41) Elwin (V.), *The Muria and their Ghotul,* Bombay, Oxford University Press, 1947. Trad. fr. sous le titre *Maisons des jeunes chez les Muria,* Gallimard, 1959.

(g) Naga

(42) Von Fürer-Haimendorf (Ch.), *The Naked Nagas,* London, Routledge and Kegan Paul, 1939.

(43) Von Fürer-Haimendorf (Ch.), *Return to the Naked Nagas,* Delhi, Vikas Publishing, House, 1976.

(h) Oraon

(44) Roy (S.C.), *The Oraon of Chhota Nagpur,* Ranchi, City Bar Library, 1915.

(i) Santhal

(45) Archer (W.G.) *The Hill of Flutes : Portrait of the Santals,* London, George Allen and Unwin, 1974.

(46) DATTA (K.K.), *The Santal Insurrection*, Calcutta, 1940.

(47) MAJUMDAR (N.D.), *The Santal : a Study in Culture Change*, Delhi, The Manager of Publications, 1956.

(k) Toda

(48) RIVERS (W.H.R.), *The Todas*, London, Macmillan, 1906.

Table des matières

DES MÊMES AUTEURS

Gérard Busquet et Christian Delacampagne :
LADAKH,
éd. *Buchet-Chastel et Nouvelles Frontières, 1977.*

Achevé d'imprimer le 19 décembre 1980
par l'imprimerie Aubin à Ligugé
sur papier bouffant Taillefer des Papeteries du Domeynon.
Brochage par la S.P.B.R. à Chevilly-Larue.
N° d'édition : 1572 – N° d'impression : L 13060
Dépôt légal, 1er trimestre 1981.
Imprimé en France